SFV

Will Quadflieg

WIR SPIELEN IMMER

Erinnerungen

S. Fischer

Umschlagentwurf: Roswitha + Eberhard Marhold
Satz und Druck: Georg Wagner, Nördlingen
Einband: G. Lachenmaier, Reutlingen
Printed in Germany
ISBN 3 10 063101 3

Für meine Mutter und für Margaret

»Als Kaiser Rotbart lobesam
Zum heil'gen Land gezogen kam,
Da mußt' er mit dem frommen Heer
Durch ein Gebirge wüst und leer . . .«

Tante Martha sitzt am Küchentisch. Sie hält sich die Ohren mit den Händen zu, steckt die Nase ins Schulbuch und murmelt Ludwig Uhlands ›Schwäbische Kunde‹ vor sich hin. Ich soll sie nicht stören, ich höre still zu. Sie muß das Gedicht morgen in der Schule auswendig können.

»Daselbst erhub sich große Not,
Viel Steine gab's und wenig Brot,
Und mancher deutsche Reitersmann
Hat dort den Trunk sich abgetan.«

Kaiser Rotbart und seine Reitersleute tun mir leid, aber das Gedicht hört sich gut an. Ich kann es fast schon auswendig. Tante Martha muß es sich immer wieder laut aufsagen. Sie lernt nicht so schnell wie ich.

Tante Martha ist Mutters fünfzehn Jahre jüngere Schwester. Sie geht noch zur Schule. Ich gehe noch nicht zur Schule, denn ich bin erst drei Jahre alt. Für die Leute bin ich Willi Schütz. Für die Familie bin ich das Willimännchen. Meine Mutter hat mir das alles so oft erzählt, daß ich fast glaube, es mit vollem Bewußtsein erlebt zu haben.

»Den Pferden war's so schwach im Magen,
Fast mußt' der Reiter die Mähre tragen.«

Die Leute sagen Willi Schütz zu mir, weil sie meine Großeltern kennen, denen der Kolonialwarenladen an der Ecke Bismarck-Straße und Arndt-Straße in Oberhausen gehört. Meinen Vater kennen sie nicht so gut. Meine Mutter und ich wohnen im Haus meiner Großeltern. Mein Vater ist im Krieg. Er ist in Frankreich. Er ist Kürassier. Als ich am 15. 9. 1914 geboren wurde, war er, wie man so sagt, schon »im Feld«. Er ist in den Krieg gezogen in glänzender Rüstung, mit Helm und Lanze. Inzwischen hat man den Kürassieren schon andere Uniformen gegeben, die nicht so schön, aber praktischer sind. Sie sind grau. Auf graue Uniformen schießt sich's schlechter als auf glänzende Kürassieruniformen. Das hat man inzwischen gelernt.

Die Küche, in der Tante Martha ihr Gedicht lernt und ich ihr dabei zuhöre, ist groß. Eine Tür führt direkt in den Laden, die andere in die Wohnräume. Wenn ich von draußen komme, muß ich nie klingeln. Ich gehe durch den Laden, wo ich jederzeit freien Zutritt habe, und kann dort dies und das mitgehen lassen. Ich werde nur ständig ermahnt, nicht mit schmutzigen Händen in das Sauerkrautfaß zu greifen, aber frisches Sauerkraut aus dem Faß schmeckt zu gut, und ich widerstehe der Versuchung selten. Im übrigen versorge ich nicht nur mich selbst, sondern auch die Kinder aus der Straße. Ich schenke ihnen Süßigkeiten und hoffe, mich dadurch beliebt zu machen. Ich möchte sehr gerne bei allen beliebt sein.

»Nun war ein Herr aus Schwabenland,
Von hohem Wuchs und starker Hand,
Das Rößlein war so krank und schwach,
er zog es nur am Zaume nach.
Er hätt' es nimmer aufgegeben,
Und kostet's ihn das eigne Leben.
So blieb er bald ein gutes Stück
Hinter dem Heereszug zurück.«

Ich bin nicht von hohem Wuchs und starker Hand. Ich bin klein und nicht sehr kräftig und habe abstehende Ohren. Meine Mutter hat sich keinen Sohn, sondern eine Tochter gewünscht. Darum hat sie mich zunächst in Mädchenkleider gesteckt. Das war nichts Ungewöhnliches. Andere Mütter machten es mit ihren Söhnen auch so. Jetzt trage ich meistens einen Kieler Anzug, eine Kieler-Matrosen-Uniform. Dazu zieht man mir lange schwarze, kratzende Wollstrümpfe an, die mit Gummistrippen befestigt werden. Ich hasse diese Strümpfe und die Gummistrippen. Gegen die Mütze habe ich nichts. Auf dem Mützenband steht »Dardanellen«. Die Dardanellen, hat man mir gesagt, sind eine strategisch wichtige Meerenge. Sie gehört den Türken, und die Engländer wollen sie haben.

»Da sprengten plötzlich in die Quer
Fünfzig türkische Reiter daher,
Die huben an, auf ihn zu schießen,
Nach ihm zu werfen mit den Spießen.«

Ich kann das Gedicht jetzt wirklich herunterschnurren – bis zur letzten Zeile. Tante Martha stockt und stolpert noch immer. Ich weiß nicht, was daran so schwer sein soll, und helfe aus:

»Zur Rechten sieht man, wie zur Linken
Einen halben Türken heruntersinken.
Da packt die andern kalter Graus,
Sie fliehen in alle Welt hinaus,
Und jedem ist's, als würd' ihm mitten
Durch Kopf und Leib hindurchgeschnitten.«

Der Gedanke, daß ein Mensch, mittendurchgehauen, in zwei Hälften auseinanderfällt, wird zu einem Alptraum. Er beschäftigt mich mit allen mir vorstellbaren Details. Daran erinnere ich mich heute noch.

Dann kommt die Christenschar, die auch zurückgeblieben war. Der wackre Schwabe wird zum Kaiser gerufen und soll sagen, wer ihn solche Streich' gelehrt. Er gibt seine schlichte, treudeutsche Antwort, daß dies halt »Schwabenstreiche« seien.

Rektor Gerber wohnt bei uns oben im Haus und hat im Fortgehen die Nase zur Tür hereingesteckt. Er ist Tante Marthas Schulrektor, und Tante Martha hat ihn höflich begrüßt. Großmutter und Mutter sind dazugekommen, und vereint hat die Familie der Respektsperson versichert, daß ich das Gedicht ganz vorzüglich aufsagen kann. Jetzt soll ich es beweisen.

Ich werde auf einen Stuhl gestellt – und alle warten.

Aber Willimännchen bringt kein Wort über die Lippen, er senkt den Kopf und schweigt. Die ›Schwäbische Kunde‹ fällt aus.

Großmutter, Mutter und Tante packt nicht gerade kalter Graus, aber etwas betreten sind sie doch. Rektor Gerber hingegen ist ein erfahrener Pädagoge und weiß Abhilfe. Er streicht Willimännchen über den Kopf, winkt der Familie zu und geht aus der Küche. Die Tür läßt er halb offen.

Kaum ist er draußen, legt Willimännchen los. Von »Als Kaiser Rotbart lobesam« bis »Man nennt sie halt nur Schwabenstreiche« in einem Zug. Sein Vortrag stockt nicht ein einziges Mal, und als das Gedicht zu Ende ist, sieht der junge Künstler in des Rektors zufrieden-verschmitzte Miene. Der Schulmann hat draußen vor der Tür zugehört. Was zu beweisen war, ist bewiesen: Willimännchen alias Willi Schütz alias Will Quadflieg ist ein frühes Talent. Nur ist er leider so schüchtern, daß er größte Schwierigkeiten hat, vor fremden Leuten seine Fähigkeiten zu beweisen.

Man hat mich beim Arm genommen und mir gesagt, ich solle meine Erinnerungen schreiben. Ich sei doch ein bekannter Mann, und was ich erlebt und zu sagen habe, interessiere manche Leute. Viele Menschen verschiedener Generationen hätten im Laufe ihres

Lebens starke Eindrücke von meiner Arbeit als Schauspieler und Rezitator empfangen; sie würden sicher gern etwas über die »Rückseite« dieses Menschen, über seinen Weg und seine Lebensumstände erfahren – und über das, was er so denkt, falls er was denkt. Ich habe mich zunächst gesträubt, und das nicht aus falscher Bescheidenheit. Es gab mehr als einen Grund, nein zu sagen. Noch eine Schauspielerbiographie zu all den vielen schon vorliegenden!

Dilettiere ich jetzt auf einem fremden Gebiet, so fehlt mir das Gewußt-Wie, das ich nach mehr als vierzig Jahren Bühnenpraxis mitbringe, wenn ich Theater spiele oder Dichter rezitiere. Ein weiterer Grund war, daß mich das Schicksal nicht umgetrieben hat wie andere Theaterleute.

Ich mußte 1933 nicht emigrieren und wurde im Lande nicht verfolgt, sondern gefördert, ob mir die Förderer nun gefielen oder nicht. Ich wurde nicht einmal zum Kriegsdienst kommandiert, sondern konnte meinen Beruf bis zum bitteren Ende der Hitler-Zeit ausüben und dann gleich weitermachen. Ich war 1945 durch einige Filme zwar schon bekannt, aber solange die Theater noch gespielt hatten, war ich noch nicht so prominent gewesen, daß mich die Nazis auf Gedeih oder Verderb vor ihren Karren gespannt hätten. Ich hatte in zwei Propagandafilmen idealistische Jünglinge gespielt. Sonst war ich auch in dieser Beziehung davongekommen, und wenn ich ehrlich bin, muß ich sagen, daß ich oft mehr oder weniger an der Zeit vorbeigelebt hatte.

Ein anderer Grund, nein zu sagen, lag in meinem unterentwikkelten Sinn für Klatsch und Tratsch. Wer mit wem, warum und zu welchem Ende etwas anfing, hat mich nie interessiert, und ich bin auch heute noch dankbar, wenn meine eigenen Privatangelegenheiten aus dem Spiel bleiben – aus jenem Spiel, mit dem ich bewußt und professionell an die Öffentlichkeit trete und das ich ihrem Urteil damit Abend für Abend aussetze.

Doch bei diesem Argument kamen mir die ersten Zweifel, ob das starre Nein wirklich angebracht sei. Mir fiel meine Mutter ein: Als ich 1938 mit Marika Rökk den Film ›Kora Terry‹ drehte, fragte meine Mutter mich, »wie denn die Röck eigentlich als Mensch sei«. Ich fand diese Frage etwas albern, aber eigentlich war ich ihr selbst bei den Großen meines Berufs immer schon nachgegangen. Mein erster Impuls, der Frage auszuweichen, war falsch. Meine Mutter war des Volkes Stimme. Das Publikum ist daran interessiert, was für ein Mensch ihm da etwas vorspielt.

Was für ein Mensch ein Schauspieler war, hatte offenbar mehr mit seiner Glaubwürdigkeit zu tun, als ich bis dahin angenommen hatte. Das Publikum, das einen Darsteller anerkennt oder ablehnt, meint gewiß nicht nur seine Rollen, es meint auch dahinter ihn selbst, und es will etwas über seinen Charakter, über seine privaten Eigenarten erfahren.

Jetzt, 1975 – ich spiele gerade unter Rudolf Noeltes Regie Molières ›Menschenfeind‹ und O'Neills ›Eines langen Tages Reise in die Nacht‹ –, beschäftigt mich die Frage wieder, und ich habe auch in dieser Beziehung einiges dazugelernt; ich war in den Augen der Öffentlichkeit durch lange Jahre ein braver Ehemann und treusorgender Vater gewesen. Als dann bekannt wurde, daß ich mich hatte scheiden lassen und wieder geheiratet hatte, mußte sich das Publikum neu orientieren. Mein »Image« bekam andere Züge. Zu Recht? Zu Unrecht? Darüber zu rätseln, half wenig. Ich hatte mich damit abzufinden. Es war eine Tatsache, und diese Tatsache zählte, obwohl ich sicher wußte, daß die Impulse für meine künstlerische Arbeit nicht in den Schubladen des Scheidungsrichters oder im Aktenschrank des Standesbeamten zu finden waren.

Nun überlegte ich, ob das Buch, das man mir vorgeschlagen hatte, mir in dieser Hinsicht bei der Selbstfindung und Selbsterkenntnis helfen könnte. Hier fand ich den entscheidenden Ansatzpunkt. Ich dachte schon seit Jahren über mein Leben nach und konnte versuchen, einiges über die Motive zu sagen, die mich bei meiner Arbeit bewegen. Diese Motive aber haben weniger mit meiner äußeren Biographie zu tun, die ich für wenig interessant oder attraktiv und aufschlußreich halte. Doch es gibt so etwas wie eine »innere Biographie«, und mit der war ich ohnehin seit einiger Zeit beschäftigt, als ich begonnen hatte, in mir aufzuräumen. So wurde mein entscheidendes Motiv, mit diesen Versuchen mir selbst auf die Spur – und auf die Schliche zu kommen. Wenn auf dem Theater eine Szene gelingen soll, muß der Schauspieler wissen, woher er kommt und wohin er geht. Er muß schon beim Auftritt genau wissen und mitspielen, was die Figur, die er darstellt, vor fünf Minuten getan hat und beim Abgang wahrscheinlich tun wird. Das mag wie eine Binsenweisheit klingen, gehört aber zu den schwersten Aufgaben in diesem Beruf. Was den Charakter, was die Eigenart und die Situation angeht, so ist es die erste Voraussetzung zu wissen, woher man kommt. In meinem Beruf ist auch dies keine Selbstverständlichkeit. Ich meine hier natürlich nicht die Schauspieler, denen ich beim Auftritt sofort ansehe, daß sie aus der Garderobe oder dem Konversationszimmer oder aus der Kantine kommen. Ich meine den Grad schärferer Bewußtheit, den Ansatzpunkt des echten schauspielerischen Phänomens und die Fähigkeit objektiven Gestaltens.

Ich konnte in früheren Jahren sehr wohl von Rolle zu Rolle wechseln und mich selbst dabei fast aus den Augen verlieren. Es konnte mir geschehen, daß ich mich manchmal weitgehend für die Figur hielt, die ich spielte. Daß diese mich den ganzen Tag in den Klauen hielt, daß ich auch unter schwierigsten Umständen die Wirklichkeit ausklammerte. Nach dem Krieg zum Beispiel, in dem eiskalten Winter 1946–47 bei meinem Hamburger Hamlet. Nur ein Zimmer notdürftig geheizt, die ganze Familie in diesem Zimmer, kochend, essend, der Kleinste (heute mein Kollege Christian) auf dem Topf sitzend – und ich mitten darin auf dem Sofa liegend, meilenfern den abendlichen Hamlet durchdenkend.

Die Leute sagten, ich sei ein guter Hamlet gewesen? Sie gingen ins Theater, weil die Begeisterung für meinen Tasso groß war? Was sollte mich also daran hindern, mich ähnlich problematisch zu finden wie Tasso oder Hamlet? Die Tatsache, daß mir ein Dichter namens Shakespeare oder Goethe den Text geliefert hat, verwischte sich zuweilen. *Ich* war es ja, der die Rolle fühlte, erlitt und lebte. Nur Hamlets Bühnentod ließ mich an eine harte Mauer stoßen – und weckte mich aus meinem Identifizierungswahn. Es kommt mir heute kindisch vor, aber damals war die Tatsache, daß unsereins das Leben einer Bühnenfigur genauso wenig wirklich lebt, wie er ihren Tod wirklich stirbt, eine ständige Forderung an mein Bewußtsein. Außer in psychopathischen Fällen sagt niemand: Ich bin Hamlet, ich bin Tasso. Aber Theaterleute, die nicht reflektieren, neigen manchmal dazu, über sich und ihre Fähigkeiten zu reden, als seien sie selbst den Dichtern aus der Hand gesprungen. Das ist unzweifelhaft eine Gefährdung, die unser Beruf mit sich bringen kann, und die große Frage ist, wie man ihr entgegenwirkt. Ich denke, die einzige Medizin ist Ehrlichkeit und gesunder Menschenverstand.

Ich möchte also versuchen, ehrlich zu sein und meinen Rollen auf den Grund zu gehen. Das kann nicht heißen, daß ich Rolle für Rolle aufzähle und nachträglich analysiere. Das ergäbe eine ziemlich ermüdende Rechnung. Es kann aber auch nicht heißen, daß ich mich auf die Rollen beschränke, die ich auf dem Theater gespielt habe, sondern auch die Lebensrollen berühre, die ich mit genauso wechselndem Erfolg spielte und spiele wie meine Bühnenrollen.

Meine erste Rolle war der kleine Willi Schütz, dessen Vater im Krieg war und der im Kolonialwarenladen seiner Großeltern Bonbons klaute, um sich draußen auf der Straße bei seinen

Freunden beliebt zu machen. Als dieser Willi Schütz, der eigentlich Quadflieg hieß, sich zum erstenmal bewußt vor einem Publikum, vor dem Rektor Gerber, produzieren sollte, versagte er. Doch von Dichtung hatte er schon irgendeinen vagen Begriff. Uhlands ›Schwäbische Kunde‹ hatte ihm diese Ahnung vermittelt. Ich denke, mit diesem Erlebnis, mit dieser frühen Erfahrung läßt sich eine »innere Biographie«, die bis zum heutigen Rezitator führt, ganz gut beginnen.

Allerdings steht mir dies ein bißchen zu eilfertig auf dem Papier. Ich habe auf dem Theater gelernt, daß es ein schwerer Fehler ist, das Publikum zu schnell zu bedienen. Was schnell geliefert wird, wird schnell verbraucht und abgetan. Patentverpackung ist ungeeignet für anspruchsvollere Ware. Ein Schauspieler soll dem Publikum das Stück nicht leichterhand zuspielen; er soll das Publikum davon überzeugen, daß es sich lohnt, zu »kommen«, sich einzuhören, sich einzufühlen, sich einzuleben in den Vorgang auf der Bühne. Er soll das Publikum fordern durch seine Kunst. Erst dann, nur dann kommt die tiefere Wahrheit zustande, derer das Theater fähig ist. Erst dann, nur dann gelangen Shakespeare und Goethe und Tschechow zu ihrem Recht, und bei einem modernen Autor ist es nicht anders. Dies aber setzt voraus, daß der Schauspieler flinken Lösungen von vornherein mißtraut, und etwas von diesem Mißtrauen, vielleicht sogar noch mehr Mißtrauen muß ich aufwenden, wenn ich ein Buch schreibe. Das fremde Feld, auf das ich mich da wage, verlangt doppelte Vorsicht und Skepsis gegen mich und das, was ich für wahr halte. »Es gibt Wahrheiten, die Wahrheit gibt es nicht«, hat Eleonore Duse gesagt – und da sind wir schon bei der ersten Schwierigkeit, daß mir zu jedem Gedanken, zu jeder Situation ein Zitat einfällt, und manchmal sind es gleich zwei oder drei. Ich habe diese Sentenzen, diese Sätze, diese Wahrheiten einmal gelesen oder auswendig gelernt. Nun liegen sie in meinem Kopf parat, und wenn ich mit meinen Gedanken in ihre

Nähe gerate, löse ich sie aus. Jede Stimmung, jede Situation, jede Regung war schon einmal da, ist schon von anderen gedacht, gefühlt, ausgesprochen worden. Das gilt auch für sehr ernste, sehr schwerwiegende persönliche Probleme und Erlebnisse, die ich unbedingt aus eigenem Gefühl, mit eigenen Verstandeskräften durchstehen und beantworten müßte. Aber die Dichter, deren Sätze ich auswendig kann, sind mir im Wege. Auch jetzt ist es so: Und es gehört durchaus zu meinem Bemühen um Ehrlichkeit, wenn der Leser in diesem Buch dauernd auf Zitate stoßen wird, denn diese gehören dringend zu meinem Leben, sind ein Teil meiner eigensten Existenz geworden. Ich bin durchtränkt von ihnen wie ein Schwamm vom Wasser – und vieles von einem Schwamm kennzeichnet, ob es mir behagt oder nicht, mein Wesen.

> »Gewöhnlich glaubt der Mensch, wenn er nur Worte hört,
> Es müsse sich dabei doch auch was denken lassen.«
> »Ich bin kein ausgeklügelt Buch,
> Ich bin ein Mensch in seinem Widerspruch.«

Goethe und Conrad Ferdinand Meyer treffen ziemlich genau, was mir eben durch den Kopf schießt. Man schreibt einen Satz hin, und schon scheint er schlüssig. Die gewußte Formulierung schiebt sich vor den neu und jetzt zu findenden eigenen Ausdruck, weil sie zu bestechend sich aufdrängt. Man skizziert eine Szene durch ein Zitat, und schon lehnt man sich zurück und meint, seine Schuldigkeit getan zu haben. Die Widersprüchlichkeiten sind übertüncht. Gerade auf die Widersprüche und Zwiespälte aber käme es an. Sie müßte man herausarbeiten, differenzieren, lokalisieren, sortieren und dingfest machen. Das Ergebnis wäre vermutlich, daß man auf weitere Widersprüche stieße, die sich noch widerborstiger aufspalten; aber es wäre ein redlicher Weg.

Die Widersprüche beginnen, genaugenommen, mit dem Geburtsdatum. Ich bin am 15. September 1914 geboren. Wenn ich meinen Papieren traue, schicke ich mich also eben an, zweiundsechzig Jahre alt zu werden. Nur fühle ich mich überhaupt nicht wie ein Sechzigjähriger. Ich fühle mich eher wie mit vierzig. Schon drängt Oscar Wildes Satz herein: »Die Tragödie des Alterns ist nicht, daß man alt wird, sondern daß man jung ist.« Mit vierzig Jahren, denke ich, müßte ein Mann mit seinen Rollenversuchen, mit dem Prozeß der Selbstklärung, den alle diese Rollen darstellen, mit all diesen Schlangenhäutungen und Wandlungen so weit sein, wie ich jetzt bin. Ich aber habe seit wenigen Jahren erst angefangen, ernsthaft in meinem Leben nachzugraben, und ich sehe mit Schrecken, mit welch verschwommenen Vorstellungen und unklaren Vorsätzen ich gelebt habe. Ich habe immer nur Rollen gespielt, das geformt, was das Theater von mir verlangte. Ich habe auf Abruf Charaktere gestaltet und dabei gemeint, schon selbst Charakter bewiesen zu haben. Eine höchst fatale Verkennung! Das hat zu meinem Glück bis heute gereicht, mich in die unterschiedlichsten Rollen einzufühlen und ein anständiger Schauspieler zu sein, aber es hat nichts wirklich Entscheidendes für meine private Existenz und deren seelische und materielle Sicherheit bewirkt. Ich habe auf der Bühne bösartige, erbärmliche, verlogene und miese Menschen gespielt, und ich habe edle und edelste Helden und Könige dargestellt. Und nebenher habe ich zu Hause den Ehemann und Vater gespielt. Ich habe den Liebhaber gespielt, den Hausbesitzer, den Nachbarn, den prominenten Zeitgenossen, den Straßenpassanten. Ich habe sogar den Regisseur und Schauspieler gespielt, ohne es mir voll ins Bewußtsein zu heben, ohne es mir schonungslos klarzumachen. Immer blieb ein Element spielerischer Selbstbetrachtung, das mich von dem tiefsten eigenen Schmerz und der höchsten eigenen Freude seltsam distanzierte. Ich habe seltener über eigenes Leid Tränen vergossen als über die

Personen, die mir in Dramen oder Romanen ans Herz rührten. Das ist heute anders, sehr anders geworden.

Die Folge war die groteske Tatsache, daß ich mich auf der Bühne sicherer, klarer und fester umrissen fühlte als im realen Leben. Das Theater war meine ungebrochene, ungefährdete Existenz, auch wenn ich gebrochene und gefährdete Existenzen zu spielen hatte. Die Bühne war mein gesicherter Raum, meine Wohnung und Heimat. Dort war dem Zufall der Eintritt verboten.

Das Buch, das ich schreiben soll, stellt mir Fragen, auf die ich oft noch keine endgültige Antwort weiß, da ich mitten in den Ereignissen und Selbstklärungen stehe. Was ich gestern formuliert habe, möchte ich heute ändern oder streichen – und klarer und treffender sagen, möglicherweise mit dem Erfolg, daß ich morgen das Geänderte ändern und das Gestrichene wieder einsetzen möchte. Wenn das Buch vorliegt, werde ich übel daran sein.

Das Wechselbad, das unser Leben ist, dieses Auf und Ab, das sich in Erfahrung niederschlägt, sollte den Blick schärfen; aber es sollte auch geduldiger gegen sich selbst und widerstandsfähiger machen. Geduldiger also mit den eigenen Formulierungsversuchen, widerstandsfähiger und toleranter gegen provisorische Antworten, denn – Verzeihung, daß ich mir hier Hermann Hesses ›Stufen‹ dienstbar mache –:

»Wie jede Blüte welkt und jede Jugend
Dem Alter weicht, blüht jede Lebensstufe,
Blüht jede Weisheit auch und jede Tugend
Zu ihrer Zeit und darf nicht ewig dauern.«

Indessen hilft mir dies Buch am Ende vielleicht wirklich, die Dinge und Menschen unter Einschluß meiner Person genauer zu sehen und meinen Blick zu schärfen für Konturen und Werte. Ich halte mich erneut – wen sollte es noch überraschen? – an ein ›Divan‹-Wort:

»Niemand kann ich glücklich preisen
Der des Doppelblicks ermangelt.«

Das eine Auge, meint Goethe, sieht scharf, genau, unerbittlich. Das andere Auge kennt Güte und Mitleid. Daraus erst ergibt sich die Fähigkeit, plastisch und menschlich zu sehen. Man ist, glaube ich, ziemlich übel dran, wenn man nur die scharfen Konturen, nur die negativen Seiten und verletzenden Kanten wahrnimmt. Aber Güte und Mitleid allein tun es auch nicht. Sie gaukeln uns nur eine freundlich-verschwommene Welt vor. Auf den Doppelblick kommt es an. Ich versuche, vor mir selbst zurückzutreten wie vor einem Bild und mich nüchtern in diesen Doppelblick zu nehmen. Aber ich will und muß dabei ich selbst bleiben und mit mir auskommen, auch wenn ich mir selbst oft so wenig gefalle und genüge. Ich bin nun einmal auf mich angewiesen, habe nur den Ausgangspunkt dieses Ichs und dieses Körpers – unter diesem Namen –, kann meine Identität nicht wechseln und muß mit der Tatsache leben, daß ich mein Leben lang so viel, vielleicht zuviel gespielt habe, daß mein Leben nun so voller Rollenleichen ist und daß ich einen Rollenfriedhof in mir trage. Alles das haben – in eigener Sache – andere schon gesehen und gesagt. Zum Beispiel läßt Arthur Schnitzler in seinem Versspiel ›Paracelsus‹ von 1897 seinen Titelhelden sagen:

»Es war ein Spiel – was sollt es anderes sein.
Was ist nicht Spiel – was wir auf Erden treiben,
Und schien es noch so groß und tief zu sein.
Mit wilden Söldnerscharen spielt der eine,
Ein anderer spielt mit tollen Abergläubischen.
Vielleicht mit Sonnen, Sternen irgendwer,
Mit Menschenseelen spiele ich. Ein Sinn
Wird nur von dem gefunden, der ihn sucht.

Es fließen ineinander Traum und Wachen,
Wahrheit und Lüge. Sicherheit ist nirgends.
Wir wissen nichts von andern, nichts von uns;
Wir spielen immer, wer es weiß, ist klug.«

Hier also finden Sie den Titel, der über meinem Versuch steht. Mit Menschenseelen spielt jeder Schauspieler, vor allem aber nicht nur *mit* der eigenen, sondern *aus* der eigenen Seele. Das werde ich mich bemühen, im Kopf zu behalten. Vielleicht handele ich mir damit etwas von jener Klugheit ein, die Schnitzler meint. Sie könnte mir auch helfen, Brechts Wahrheit ins Gesicht zu sehen, wenn er über den außermoralischen Egozentrismus meines Berufsstandes (mit seinen asozialen Zügen) spricht. – Mit all diesen Figuren, mit all diesen halbgelebten, scheinbelebten Larven und Lemuren fertig zu werden – und nun all die Spuren und Rezesse, die sie in meinem Ich hinterlassen haben, sortierend, zu erkennen und aus meiner eigensten Existenz abzutrennen und herauszulösen, das ist ein Klärungs- und Läuterungsprozeß, den ich nun endlich durchstehen will und muß, damit »Traum und Wachen, Wahrheit und Lüge« nicht mehr ineinanderfließen.

Zurück zur äußeren Biographie: Meine Mutter war immer eine sehr zurückhaltende, sehr häusliche Frau. Schon als Kind war sie am liebsten für sich allein. Statt am Sonntag mit der Familie spazierenzugehen, spielte sie lieber zu Hause mit ihren Puppen. Pflichten im Laden ihrer Eltern übernahm sie höchst ungern, es war ihr peinlich, fremden Menschen etwas verkaufen zu müssen, aber natürlich kam sie nicht darum herum, und bei dieser Gelegenheit lernte sie meinen Vater kennen.

Doch ihre Zurückhaltung hinderte meine Mutter nicht daran, das Leben mit sehr wachen Augen zu beobachten. Ich verdanke ihr viel. In den ersten fünf Jahren, in dieser ersten wichtigen

Entwicklungsphase, sah ich meinen Vater so gut wie nie. Er war im Krieg. Meine Geschwister waren noch nicht geboren. Ich hatte also nur meine Mutter, und sie gab mir ihre Liebe und jene für das ganze Leben so wichtige Nestwärme. Das schenkte mir wohl einen grundlegenden Optimismus und einen Glauben an mich selbst, der mir später half, nach schwersten Rück- und Fehlschlägen wieder auf die Füße zu kommen. Außerdem sorgte meine Mutter in den wahrhaftig nicht leichten Jahren, in denen ich aufwuchs, in vernünftiger Weise für meine Gesundheit. Was es heute an Diätvorschriften gibt, hat sie schon damals beachtet. Heute – sie ist sechsundachtzig Jahre alt – ist sie eine Expertin auf diesem und den angrenzenden Gebieten, und es ist ein Vergnügen, mit ihr darüber zu reden.

Eines freilich verstand meine Mutter nicht: meine Begeisterung für das Landleben. Wann immer ich konnte, in den Ferien – fuhr ich zu Tante Trautchen, einer Schwester meines Vaters, die in einem kleinen Dorf bei Eschweiler, in Volkenrath, einen Gasthof hatte. Onkel Heinrich, ihr Mann, war oft kränklich. Tante Trautchen regierte mit starker Hand. Ich machte mich dort, wenn ich Ferien hatte, nützlich, bediente mit ihren vielen Töchtern die Gäste und setzte auf der Kegelbahn die Kegel auf. Ich kümmerte mich um Kühe und Pferde des Nachbarn, eines Großbauern, und der Respekt, den mein Großvater und mein Vater bei den Leuten genossen, imponierte mir. Großvater Quadflieg war ein Mann mit sehr lebendigen, hellen Augen und weißen Haaren. Er galt weit und breit als der beste Tierdoktor, obwohl er nie studiert hatte. Wenn ein Tier krank war oder wenn ein Kalb gezogen werden mußte, holte man ihn. Leider starb er früh; aber im Dorf die Leute mit ihrem köstlichen, fast unverständlichen Platt haben ihn sehr geliebt – und ein Abglanz dieser Liebe fiel noch auf den Enkel.

Die Quadfliegs waren von Holland herübergekommen. Der Name verrät es. Übersetzt heißt er »böse Fliege« oder »schwarze

Fliege« und war ein Spottname für die spanischen Besatzer der Niederlande. Es gibt ein Wappen, auf das mich einmal ein Namensvetter aufmerksam gemacht hat. Er hatte es in der heraldischen Abteilung des Maastrichter Museums entdeckt. Es zeigt drei schwarze Fliegen auf goldenem Grund und einen silbernen Widder auf grünem Feld. Der Wappenspruch lautet: »Suge meliora« – »Sauge das Bessere ein«. Ein ziemlich eindeutiger unverschämter Wahlspruch für die Leute also, die die spanischen Niederlande ausbeuteten. Man gestatte mir, ihn im Hinblick auf geistige Ziele auszulegen. Die spanische Komponente in meinem Blut begründet vielleicht die Affinität zu den vielen spanischen Figuren in meinem Rollenkatalog. Sie entspricht meinem Temperament. Als Primaner sah ich auf der Bühne des Oberhausener Stadttheaters den ›Don Carlos‹. Die Darstellung des Titelhelden mißfiel mir. Mir erschien diese Figur rasender, glühender, verzehrt von ihrer Liebesleidenschaft. Wie weit der Weg vom Anders-Fühlen zum Besser-Können ist, sollte ich einige Jahre später erfahren, als ich selbst den Carlos spielte. Ich unterlag also prompt dem törichten Hochmut fast aller Schauspielschüler.

Ebenso wie mein Großvater imponierte mir später mein Vater. Er hatte drei Jahre bei den 9. Kürassieren in Köln-Deutz »gedient«, wie man das kurzweg nannte. Er war ein exzellenter Reiter und wurde als einziger seines Regiments zur Spezialausbildung für die Kavallerie-Schule in Hannover ausgewählt. Er ritt dann, als er nach Köln zurückgekommen war, bei den Offiziersrennen die Pferde, mit denen ihre Besitzer nicht fertig wurden, und gab den Töchtern seines Obersten Reitunterricht. Er war sehr stolz darauf, ein Pferd, das der Kaiser bei einem Besuch in Aachen reiten sollte, speziell auf dessen Armbehinderung hin zureiten zu dürfen. Es ist merkwürdig, wie weit uns jene Zeit heute zurückzuliegen scheint. Dabei war es doch fast schon der Beginn meiner Lebenszeit. Ein Bild aus jenen Tagen zeigt meinen Vater in voller Uniform: in

Weiß mit grüner Paspelierung, mit dem silbernen Brustpanzer und dem Adler auf dem Helm. Diese Kürassiere sahen damals wahrhaftig wie Kriegsgötter aus. Im Krieg war mein Vater in Frankreich ganz vorn beim Vormarsch an der Marne. Daß ich geboren wurde, erfuhr er erst nach Wochen. Er wurde dann verwundet und lag in einem Lazarett in Wesel. Um in seiner Nähe zu sein, zog meine Mutter mit mir in diese Stadt, und nun erst lernte ich, wie es ist, einen Vater zu haben. Er ritt dann in Friedrichsfeld bei Wesel Remonten – also ungerittene junge Pferde – zu, und als ihm einmal ein wildes Roß durchging, landete er samt Pferd mitten durch das Schaufenster hindurch in einem Laden in Wesel – und blieb wie durch ein Wunder unverletzt. Ein Foto aus dieser Zeit, das mich 1916 als Zweijährigen mit meinen Eltern zeigt, die erwähnte ›Dardanellen‹-Matrosenmütze auf dem Kopf, ist mir eine Quelle wehmütigen Vergnügens.

Durch Vermittlung seines Obersten kam mein Vater zur Reichsbahn, stieg zum Fahrdienstleiter auf dem Kölner Hauptbahnhof auf und ging dann zur Gute-Hoffnungs-Hütte nach Oberhausen. Dort brachte er es später zum Betriebsdirektor für alle Verkehrsfragen. Neben seinem außerordentlichen Organisationstalent überzeugte er durch Tüchtigkeit und Verläßlichkeit. Als mein Vater Direktor geworden war, zogen wir in die Karl Lueg-Straße, ganz nah an das Werk. Aus unserem Garten führte ein Pförtchen direkt auf das Betriebsgelände, und in achthundert oder neunhundert Meter Entfernung lag der nächste Hochofen. Vor meinem Fenster stand Tag und Nacht eine riesige Stichflamme, die die abströmenden Gase der Kokereien verbrannte. Aus den Maschinenhäusern dröhnte unentwegt der Lärm der Schwungräder. Unsere Fenster waren mit Filzstreifen gegen den Staub und Lärm abgedichtet, aber das Haus bebte in ständiger leiser Erschütterung. Dauernd hämmerten hohe Phonstärken auf uns ein, Tag und Nacht war ein Dröhnen in der Luft. Ich bilde mir ein, daß dieser immerwährende Lärm, in dem ich groß wurde, meine Empfindlichkeit und mein Gehör für Stille geschärft hat, denn damals begann ich die leisen Verse von Hofmannsthal und Rilke zu lieben und über das Phänomen der Stille nachzudenken. Mein Abiturthema im Fach Deutsch war ›Neuromantik und Hofmannsthal‹.

Was bekommt ein Kind wirklich von seiner Zeit mit, wie weit werden ihm die Ereignisse deutlich? Ich meine, man sollte den Einfluß der Zeitläufte auf eine kindliche Existenz nicht überschätzen, aber sicher wirken Politik und gesellschaftliche Verhältnisse stark auf einen jungen Charakter ein, wenn auch auf Umwegen und nach vielen Brechungen. Meine Kindheit und meine Jugend spielten sich in der Kriegs- und Nachkriegszeit mitten im Ruhrgebiet ab. Doch primär empfand ich diese Zeit nicht als unruhig und unsicher. Ich hatte ein verläßliches Zuhause, und mein Vater war ein Mann bürgerlicher Redlichkeit. Seine Herkunft und sein Weg machten ihm revolutionäre Umtriebe verdächtig. Das war für mich wichtiger als das, was die Zeitungen zu melden hatten. Trotzdem darf ich meinen Vater nicht einfach in die deutschnationale Ecke stellen. Er war ein nüchterner Mann und dachte auch seinen politischen Leitbildern gegenüber kritisch. Er bewunderte den Feldherrn Ludendorff. Doch als Erich und Mathilde Ludendorff dann auszogen und ihre völkisch-antichristlich-rassistische Heilslehre verkündeten, machte mein Vater nicht mehr mit. Da hatte er ein fatales Gefühl und begriff die Abwegigkeit dieses politischen Vokabulars sehr schnell. Es fiel ihm nicht leicht, seinem Glauben an die Autorität, die Ludendorff für ihn darstellte, abzuschwören, aber nach einer Versammlung, in der Mathilde Ludendorff die Behauptung aufgestellt hatte – mein Vater hatte mich mitgenommen –, daß Goethe als Logenbruder an dem frühen Tod Schillers beteiligt gewesen sei, war mein Vater geheilt.

Im März 1920 – ich war also noch nicht sechs Jahre alt – tobte der Ruhrkampf buchstäblich vor unserer Tür. Ich weiß noch, wie meine Mutter und ich im Hause auf die Rückkehr meines Vaters warteten. Wir hatten Angst, er könne zwischen die Fronten geraten. Die Kommunisten zogen durch, dicht gefolgt von Reichswehrformationen, und vor der 200 m entfernten Kirche wurde ein Geschütz in Stellung gebracht, das direkt auf unser Haus gerichtet war. Wir duckten uns unter das Fensterbrett. Sonst war die Straße leer, nach einer Weile lief aus der Bäckerei gegenüber ein Mann heraus, der plötzlich die Arme hochwarf und ein paar fast graziöse Schritte machte, als ob er tanzen wollte. Dann fiel er um, lag unbeweglich, und mein Mutter sagte: »Mein Gott, sie haben ihn erschossen.«

Er lag noch stundenlang auf der Straße. Niemand traute sich, ihn dort wegzuholen. Es war das erste Mal, daß ich einen Menschen sterben sah, und ich vergaß die Szene und die tänzerische Geste des Getroffenen nie mehr. An die Besetzung des Ruhrgebiets durch die Franzosen habe ich dagegen so gut wie keine Erinnerung. Mir fällt nur ein, daß mein Vater des öfteren über die unsinnigen Reparationen schimpfte und den Versailler Vertrag bitter verurteilte. Er hatte ja täglich vor Augen, was dieses Papier an Kohle- und Stahllieferungen bedeutete, und er malte sich die schlimmsten Folgen aus.

Mit fünfeinhalb Jahren kam ich in die Volksschule. Mein erster Lehrer, Herr Konrad, war ein kleiner strenger Mann. Er sorgte dafür, daß ich zwei, drei Jahre lang Angst hatte. Sein Schulweg führte täglich an unserem Haus vorbei. Er ging vornübergebeugt, mit großen Schritten und mit seltsam ausgestrecktem Zeigefinger. Er schien immer mit sich selbst beschäftigt und in sich versunken. Vielleicht war er ein braver Mann; aber er prügelte seine Schüler. Dazu klemmte er sich den Kopf des Delinquenten zwischen die Knie und versohlte ihm mit einem Rohrstock den Hintern. Ich fürchtete mich entsetzlich, eines Tages auch an die Reihe zu kommen. Nie, nie durfte mir Derartiges geschehen, schwor ich mir. Ein gnädiges Schicksal hat mir diese Schmach erspart. Ich war damals sicher, sie kaum überleben zu können.

Mit dem Lehrerstand einigermaßen versöhnt haben mich dann verständnisvolle Studienräte auf dem Gymnasium, das ich nach vier Jahren Volksschule bezog. Das Gymnasium selbst war mir zuwider. Jeder Schulweg war problembeladen, denn ich war faul. Was mich interessierte, nahm ich mit. Im übrigen fand ich das Union-Kino weit bewegender. Dort liefen großartige Stummfilme. Während meine Kollegen zu Hause ihre Schulaufgaben machten, saß ich in meinem Kino, lutschte Sahnebonbons und bewunderte Douglas Fairbanks oder Conrad Veidt. Veidt bewunderte ich in den Rollen böser, dämonischer Könige. Fairbanks bewunderte ich als Dieb von Bagdad und vor allem als Seeräuber. Wie er mit blankem Dolch in die Segel sprang und sie mit dem Gewicht seines Körpers von oben bis unten aufschlitzte, war ein unvergeßliches Meisterstück. Auch von Tom Mix war ich sehr angetan. Alle diese Wildwestfilme waren damals wie heute Märchen. Gut und Böse waren von vornherein säuberlich unterschieden. Die Helden waren schon entsprechend angezogen. Der edle Held war hell – hatte meist auch ein weißes Pferd –, und der Bösewicht war natürlich schwarz gekleidet. Man wußte, wie es laufen würde, wurde unterwegs düpiert und in die Irre geleitet, um schließlich aufatmend festzustellen, daß die Welt wieder im Lot war. Das war beglückend. Im Kino wurden zwei große Öfen geheizt. Ein Klavierspieler begleitete das Geschehen auf der Leinwand mit einem genau festgelegten Repertoire für Liebes- oder Kampfszenen, für Sonnenauf- oder -untergänge. Der Mann hatte ein etwas schmales, aber klar umrissenes Repertoire für alle Geschehnisse des Stummfilms. Meistens sah ich die Filme zweimal und ging dann in der Abenddämmerung überfüllt mit Phantasiebildern und schlechtem Schulaufgabengewissen nach Hause.

Französisch hatten wir also bei Studienrat Schneider, einem netten runden, untersetzten Mann. »Notre classe a quatre murs«, war mein erster französischer Satz. Das Fach fiel mir leicht, und Schneiders gütige, wohlwollende Art half mir weiter. Manchmal, wenn Schneider selbst der Lehrstoff allzu trocken war, sang er uns mitten im Unterricht etwas vor. Er hatte einen glockenklaren Tenor, gut gestützt und munter. So tat er alles, um uns die fremde Sprache schmackhaft zu machen.

Zum Glück kam ich nicht nur mit ihm gut aus, sondern auch mit einem Manne, auf dessen Gnade ich sehr angewiesen war. Mathematik war mir verschlossen. Jedenfalls bildete ich es mir ein, und Dr. Krüger war derselben Ansicht. Damit wir uns gegenseitig nicht auf die Nerven fielen, schlossen wir ein Abkommen. Er entband mich vom Mathematik-Unterricht. Ich ging so lange in ein naheliegendes Café und las. Als ich doch einmal, weil es stark regnete, auf meinem Platz saß, fragte er erstaunt: »Was wollen Sie denn hier?« Gegen die Versicherung, daß ich nicht zu stören gedenke, durfte ich bleiben. Mit dem Deutsch-Unterricht hatte ich Glück. Dr. Poska, den wir in den letzten Jahren in diesem Fach hatten, war ein merkwürdiger, cholerischer Mann, aber er wußte Bescheid in der Literatur und vermittelte uns bis hin zu Georg Kaiser und Bertolt Brecht die neuesten Autoren. Ganz zum Schluß, gegen Ende 1932, wurde er vorsichtiger, und nach Hitlers Machtübernahme marschierte er stramm auf die rechte Seite, um seinen Posten zu retten. Das konnte mich nicht mehr stören, denn ich machte im Januar 1933 mein Abitur, dank dem gelungenen Vortrag über Hofmannsthal. Im Hinblick auf meine Berufswahl sah man mir meine Fehlbestände an mathematischen Kenntnissen freundlicherweise nach. Meine Schulzeit war ein Kompromiß, der zu meinen Gunsten ausfiel.

Obwohl ich zwei Geschwister hatte, bin ich praktisch als Einzelkind aufgewachsen. Meine Schwester Gerda wurde auf den

Tag genau fünf Jahre nach mir geboren. Mein Bruder Rudolf ist fast sieben Jahre jünger. Wir sind immer gut miteinander ausgekommen, aber es war doch ein bißchen schwierig, den Altersunterschied mit Geschwistergefühlen zu überbrücken. Ich war eher eine Art Tyrann oder Kindermädchen für die beiden. Ich sehe mich mit ihnen im Kaisergarten. Mitten in der Ruß-, Qualm- und Lärmwüste von Oberhausen gab es diesen Park, der natürlich nach der deutschen Majestät benannt worden war. Die verstaubten Bäume und Sträucher mitsamt dem kleinen Teich waren das nächstliegende Stück Natur. Dorthin schob ich beide im Kinderwagen, als Wegzehrung hatte ich eine Flasche Milch und Butterbrote dabei. Ich ging mit ihnen spazieren oder ruderte sie auf dem Teich herum.

Meine Schwester hat dann früh geheiratet. Ihr Mann ist in Remscheid Stahlfabrikant. Mein Bruder hat die teuflischen Segnungen Großdeutschlands voll auskosten müssen: Hitlerjugend, Arbeitsdienst, Militärdienst, Kriegsdienst. Nur zum Schluß hat er ein bißchen Glück gehabt. Er konnte, als sein Regiment gefangengenommen wurde, ausbrechen und wanderte von der Tschechoslowakei aus, als angeblicher französicher Kriegsgefangener, nach Westen. Wochenlang hat er sich tagsüber irgendwo versteckt gehalten und ist nachts weitermarschiert. Es kam ihm zugute, daß er dank unseren spanischen Vorfahren so aussah, wie sich die Leute einen Franzosen vorstellten. Er ist dann Kaufmann geworden, und heute ist er Prokurist in Düsseldorf. Meine Geschwister haben also gutbürgerliche Existenzen. Ich bin als Theatermann die Ausnahme in der Familie.

Von meinen Jugendfreunden hat kaum einer den Krieg überlebt. Mir hat das Schicksal Stalingrad erspart, ihnen nicht. Solch vertraute Freunde, die von früher Jugend auf mit uns groß wurden, sind später nie mehr zu finden. In den Jahren vor dem Abitur haben wir abende- und nächtelang zusammengehockt und versucht, die Rätsel der Welt zu ergründen. Der Rotwein, den wir im Werkskasino der Gute-Hoffnungs-Hütte bei unseren tiefsinnigen Gesprächen tranken, ging auf Rechnung meines Vaters – und der sonst so sparsame Mann bezahlte, ohne mir Vorhaltungen zu machen.

Am Rhein-Herne-Kanal lag der Oberhausener Ruderverein. Dort gründeten wir eine Schülerruderabteilung, deren Vorsitzender ich wurde. Dieser Sport hat mir sehr gut getan. Ich war etwas rachitisch, ein spilliges Männchen, aber als Nummer vier im Boot, als Schlagmann, machte ich mich in kurzer Zeit heraus. Wir haben dann trainiert und sind bei Schülerregatten gestartet. In Essen haben wir verloren, in Duisburg und Neuwied haben wir gewonnen. Auch von unserem Vierer lebt außer mir nur noch einer. Die anderen wurden nach Münster eingezogen. Die Münsteraner gehörten zur 6. Armee, und deren Ende war in Stalingrad.

Hockey und Fußball habe ich leidenschaftlich gern gespielt, aber immer wieder vertrat ich mir das Knie, hatte dauernd Blutergüsse, lag dadurch oft wochenlang zu Bett. Das Mißgeschick mit dem Knie erwies sich später als Glück. Die Wehrmacht zog mich nur drei Monate ein, als Kanonier nach Jüterbog. Darüber habe ich noch zu berichten. Eigentlich hätte ich als Jahrgang 1914 zwei Jahre Soldat spielen müssen. In meiner Schulzeit aber machte es mir sehr zu schaffen, daß ich so lädiert war. Das Rudern half mir darüber hinweg.

Zwei gute Freunde hatte ich, Friedel Eps, der in meiner Straße wohnte, und Otto Strunk, mit dem ich mich im Hockeyverein angefreundet hatte. Mit Friedel Eps zusammen wurde ich konfirmiert. Mein Vater war katholisch, meine Mutter evangelisch. Mein Vater hatte kein Verhältnis zu seiner Religion, meine Mutter nahm Glaubensfragen ernster. So wurde bei der Heirat vereinbart, daß die Kinder evangelisch erzogen werden sollten. Friedel Eps und ich hatten, als wir konfirmiert werden sollten, weitgreifende Zweifel am Christentum. Die vorformulierten Glaubensbekenntnisse und Glaubensartikel erregten unsere Bedenken und unseren Widerspruch. Wir grübelten, ob wir es überhaupt verantworten könnten, zum Altar zu gehen, denn die Frage, ob Brot und Wein nun wirklich der Leib des Herrn waren oder ihn nur symbolisch vorstellten, belastete uns außerordentlich. Die Transsubstantiation war unser unerschöpfliches Thema. Aber unsere Zweifel schienen uns letztlich zu persönlicher Natur zu sein, um sie mit anderen wirklich auszukämpfen. Wir haben uns dann doch konfirmieren lassen. Ich kann nur hoffen, daß es Friedel bei seinem Tod an der Wolga geholfen hat. Man legte dem Sterbenden noch das EK 1 auf die Brust, er warf es in die Ecke und sagte: »Was soll das?« So hat es mir ein Mann erzählt, der dabei war.

Mein Freund Otto wurde bei Orel verwundet. Auf dem langen Weg zum Verbandsplatz verließen ihn die Kräfte. Er setzte sich an den Straßenrand. Während sein Begleiter allein weiterging, um Hilfe zu holen, verblutete er dort allein in der Steppe. Die Sanitäter fanden ihn zusammengesunken und tot an der Straße. Er hatte einen Brief an mich in der Tasche, den ich dann mit einem kurzen Bericht und dem Vermerk »Gefallen für Großdeutschland« erhielt. Ich habe selten in meinem Leben so fassungslos und untröstlich geweint. Heute wie damals erbittert mich dieser lapidare Satz und das Wort »Großdeutschland« in diesem Zusammenhang ebenso wie die Floskel »In stolzer Trauer«, die man damals so oft zu lesen bekam, wenn Angehörige den Tod eines Soldaten anzeigten.

Für meine anderen Altersgenossen galt ich in jenen Jugendtagen eher als Sonderling, als nicht recht einzuordnende Erscheinung. Daran war ich selbst schuld. Ich konnte mich damals, was meine Kleidung anging, für keine Farbe entscheiden, und so trug ich schwarz, kam schwarz in schwarz daher: schwarzer Anzug, schwarzes Hemd, schwarze Krawatte, schwarzer Mantel. Es hieß natürlich, der Quadflieg spinnt. Das einzige indessen, was mich selbst an meinem Aufzug irritierte, war die Tatsache, daß auch die italienischen Faschisten schwarze Hemden trugen. Mit ihnen hatte ich gar nichts im Sinn.

Weil mein Vater Werksdirektor war und ich aufs Gymnasium ging, bewegte ich mich in den Kreisen der Oberhausener Oberschicht. Trotzdem fühlte ich mich nicht ganz zu dieser Klasse gehörend. Mein Vater sprach zu Hause oft davon, daß er es als Nichtakademiker so schwer hätte, sich unter all den Akademikern zu behaupten. Mein Zuhause war sehr kleinbürgerlich geblieben; der Lebensstil der anderen hatte größeren Zuschnitt. Dafür waren ihre Interessen zumeist auf die Geschäfts- und Erwerbspraxis beschränkt. Wenn sie musisch waren, waren sie es für den Hausgebrauch.

In der Tanzschule im Werkskasino begann meine erste schmerzliche Liebe, die mich furchtbar schüttelte, meine Liebe zu Hanni Holz. Hanni kam aus gutem Haus. Ihr Vater war Stahl- und Hochofenfachmann. Unter seinen Kollegen war er eine Ausnahme. Er liebte Musik und Dichtung und schrieb selbst Verse. Im Hauptberuf aber war er ein Spitzenmann der Gute-Hoffnungs-Hütte. Mich behandelte er mit freundlich herablassender Ironie, und gegen Ironie war ich allergisch. Er wollte mich zur Schlagfertigkeit erziehen, aber daraus wurde nichts. Sein Humor war mir fremd. Ich wußte einfach nicht, was ich mit diesem Mann reden sollte. Darum wartete ich lieber auf der Straße, bis Hanni mir signalisierte, daß die Luft rein sei. Dann gingen wir in ihr Zimmer und hörten stundenlang Musik und küßten uns. Mehr geschah nicht. Meine aufgewühlte Seele und aufgewühlten Sinne brachte ich mit noch härterem Rudertraining zur Raison – den Blick vom Rhein-Herne-Kanal gebannt auf das Haus gerichtet, in dem Hanni wohnte. Sie war ein dunkles, bildhübsches Mädchen und wollte Sängerin werden. Sie liebte Puccini und Bizet über alles und träumte davon, die Butterfly und die Carmen zu singen. Da ihre Stimme nicht reichte, studierte sie dann Schauspielerei und war auch ein paar Jahre beim Theater, bevor sie einen Dirigenten heiratete. Damals aber galt im Hause Holz nur Hannis Talent. Meine Theater-Träume wagte ich nur anzudeuten, aber niemand nahm sie ernst. Es war auch zu komisch, daß dieser nickelbebrillte, verkrampfte, schüchterne Junge Schauspieler werden wollte. Na ja, er wollte auf den Flügeln seiner Verliebtheit auch zum Theater! Verständlich! Das würde sich dann bald geben!

Ironie, wie gesagt, ertrug ich schwer, und ich war nicht imstande, ihr standzuhalten. Auch wenn das Schicksal Ironie walten ließ, sah ich eher die tragischen Folgen. Was die Zeitgeschichte, der wir dann so furchtbar ausgeliefert wurden, auf diesem Felde zu bieten hatte, erfuhr ich sehr früh.

Der eifrigste Parteigänger der Nazis unter meinen Mitschülern war ein Junge namens Rolf. Er trommelte uns eines Tages, es muß 1931 gewesen sein, im Hinterzimmer einer Kneipe zusammen und beschwor uns, eine Hitlerjugend-Gruppe zu gründen. Die Braunen, die nach der Macht griffen, schilderte er uns in allen Tönen der Begeisterung. Ich fand diese Begegnung zunächst ganz spannend. Unser Geheimtreffen hatte einen romantischen Aspekt, etwas von Karl-May-Atmosphäre. Die Gefahr, von der Polizei erwischt zu werden, erhöhte den Reiz. Auch war es möglich, daß die Roten kamen und uns verprügelten. Wir hätten dann wohl keinen leichten Stand gehabt, aber wir ließen es darauf ankommen.

Stutzig machte mich nur, was da unverhofft zum Hauptthema des Abends wurde, nämlich die Frage, ob wir uns alle Revolver verschaffen sollten. Man biß sich daran fest, und schließlich wurde es mir zuviel. Ich erklärte, für meinen Teil sei dies wirklich eine Sorge zweiter Ordnung. Ich wollte erst einmal genauer wissen, was die Leute vorhatten, die Rolf uns da so innig ans Herz legte, und was ihr genaueres Programm sei. Zu einer Antwort kam es nicht mehr, denn jemand schrie, die Polizei stehe vor der Tür. Wir türmten schnell und mannhaft durchs Fenster des Hinterzimmers. Geschnappt wurde keiner, wenn es sich nicht überhaupt um einen falschen Alarm handelte.

Das reichte mir. Dieser erste Anlauf war mir zu dumm gewesen. Ich ging nicht wieder hin. Rolf aber macht begeistert weiter – bis zu dem Augenblick, in dem sein Vater ihm eröffnen mußte, daß es nicht weitergehen konnte, weil seine Mutter Jüdin sei. Sein Vater, auch ein Direktor der Hütte, schickte den Jungen nach Südamerika und richtete ihm in Bogotá eine Firma ein. Rolf brachte sich mit ihr über die Nazi-Zeit. Seine Eltern blieben in Deutschland. Sein Vater, ein außerordentlich anständiger, integrer Mann, hielt sich wohl für einflußreich genug, seine Frau schützen zu können. Bis fast zum letzten Moment gelang ihm das auch, aber kurz vor Kriegsende sollte Rolfs Mutter doch ins KZ geschleppt werden. Da nahm sie sich, während die Lederbemantelten auf sie warteten, das Leben. Das Schicksal dieser Frau bewegte mich besonders tief. Ich erinnere mich lebhaft, daß gerade sie in meinen Pubertätsjahren krankhafter Schüchternheit mir immer besonders freundlich und verständnisvoll begegnet war.

Ich sage, wie es war. Es wäre nicht besonders schwierig, nachträglich mit den Erlebnissen jener Zeit den wissenden Augenzeugen zu spielen oder gar ihre Zeichen zu deuten. Das haben Berufenere treffender getan. Mit der Wahrheit über mich selbst hätte es nicht allzuviel zu tun. Ich begriff genug von den Dingen, um mich zurückzuhalten. Mehr zu begreifen, die Hintergründe zu erkunden, mich aktiv zu engagieren, versuchte ich nicht. Ich wollte zum Theater, war mich selbst zu finden beschäftigt. Ich wollte den Ernst der Kunst ausloten. Daran habe ich mich im wesentlichen auch später gehalten. Die Zeit und ihre Schrecken verdrängte ich weitgehend. Sie traten auch in dem allgemeinen Aufschwung wenig zu Tage. Ich fühlte mich nicht zuständig für die Politik. Der Bezirk, für den ich mich zuständig fühlte, war die Bühne. Dort wollte ich mich bewähren.

Zunächst aber nahm ich nach dem Abitur Urlaub von allem. Ich fuhr nach Italien. Mein Vater hatte mir fünfzig Mark pro Monat bewilligt. Meine Großmutter gab mir zwanzig Mark dazu. Damit war das Abenteuer, das ich ein halbes Jahr lang auskostete, hinreichend finanziert, und ich machte mich trotz aller Einwände und Tränen meiner Mutter auf die Reise.

Ich trampte, wie es heute heißt. Damals, 1933, ein noch wenig geübtes Tun. Lastwagenfahrer nahmen mich mit, und wenn ich es mir leisten konnte und wollte, fuhr ich ein Stück mit der Bahn. Ich fuhr über die Schweiz, sah den Vierwaldstätter See, dann Venedig, Rom, Neapel. Schwierig wurde es nur einmal, als ich in Livorno mein Geld nicht bekam und acht Tage hungern mußte. Der Mann am Posterestante-Schalter wollte mich nicht verstehen. Er ließ mich immer wieder anmarschieren und schüttelte abweisend und hochnäsig den Kopf und den Zeigefinger: Niente!

Schließlich fand ich am Konsulat jemand, der den Dolmetscher machte. Da sagte man mir dann, daß ich immer an den falschen Schalter gegangen sei. Am richtigen lag das Geld längst. Vielleicht hoffte man auch, der dumme Deutsche würde es schon einmal aufgeben, nach seinem Geld zu fragen. Straßenjungen, mit denen ich im Hafen nach Miesmuscheln tauchte, halfen mir über den wütendsten Hunger hinweg.

Sonst kam ich mit der Sprache ganz gut zurecht. Mein Schullatein half mir, und ich hatte einen kleinen Sprachführer in der Tasche. In dem schlug ich nach, was ich fragen wollte. Ich stieg zum Beispiel auf einer Station schnell aus, fragte: »Quando che la fermata?«, stieg wieder ein und grübelte dann über die Antwort nach, was sie wohl heißen könnte. Ich lernte auch schnell, daß nicht alle Stationen ›Olio Sasso‹ oder ›Birra Perroni‹ hießen, als mir klar wurde, wie groß die Reklame und wie klein die Ortsnamen geschrieben waren. In Venedig sah ich eine Aufführung von ›Othello‹. Gespielt wurde im Innenhof des Dogenpalastes, und der italienische Shakespeare begeisterte mich. Der gut ausgeleuchtete Palazzo spielte mit – bis in die Arkaden hinein. Der Raum schäumte über vor sprachlicher Vitalität, unvermittelt herrschte dann wieder große Stille, wenn Jago an einem der von innen beleuchteten Brunnen stand und seine bösen Gedanken aus der Tiefe holte. Das war sehr glaubhaft, besonders schön und bewegend aber war Desdemonas Lied von der Weide unter dem klaren Nachthimmel.

In Rom lief ich mir buchstäblich die Füße wund – von einer Sehenswürdigkeit zur anderen. Zwischendurch ruhte ich mich tiefschlafend in irgendeinem Kino aus. Ich wohnte in einer winzigen Kammer, in der auch ein italienischer Maurer nächtigte. Erst in dritter Instanz bekam dieses Gelaß Licht und Luft. Von einem großen Raum war die Küche abgeteilt und von dieser wiederum unsere Schlafwagenkoje. Ich war damit zufrieden. Ich brauchte nur einen kleinen Platz zum Schlafen, denn tagsüber war ich ohnehin unterwegs. Mein Maurer kam meistens später als ich nach Hause, wenn ich schon schlief. Nüchtern habe ich ihn nie gesehen, aber er war sehr leise, sehr rücksichtsvoll dem fremden Signore gegenüber. Morgens brauchte er als erstes einen Aufmunterungsschluck. Er äugte verstohlen zu mir herüber, und wenn er überzeugt war, daß ich noch schlief, griff er nach meinem Haarwasser, um sich damit die Kehle anzufeuchten. Die Marke hieß ›Portugal‹, und sie muß sehr bekömmlich gewesen sein. Jedenfalls war der Mann noch am Leben und bei Kräften, als ich nach Neapel weiterzog. Der »Tourismus« war damals noch nicht erfunden. Neapel zu sehen, war 1933 das Vorrecht weniger Glücklicher. Kleine Lastwagen mit fröhlichen, knoblauchduftenden Fahrern nahmen mich kurze Wegstrecken mit, aber dann, 200 km vor

Neapel, 40 km war ich schon auf der Via Appia marschiert, hielt ein vorbeirasender Bentley, den ich mit dem Daumen winkend um Mitfahrt angestikuliert hatte. Ich stieg mit meinem Rucksack ein. Zwei junge Kerle saßen vorn, und ein älterer Engländer saß hinten, der dauernd Wattebäusche mit dem Inhalt verschiedener Fläschchen tränkte und vor seine Nase hielt. Neben ihm durfte ich Platz nehmen. Er entschuldigte – nach kurzer Frage nach meiner Landsmannschaft – seine dauernde Nasentupferei mit einem furchtbaren Heuschnupfen; alles in reinstem Oxford-Englisch, das er höflich mit deutschen Brocken durchsetzte. Er hatte anhalten lassen, sagte er, weil ich so gestrahlt hätte, und fragte mich nach dem Grund dieses Strahlens, dieser Ausstrahlung. Ich sagte schlicht: »Weil ich so glücklich bin.« Ich war es. Ich war nie zuvor und nie wieder in meinem Leben so glücklich wie auf dem Weg von Rom nach Neapel. Ich war auf den alten Wegen der deutschen Sehnsucht nach dem Süden, nach dem »Land, wo die Zitronen blühen«. Die Schule lag hinter mir, das Leben vor mir – ich war im Niemandsland zwischen Schule und Beruf und ahnte, daß ich nie mehr in meinem ganzen Leben so heiter und unbelastet, so sorgenlos und ohne Zwänge und Pflichten meine Straße ziehen würde. Ich sagte also wahrheitsgetreu: »Because I am so happy.«

Das entlockte ihm und seinen Freunden auf dem Vordersitz ein endloses Gelächter. Was ich werden wolle, wurde ich gefragt. »Schauspieler«, sagte ich still vor mich hin. Das eröffnete einen Redeschwall meines heubeschnupften Bentley-Besitzers über das herrliche Metier der Schauspielerei und über Eleonora Duse, die er selbst einmal gesehen hatte. Ich hörte zu, meinen Felltornister auf dem Schoß – interessiert und mit wachsender Übelkeit, da die beiden jungen Engländer wie die Teufel fuhren und auf der kurvenreichen alten Straße oft jäh stoppen mußten, um nicht ein Massaker in einer Schafherde anzurichten. Ich hielt aus, denn jeder Kilometer überstandener Übelkeit brachte mich näher an Neapel heran. Und wirklich stieg allmählich in der Ferne die Rauchsäule in den Himmel, wie auf allen alten Neapel-Kitschbildern zu sehen, und auf meine Frage hin wurde mir versichert, das sei in der Tat – indeed – die Rauchsäule des Vesuv. Sie schien auf mich gewartet zu haben und kam mir ungemein vertraut vor.

Im Albergo Bengasi, einem Elendsquartier für Tippelbrüder, schlief ich, meinen Brustbeutel mit meinen paar Lire nachts ängstlich umklammernd. Nach einigen Tagen in Neapel glaubte ich alles über diese Stadt zu wissen und wollte weiter nach Süden – nach Sizilien, in das Land des Hohenstaufen Friedrich II. Um Geld zu sparen und womöglich noch einige Lire zu verdienen, suchte ich einen Job auf einem Schiff. Ich wollte als Steward anheuern. Ich hatte Glück und wurde mit dem Kapitän eines Frachters einig. Doch dann kam Herr von Schwindt dazwischen. Er saß in einem Café am Hafen und las eine deutsche Zeitung. Ich hatte seit Tagen, seit Wochen kein Wort deutsch mehr gesprochen und redete von Schwindt an. Ich fragte, was es in Deutschland Neues gebe. Schließlich war dort im Frühjahr 1933 einiges im Gange. Schwindt war sehr freundlich. Wir redeten dies und das, und dann begann mein neuer Bekannter, der aus Österreich kam, von Capri zu schwärmen. Er schlug mir vor, mit ihm hinüberzufahren. Ich sagte kurz entschlossen ja. Daraus wurden dann vier Monate auf Capri, denn diese Insel war (damals jedenfalls) so wunderschön, daß sie mich festhielt. So bin ich – bis heute – nie nach Sizilien gekommen. Fast wäre sie mir aber verleidet worden: Mich packte kurz nach der Ankunft die Ruhr. Sie spielte mir ziemlich übel mit. Wahrscheinlich hatte ich schlechtes Eis oder unsaubere Trauben gegessen. Vierzehn Tage lag ich in einem ärmlichen Zimmerchen, und eine deutsche Ärztin fütterte mich diese vierzehn Tage lang mit Kohle.

Als ich wieder aus dem Bett kam, war ich dünn wie ein Strich und sah äußerst vergeistigt aus. Ich muß sehr edel gewirkt haben –

schön und edel, denn ich hatte schon bei meinem ersten Auftritt am Strand von Capri einen überwältigenden Erfolg. Viele Herren umschwärmten mich. Ich begriff nicht, warum. Daß es körperliche Neigungen von Mann zu Mann gab, war mir in Oberhausen völlig entgangen, und die Komplimente und Einladungen, mit denen ich überhäuft wurde, waren mir ein Rätsel. Nach und nach begriff ich und eröffnete meinen Verehrern, daß ich ganz das sei, was man normal nennt. Sie trugen es mit Fassung und Humor. Wir verstanden uns weiterhin ausgezeichnet, und mit zweien hat die Freundschaft über Jahrzehnte gehalten.

Ich fand ein kleines Haus, einen winzigen maurischen Kubus in Anacapri, in dem ich mich gegen eine Miete von 25 Mark im Monat einrichtete. Morgens kaufte ich mir ein Stück Mortadella, etwas Brot und ein paar Tomaten. Dann stieg ich mit meiner Tasche in der Hand die 880 Stufen der alten phönizischen Treppe zum Bagno Tiberio hinunter. Ich legte mich an den Strand, badete und genoß die Sonne. Mittags holte ich mir für ein paar Centesimi einen Liter Wein und trank mir einen kleinen Rausch an. Abends stieg ich die 880 Stufen wieder hinauf.

Allein der Weg, diese uralte Felsentreppe hinauf und hinunter, war herrlich. Überall blühten Margeriten in riesigen Büschen. Hinter der Villa San Michele von Axel Munthe auf dem Weg zum Monte Solaro lag mein Refugium, wo ich glückliche Wochen verbrachte.

Am Strand lernte ich ein fünfzehnjähriges Mädchen aus Schweden kennen. Der Vater war ein Baron von Vegesack, die Mutter eine Gräfin Posse. Die Eltern waren geschieden. Mutter und Tochter hatten für den Sommer eine Villa in Anacapri gemietet und führten ein gastfreies Haus.

Das Gespräch kam zustande über den Terrier der Komtesse, mit dem ich am Strand gespielt hatte. Sie selbst war ein bißchen jungenhaft, ein bißchen ungelenk und dabei sehr einfach und klar.

Ich verliebte mich in dieses spröde knabenhafte Mädchen und besuchte Mutter und Tochter später verschiedentlich in Stockholm. Im Krieg heirateten wir. Unser erster Sommer auf Capri aber war die glückliche Begegnung zweier sehr junger Menschen. Zweier für eine endgültige Bindung etwas zu junger Menschen, wie sich später, viel später herausstellte.

Ich hatte ein bißchen mit meiner Schauspielerei geprahlt, von der ja ernsthaft noch nicht die Rede sein konnte; aber offenbar hatte es ganz überzeugend geklungen, denn die Gräfin arrangierte für mich einen Vortragsabend. Ich erschrak einigermaßen, konnte und wollte mir aber ein Nein nicht leisten.

Einige Bücher hatte ich dabei, vor allem Rilke und natürlich den ›Cornet‹, die unvermeidliche ›Weise von Liebe und Tod‹. Den sollte ich lesen. Die Sache beunruhigte mich sehr. Ich wanderte tagelang über einsame Pfade und memorierte und übte. Auch Sprechübungen machte ich: »Roland der Riese am Rathaus zu Bremen, rollte Räder, wie wär's wohl, wenn wir weilten, wo wogende Wellen weich winken, Barbara saß nahe am Abhang . . .« Mein rheinisches R steckt mir ganz hinten im Schlund und gefiel mir nicht. Wenn mich jemand beobachtet hätte, hätte er vermutlich umgehend den Psychiater alarmiert.

Zu meinem Gala-Abend in der Villa auf Anacapri kam dann alles zusammen, was auf der Insel deutsch war oder irgendwie deutsch sprach. Je mehr Gäste kamen: Freunde des Hauses, Verehrer der Tochter oder einfach Sommerbekanntschaften, um so mehr litt ich. Aber irgendwann mußte ich anfangen, und irgendwie ging es gut: Rilkes ›Cornet‹ in der Abenddämmerung auf einer Terrasse, das Meer zu Füßen, von dieser wunderbaren Landschaft und Luft umschlossen – mein Gott, was kann da passieren –, das war von selbst lyrisch und liebenswert. Ich blamierte mich nicht, erntete Beifall. Und vielleicht war es, wie ich es machte, auch wirklich gar nicht so schlecht. Meinen heutigen Maßstab muß ich dabei vergessen.

Abschied von der Jugend, von der Unbefangenheit, von der Freiheit? Soviel ist richtig: einen solchen Urlaub, soviel Freiheit wie damals in Italien habe ich nie wieder erlebt, mir nie wieder erlauben können. Es gab später nur noch kurze, viel zu kurze Unterbrechungen der Arbeit, und es kommt mir eben vor, als hätte ich dies damals schon geahnt und Capri darum so intensiv erlebt und empfunden.

Doch mit meiner Jugend hatte ich noch länger zu tun, und sie war nicht unproblematisch. Hier möchte ich dem chronologischen Bericht ein wenig vorgreifen.

Goethe hat Eckermann allzu leichtfertig notieren lassen, wenn Jugend ein Fehler sei, lege man ihn schnell genug ab. Mir hat meine Jugend auf der Bühne zu schaffen gemacht, denn ich war damals sehr fahrig, nervös und labil. Was ich meine, hat mir der kluge Kritiker Herbert Ihering einige Jahre später ins Stammbuch geschrieben. Er gab Theaterdirektoren und Regisseuren, denen junge Talente anvertraut waren, den Rat, die menschliche Persönlichkeit nicht als isolierte, sympathische oder unsympathische Erscheinung zu sehen, zu beurteilen und einzuordnen, sondern immer nur im Zusammenhang mit den schauspielerischen Möglichkeiten. Der junge Schauspieler solle nicht nur als Instrument gelten, auf dem beliebig gespielt werden könne. Das Menschliche sei eben die Grundlage der Begabung. So werde man oft eine Begabung aus dem Gegensatz, aus dem Widerspruch zur eigenen Mentalität entwickeln müssen.

Ihering schrieb kurz nach dem Krieg:

»Es gibt einige echte und starke Begabungen, die an einer Wegscheide stehen. In Berlin spielte am Schillertheater und jetzt in Lübeck und Hamburg ein jugendlicher Held: Will Quadflieg, seinem Aussehen nach und seiner Art, sich zu geben, für die nervösen Charaktere geschaffen, für den Don Carlos und den

Clavigo. Gerade diese Rollen aber bedeuten eine Gefahr für ihn. Quadflieg wurde, weil ihm dies alles zu sehr entspricht und deshalb künstlerische Gewöhnung geworden ist, in solchen Aufgaben leicht zerfahren und undeutlich. Undeutlich nicht im akustischen Sinne. Aber er verwischte die Akzente und zerbröckelte die psychologische Linie. Es ist dann ein Zickzack in seinem Spiel, eine ewige Unruhe, die nicht produktiv wird. Als Will Quadflieg aber vor einigen Jahren Lessings Philotas gab, stand ein Held und ein Mann da, klar in der Diktion, fest in der Haltung, ruhig und doch temperamentvoll, entschieden und doch menschlich. Lessings Sprache nahm einen ehernen Klang an – jede Nervosität war verschwunden. Ein zweites Mal hatte man dies Erlebnis, als Quadflieg den Don Cesar in der ›Braut von Messina‹ spielte, eine Gestalt also, die oft zerrissen und mit allen Zeichen der Hysterie dargestellt wird. Aber diese flatternde Rolle gab Quadflieg gesammelt, männlich und bestimmt, aus einer gespannten und erwartungsvollen Ruhe heraus. Er gehört also zu den Schauspielern, die nicht aus der Erregung, sondern aus der Sammlung heraus entwikkelt werden müssen, aus dem Widerspruch zu ihrem Typ und ihren Spielgewohnheiten.«

Herbert Ihering muß mich sehr genau angesehen haben, als er mir diese grundsätzliche, wohldurchdachte Kritik schrieb. Ich kann mich sonst nur noch an wenige Männer erinnern, an Paul Fechter und Siegfried Melchinger und später Joachim Kaiser, die sich ähnlich genau, gründlich und vorurteilsfrei mit meiner Arbeit auseinandergesetzt haben. Ansonsten habe ich leider nur wenig sachlich für mich Verwertbares an Kritik erfahren. Ich scheine etwas an mir zu haben, das Kritiker leicht zu extrem positiven oder negativen Urteilen reizt. Friedrich Kaysslers Satz aus seinen ›Schauspielernotizen‹ kam mir immer wieder in den Kopf: »Nur der hat das Recht, ja die Pflicht zur Kritik, der gelernt hat, menschliche Kritik als Anmaßung zu verachten.« Das schien mir sehr extrem formuliert. In späteren Jahren erlebte ich dann, wie oft das subjektiv bestimmte Vor-Urteil das Urteil trübte. Ich erlebte und erlebe – besonders auf den Tourneen –, wie sehr Sympathien oder Antipathien oder lokale Gesichtspunkte die Kritik färben, und sah und sehe, wie oft die Kritik eher ein Psychogramm des Schreibenden darstellt als eine Rezension über das zu Beschreibende. Ich begriff, warum sich Verrisse leichter formulieren und lesen als ein fundiertes Lob, und ich lernte es mühsam, mein Herz nicht mehr allzu schneidend verletzen zu lassen von bösen, persönlich diffamierenden Äußerungen in Druckerschwärze. Ganz lernt man es nie.

Es ist richtig: Die Persönlichkeit des Schauspielers will an ihren künstlerischen Möglichkeiten gemessen werden; aber das Menschliche an dem Menschen, der da spielt, ist natürlich die Grundlage seiner Begabung. Hier liegt der große Reiz, die große Verlockung meines Berufs, und das macht es zugleich so ungemein schwierig, Kritik, schöpferische Kritik zu üben. Das macht es auch für den Schauspieler so schwierig, über sein Metier etwas Vernünftiges zu sagen und über ein paar allgemeine Bemerkungen hinauszugelangen, denn es ist für ihn noch schwerer als für den Rezensenten, sein Instrument (Körper und Stimme) rein und genau von der eigentlichen Begabung getrennt zu betrachten.

Ich bin meiner Neigung gefolgt, als ich zum Theater ging. Ich will nachzeichnen, wohin sie mich geführt hat. Zunächst will ich das Nervöse, die »ewige Unruhe«, die Herbert Ihering getadelt hat, nicht verheimlichen. Die Versuchung, sich leichter aus der Affäre zu ziehen, an der Figur vorbeizuspielen, verwischt zu arbeiten, sich um die Probleme herumzudrücken, ist groß. Ich kenne sie und verstehe Peer Gynt, wenn er zögert, ob er außenherum oder mittenhindurch gehen soll, obwohl er natürlich weiß, daß es besser und richtiger ist, mittenhindurch zu gehen.

Ich fürchte, nein, ich weiß heute und werde noch sagen, wodurch ich es weiß, daß ich oft genug außen herum gegangen bin, mich in der Verwandlung verlor, statt darzustellen. Ich las ein Gedicht Hofmannsthals über Kainz – und habe nie die entscheidenden Sätze vergessen, obwohl ich sie erst in späten Jahren auf der Bühne Realität werden lassen konnte.

> »O wie das Leben um ihn rang und niemals
> Ihn ganz verstricken konnte in Geheimnis
> Wollüstiger Verwandlung! Wie er *blieb*!
> Wie königlich er standhielt! Wie er schmal,
> Gleich einem Knaben, *stand*! [. . .]«

»Wie es ihn niemals ganz verstricken konnte in Geheimnis wollüstiger Verwandlung. Wie er blieb, wie königlich er standhielt.« Das waren meine entscheidenden Stichworte. Josef Kainz war das große Vorbild, dem ich nachzueifern suchte. Josef Kainz, der nach dem Zeugnis seines Bewunderers Friedrich Kayssler, meines ersten Mentors, ein »König der Sprache« war, der die Sprache für sich, für seine und die kommende Generation ganz neu entdeckte, eroberte und beherrschte. Er war mein Idol, er hat den Anfang meines Weges bestimmt, und deshalb muß ich eingehender über ihn sprechen.

Ich habe ihn nie gesehen. Ich wurde erst vier Jahre nach seinem Tode geboren. Gibt es angesichts dieser Daten eine Brücke? Ich behaupte, daß es sie gibt. Ich habe jeden Menschen, der ihn noch gesehen hatte, ausgefragt. Ich habe fast jede Zeile gelesen, die es von Kainz und über Kainz zu lesen gab. Ich habe ihn studiert: seine Bilder, sein Wesen, seine Absichten, seine Wirkung und seine Einsamkeit. Seine Totenmaske hing in all den öden Mietzimmern meiner ersten Wanderjahrstationen. Ich bin sicher, daß ich etwas von ihm »weiß«. Ich bin sicher, daß ich etwas von ihm richtig verstanden habe. Da gibt es die rührende Szene, wie Vater Kainz, ein kleiner Eisenbahnbeamter aus Ungarn, seinen Sohn

Josef an die Hand nimmt und mit ihm ins Burgtheater geht. Natürlich müssen sie sich mit einem Platz auf der Galerie begnügen. Aber Vater Kainz zeigt hinunter auf die Bühne und sagt zu seinem Sohn: »Dort unten wirst du einmal stehen.«

Da gibt es die bezaubernden Briefe, die Kainz seinen Eltern schreibt. Da wird von einem Vorsprechen vor dem hohen Regiekollegium des Burgtheaters berichtet. August Förster merkt auf und will den jungen Mann in die Lehre nehmen, aber der Siebzehnjährige zieht es vor, nach Marburg an der Drau zu gehen und dort fleißig zu spielen.

Er entspricht nicht dem Heldentyp der Zeit. Er ist kein breitschultriger Recke. Er hat keine muskulösen Arme und Beine. Er röhrt nicht, wie die Publikumslieblinge damals röhrten. Also besorgt er sich Wattons. Jetzt hat er die für sein Fach so nötigen stämmigen Waden. Auch ich habe in den ersten Jahren meine dünnen Beine mit Wattons aufgewertet, stehe also auch hier fest auf dem Boden der Tradition.

Vor allem aber arbeitete er wie ein Besessener an seiner Sprache. Trotzdem ist es noch ein langer Weg bis zum Erfolg.

August Förster ist in Leipzig Intendant geworden und holt Kainz dorthin. Mit Romeo und Max Piccolomini wird der neue Schauspieler präsentiert. Die Leipziger sind diese beiden Gestalten anders gewohnt. Sie lachen ihn aus.

Dann engagiert der Herzog von Meiningen Kainz an sein berühmtes Hoftheater und läßt ihn als jugendlichen Helden brillieren. Am Münchener Hoftheater wird Ernst von Possart aufmerksam. Ludwig II. ist begeistert, als Kainz in seiner Residenz in seinen Privatvorstellungen auftritt. Er wendet dem Mimen seine Gunst zu. Doch des Königs Gnade ist ein äußerst empfindlich Ding, und man gerät wieder auseinander, als der König nach langen, ermüdenden Fußwanderungen auf dem Rütli von Kainz Melchtals Worte aus dem ›Tell‹ hören will und der todmüde Kainz das ablehnt.

Berlin wird für Kainz die Stätte des Triumphs. Er beweist, daß die großen Werke der Vergangenheit von jeder Generation neu entdeckt werden müssen und daß es sich lohnt, sie auf ungeahnte, geistig durchdachte Weise aufzugreifen. Sein Don Carlos schlägt ein wie eine Bombe.

Jahre später wird Kainz an die Burg gerufen, wo er zum erstenmal großes Theater gesehen hat. Für vier Monate im Jahr bekommt er die damals sagenhafte Gage von 90 000 Gulden.

In seiner ›Grammatik der Schauspielkunst‹ schildert Hugo Wolfgang Schilling eine Begegnung mit Kainz:

»Er gastierte als Hamlet an unserer Bühne, und ein glücklicher Zufall fügte es, daß ich meine Garderobe dem illustren Gast einräumen mußte. Bei dieser Gelegenheit wagte ich die Frage, wie es möglich sei, Abend für Abend die seelische und physische Kraft für so große Aufgaben aufzubringen, während wir jungen Darsteller schon an einem Abend seelisch und physisch bis zum Letzten aufgezehrt würden. Die Miene des großen Künstlers, bis dahin eher hochmütig und abweisend, wurde plötzlich mild und gütig, und beinahe freundschaftlich meinte er: ›Technik, Technik; sie spart die physischen und seelischen Kräfte für die großen Momente auf, wo sie dann mit aller Macht eingesetzt werden können; sonst verbraucht man sich vorzeitig und versagt an den Höhepunkten.‹«

Aus derlei Beobachtungen hat seinerzeit Hermann Bahr seine geistreichen Schlüsse gezogen. Er notierte in seiner Schrift ›Zur Philosophie der Schauspielkunst‹ über Kainz:

»Was man gern als den eigentlichen Beruf der Schauspielerei behandelt, daß sie Instrument der Dichtkunst sei, das verschwindet hier durchaus. Seine Kunst geht in dem dargestellten Werke nicht auf, sondern dieses wird vielmehr als eine entbehrliche, ja lästige Maske empfunden; seine hinter ihr versteckte Natur allein ist der mächtige Reiz. Er gibt seine Mittel nicht in den

Dienst des Dichters, sondern der Dichter soll ihm nur die Gelegenheit geben, seine eigene Herrlichkeit zu entfalten. Er spielt die Rolle nicht; er spielt sich auf der Rolle.«

Mit diesem hochrichterlichen Urteil Hermann Bahrs über die Kunst des Schauspielers Josef Kainz hat sich später der Theaterwissenschaftler Artur Kutscher auseinandergesetzt. Er mahnte zur Vorsicht und sagte:

»Hermann Bahr hat ... bei der Duse die Verwandlung, bei Kainz die Subjektivität zu stark hervorgehoben und nicht genug betont, daß bei der Duse auch Treue gegen sich selbst, bei Kainz natürlich auch Treue gegen die Rolle mitspielt. Was ist Wahrheit? Wahrheit in der Schauspielkunst? Ein ehrliches Ringen zwischen Individuum und Rolle.«

Das Bild rundet sich. Hofmannsthals Verse kommen wieder näher:

»O wie das Leben um ihn rang und niemals
Ihn ganz verstricken konnte ins Geheimnis
Wollüstiger Verwandlung! Wie er blieb!
Wie königlich er standhielt! [...]«

Der Charakter des Schauspielers Josef Kainz blieb hinter den Figuren, die er darstellte, wach und spürbar. Er verstellte sich nicht. Er gab sich nicht auf. Er erkundete die Wahrheit der Rolle und immer zugleich seine eigene Wahrheit. Denn wenn ich nicht meine eigene Wahrheit spiele, spiele ich auch an jeder Wahrheit des Dichters hoffnungslos vorbei.

An seinen guten Abenden, so hat Kainz selbst gesagt, habe vor ihm ein Schatten gestanden, dem er nachgespielt habe. Das ist eine sehr vage Formulierung. Hier ist Vorsicht geboten. Was für ein Schatten, was für ein Bild war dies? Ein Daimonion? Ein Über-Ich? Kainz hat sein Talent zum Vor-Spieler personifiziert. Es gibt so etwas: ein überwaches Gespür, das uns sagt, wann wir unsere

Arbeit richtig machen, wann wir die gute Stunde erwischen. – In diesen lebendig stimmenden Augenblicken unserer Arbeit, in denen wir uns unserer Aufgabe unterwerfen und sie doch beherrschen, in denen alles gelingt und man ein Haus voller Menschen zwingend und magisch in den Bann schlagen kann. Nicht nur Hugo von Hofmannsthal schrieb Verse auf Kainz, auch Alfred Kerr tat es. Sein Gedicht heißt ›Der Tote‹, und es lautet:

1

»Wer warst du, Seele, wundersame?
Wer warst du, die ins Finstre schied?
Ein Zaubervogel? Eine Flamme?
Warst du ein Wein? Warst du ein Lied?

Wer ging durch unsre Frühlingsfelder;
Und fern aus Träumen, unsichtbar,
Hesperische Zitronenwälder
Umschatteten sein Lippenpaar?

Warum die Rast des noch nicht Müden?
Wer warst du? Keiner kam dir gleich.
Du Glück und Glut aus deutschem Süden.
Dionysos aus Österreich.

Du hextest funkelnd aus den Saiten
Tief tausendfältiges Getön
Und Blitze, Peitschen, Seligkeiten
In goldner Wildnis – menschenschön.

2

Sacht bettet man den Frühverscheuchten
Im Dämmerglast des Kerzenscheins.
Wir grüßen dich. Du warst ein Leuchten.
Es kommt nicht wieder – Josef Kainz.«

Diese hymnische, selbst leuchtende, menschenschöne Huldigung des kritischen Spötters Alfred Kerr an den ›Dionysos aus Österreich‹ spricht für sich. Fügt sie dem Verständnis, unserem Verständnis von der Kunst des Josef Kainz etwas hinzu? Gewiß nichts allzu Konkretes. Wir müssen sein Bild, unser Bild von ihm, schon in uns entwickeln, um Glück und Glut, um Blitze, Peitschen, Seligkeiten zu verstehen. Aber diese Strophen sind ein Adelsbrief, eine Seligsprechung aus kritischem Geist.

Aus bewundernd-künstlerischem Geist huldigte auch Friedrich Kayssler dem toten Kollegen. In seinen ›Worten zu Gedächtnis‹, einer Gedenkrede, die Kayssler am 22. Oktober 1910 im ›Deutschen Theater‹ in Berlin hielt, feierte er Kainz als König der Sprache. Der bloße Leidenschaftsausdruck sei für diesen Darsteller immer nur das Vorläufige, Selbstverständliche, sei nur die Grundlage, der rohe Umriß gewesen. Er habe die Sprache ausgestaltet und das »Drama im Geiste« gespielt. Kainz habe gelehrt, daß es zwei deutsche Sprachen gebe: eine unbewußte, unwillkürliche, alltägliche zum Gebrauch für das Leben – und eine andere, bewußte, formende, bildende, aufbauende, in bewußter Freiheit schreitende, tanzende Sprache. Kayssler, von Kainz in dies Geheimnis eingeweiht, bekundete, »daß es eine Lebenswahrheit gibt und eine Natürlichkeit der Kunst, und daß zwischen beiden eine Welt liegt«. Das habe ich schon als Primaner sofort begriffen, denn es entsprach meiner innersten Vorstellung von der Sprache. Auf das »Drama im Geiste« kommt es mir immer an, und ich habe in jedem Stück nach der »geistigen Überschrift«, wie Stanislawski sie nennt, gesucht. Wir müssen Kainz und Kayssler nicht unbedingt folgen, wenn es dann heißt:

»Die Spannkraft und Blutfülle, mit denen er (Kainz) die Laute prägte und formte, erhob jeden einzigen Laut, Vokal und Konsonant, zum Symbol eines bestimmten Gefühlskomplexes. Man fühlte: jeder Laut war ein Grundelement der Sprache: A war das

Element der Klarheit, des Sichtbaren, des hellen Tages. U war das Element des Dunkels, des Unklaren, Unsichtbaren, Unfaßbaren. Der Konsonant P war eine Schleuderkraft, eine Spannung von Atmosphären, die eine ganze Gruppe von anderen Lauten zu einem Wortgebilde wie von glühendem Stahl zusammenschweißte und vorwärtsschleuderte wie ein leuchtendes Projektil, das in das Dunkel der noch vor uns liegenden Dichtung vorausschoß und uns weite Strecken vorahnend erhellte . . .«

Das ist aus dem Geist jener Zeit gesagt. Glühender Stahl und vorwärtsgeschleuderte Projektile ließen sich schon ein paar Jahre später nicht mehr so leichtherzig in Metaphern umsetzen. Wir wissen zudem, daß Lautsymbolik ein gewagtes Unterfangen ist. A ist ein heller Vokal, U ein dunkler. Soviel ist richtig. Trotzdem sind ihnen keine unverbrüchlichen Bedeutungen zugeordnet. Bedeutungen ergeben sich erst, wenn mehr hinzukommt. Sprache ist nicht nur eine Abfolge von Lauten, und Spiel ist nicht nur Sprache. Auch die »körperliche Beredsamkeit« brauchen wir zur Wahrheitsfindung.

Wer Josef Kainz war, wird in Kaysslers Worten dennoch deutlich. Kayssler sagte auch: »Ihm war Sprache ein lebendiges göttliches Chaos von Geist, das der Künstler in Elemente zu scheiden hatte.« Wortmächtiger als Hugo Wolfgang Schilling erläutert Kayssler, wie Kainz mit der Sprache spielte:

»Er konnte über eine weite Ebene von gleichgültigen Worten hintanzen, sie gleichsam nur mit dem Hauch seiner Zunge berührend – und doch jedes einzelne mit unnachahmlicher Klarheit anschlagend – um sich dann auf ein einziges Hauptwort und Merkwort zu stürzen, das er hoch für sich allein stehen sah, auf einen Hügel vom Dichter gestellt: an dieses Wort hing er sich dann mit aller Wucht wie an eine Glocke, ließ es anheben, anklingen, schwingen und hallen – warnend, drohend, gellend, jauchzend, je nach der Stimmung – läutete es weit in das Land, so daß jeder wußte: das war es, was wir wissen mußten, der Kern, der Sinn des Ganzen, das pochende Herz dieses Aktes. – Seine Kunst gab Übersicht, Ausblicke, Fernblicke, Panoramen . . .«

Noch einmal: dies ist die Sprache jener Zeit, und auf den ersten Blick versteigt sie sich ins Ungesicherte. Ihr Überschwang kann nicht mehr unsere Sache sein. Aber trotzdem kann es uns gelingen, uns einen Begriff von der Art zu machen, wie Kainz auf der Bühne mit dem Wort umging. Entscheidend ist, daß Kainz seinem Publikum die Übersicht, die Ausblicke, die Fernblicke, die Panoramen gab, daß er – auch dies bezeugte Kayssler – das Bewußtsein des Ganzen in jedem Augenblick vermittelte. Das aber kann nicht gelingen, wenn sich ein Schauspieler in seiner Rolle verliert. Es gelingt nur, wenn er sich in ihr behauptet. Ebenso nötig ist es zu begreifen, daß Lebenswirklichkeit und Kunstwirklichkeit nicht identisch sind. Auch der scheinbar völlig natürlich klingende Satz ist auf der Bühne ein Kunstprodukt, eine höchst bewußte künstlerische Natürlichkeit. Diese ist kein Geschenk des Himmels. Das Bewußtsein vom Ganzen, das sich in jedem Augenblick zu spiegeln hat, fällt uns nicht in den Schoß. Nüchternes, genaues Hören, absolute schonungslose Selbstkontrolle sind ebenso Voraussetzung wie eine nie erlahmende Kraft zur Begeisterung; zu einer wachen, unsentimentalen Begeisterung, wie Kayssler sie an den Tag gelegt hat, als er seine Gedenkrede auf Josef Kainz mit den Versen schloß:

»Goldene Fackeln schwang er in den Händen,
Worte der Dichter; ein königlich Spiel.
Edelen Pferden gleich tanzten die Rhythmen,
kühn gespannten Lippen entfloh'n.
Das war ein Bäumen, ein Mähnengeschüttel,
Stampfen und Tanzen, Wagen und Weichen
schwebender Hufe auf wiegender Fessel.

Er, lässig, ein König der Sprache,
regte der Zunge fliegenden Stahl:
und sie standen hochbebend, gebändigt.

Doch da schoß aus dem tiefen Vulkan
feuerlufthauchend ein Atemstoß:
riß sie, stachelte, peitscht' sie davon
zum Sprunge, zur Jagd, zum Rausch, zum Orkan.

Wehende Wolken von Schaum um edelste Nüstern,
triefende Flanken gefegt von sausenden Schweifen –
jäh aufzüngelnd ein Blitz, des Lichtes Fanfare –
fern in der Heide verdonnernd nachhallendes Schweigen.
Frühlingssturm in der Ebene. So fühlt' ich sein Spiel.«

So fühlte er sein Spiel. So hat der als trocken und nüchtern verschrieene Kayssler seine Begeisterung formuliert. Ein anderer, ein Mann namens Konrad Falke, versuchte im Jahr, bevor Josef Kainz starb, dessen Wesen und Tun mittels genauer Beschreibung zu umreißen. Als Kainz 1909 mit dem ›Hamlet‹ in Berlin gastierte, sah sich Falke diese neun Vorstellungen hintereinander an. Dann schrieb er ein Buch über Kainz als Hamlet. Er beschrieb Auftritt für Auftritt, Satz für Satz, Geste für Geste, Stimmung für Stimmung.

Genauer ist, wenn ich mich nicht täusche, die Arbeit eines Schauspielers nie geschildert worden. Vor allem fesselte mich, als ich in meinen frühen Theaterjahren den Falke-Bericht las, der Tod, den Kainz seinen Hamlet sterben ließ. Da wurde nichts konventionell abgeliefert. Hamlet schien wirklich an Gift zu verenden. Kainzens Hamlet kämpfte den Schmerz nieder, rang mit der Angst und zwang dem versagenden Mund das letzte Wort ab. Als es ihm nicht mehr gelingen wollte zu artikulieren, holte er sich fast mit den Fingern die Worte aus dem Mund, um dem Freund doch noch zu sagen, daß der Rest Schweigen sei. Kainz führte vor, wie es mit einem vergifteten Körper wirklich mit allen Zuckungen zu Ende geht. Das war nie dagewesen – das war groß. Dieser Bericht gab mir Mut, später ähnlich genau und detailliert diese Szene herauszuarbeiten.

Kainz starb am 20. September 1910 zweiundfünfzigjährig an Darmkrebs. Er litt und quälte sich furchtbar, er ekelte sich vor sich selbst, denn dieser Tod stank, und der Ästhet Kainz bat, man möge ihn allein lassen. Er wollte nicht, daß sich die andern bei ihren Besuchen mühsam den Ekel verbissen.

Mit der Totenmaske von Josef Kainz bin ich also jahrelang herumgezogen. Sie hing in all den bescheidenen Mietzimmern meiner Provinzjahre. Als ich dann im Hamburger Schauspielhaus meine erste Premiere mit Gründgens hatte, wir spielten Vater und Sohn in Thomas Wolfes ›Herrenhaus‹, kam Gründgens in meine Garderobe, legte mir eine Fotografie hin und sagte: »Sehen Sie: Josef Kainz. Er hat das Foto selbst aufgenommen. Dann hat er's der Bleibtreu geschenkt. Die hat's mir geschenkt, und jetzt schenk ich's Ihnen.«

Das fotografische Selbstporträt von Kainz hat seine Totenmaske abgelöst. Es hängt jetzt neben einem Gründgens-Foto – Gründgens als Mephisto – in meiner Garderobe. Diese beiden Fotos sollen dort bei mir sein, solange ich spiele.

Hugo von Hofmannsthal schrieb:

»O vogelhaftes Auge, das verschmähte,
Jung oder alt zu sein, schlafloses Aug,
O Aug des Sperbers, der auch vor der Sonne
Den Blick nicht niederschlägt, o kühnes Aug,
Das beiderlei Abgrund gemessen hat,
Des Lebens wie des Todes – Aug des *Boten*!«

Jeder Künstler ist ein Bote. Er kündet von den Abgründen, die er gesehen hat, die er in sich trägt. Wer keine Abgründe in sich hat, sollte im Parkett bleiben. Den großen Auftrag der Schauspielkunst kann nicht erfüllen, wer sich völlig ins Geheimnis wollüstiger Verwandlung verstrickt. Das eigene Leben, die persönliche Natur des Schauspielers ist Teil seiner Wahrheit auf dem Theater. Es gilt also standzuhalten, der »Dämonie« der Verwandlung mit nüchterner Wachheit zu begegnen. Wach, überwach auf der Bühne zu stehen – nicht von Emotionen überspült. Die Rollen zu denken – nicht nur zu fühlen.

Warum habe ich mich hier so lang und breit über einen vor sechsundsechzig Jahren verstorbenen Schauspieler verbreitet? Weil ich Wesen und Wirkung einer echten Persönlichkeit, eines großen Vorbildes an mir erfuhr und weil er mir den Mut gab, meine Vorstellung von der Sprache zu entwickeln und mir klarmachte, daß Pathos eine Sache der geistigen Spannung, nicht der Lautstärke ist. Weil ich junge Theaterleute erlebe, die ohne Idee vom Wesen und Geist unserer Sprache Theater spielen wollen und darüberhinaus nicht begreifen, daß Theater ohne echte Persönlichkeiten nicht möglich ist. Es gilt, starke Naturen zu erkennen und zu respektieren und von ihnen das Erlernbare anzunehmen, sonst werden die Theater leer sein, und Theater ohne Publikum ist ein Unding.

Ich sehe mich 1932 vor dem Lehrerzimmer stehen: Ich zögere. Ein Schulflur ist nicht dazu angetan, dem Schüler Quadflieg Mut zu machen. Es riecht nach Autorität. Die Stimmen der Autoritäten dringen durch die verschlossene Tür. Ich fasse mir ein Herz und klopfe, denn ich möchte Frau Vera Prellwitz sprechen.

Vera Prellwitz war Schauspielerin, hatte dann auf der Bühne einen schweren Unfall. Die Ärzte hatten das zerschmetterte Bein nicht wieder vollständig heilen können. Mit der Theaterlaufbahn war es zu Ende. Jetzt muß Vera Prellwitz sich durchschlagen, indem sie in der Oberstufe der Gymnasien Vorträge hält, über die Erneuerung des Deutschunterrichts vom Sprachlichen her. Sie hat es heute auch bei uns getan. Was sie sagte, hat mich interessiert und überzeugt. Ich möchte mehr wissen und möchte sprechen lernen.

Vera Prellwitz mustert mich freundlich und meint, was man auch werden wolle, es könne nie schaden, sich im Sprechen zu schulen. Wenn einer dann wirklich Schauspieler werde, um so besser. Wenn nicht, habe er wenigstens etwas Artikulation gelernt. Wir verabreden uns.

Meine neue Lehrerin wohnt in Mülheim an der Ruhr, nicht weit von Oberhausen; man fährt mit der Straßenbahn. Das Zimmer, das Vera Prellwitz bewohnt, ist klein, aber sie hat viele Bücher: eine private, sehr umfassende Theaterbibliothek. Ich lerne, zwischen einem offeneren (dunkleren) und einem geschlosseneren (helleren) a gibt es im Deutschen kaum einen Unterschied. Die a-Laute sollen sich weder – wie in vielen oberdeutschen Mundarten – den o-Lauten annähern, noch wie im Hannoverschen und Braunschweigischen den offenen ö-Lauten, noch den ä-Lauten, die in Westdeutschland üblich sind. Ein a ist ein a und soll ein a bleiben.

Besonders schwierig ist für mich das r. Seit dem 17. Jahrhundert hat sich neben dem alten deutschen Zungen-r das Zäpfchen-r immer weiter verbreitet. Es hat mittlerweile überhandgenommen. Das Zungen-r klingt künstlich. Es hat den Ruch falscher Theaterei. Nur darf das Zäpfchen-r nicht zu weit hinten im Hals rollen. Und das tut es bei mir.

Und weiter: Die Sprache kennt eine Reihe von Abstufungsmöglichkeiten, die wir in ihrer Gesamtheit als Akzent bezeichnen. Jedes Wort besitzt einen Wortton, durch den die einzelnen Silben gegeneinander abgestuft sind. Zu unterscheiden sind betonte und unbetonte Silben. Doch es gibt auch noch nebentonige Silben, die einen kräftigeren Nachdruck verlangen als die ganz unbetonten. Im Deutschen herrschen unter den verschiedenen Mitteln der Abstufung: der Nachdruck, der Atemdurck und damit die Stimme dermaßen vor, daß wir sie für allein maßgeblich halten können. Bei diesen Andeutungen soll es bleiben, um den Leser nicht allzusehr zu strapazieren. Aber diese Dinge müssen einmal bewußt durchgearbeitet werden, damit man später wirklich »sprechen« kann.

So steht es in den Lehrbüchern, und so hat Vera Prellwitz es mit mir geübt. Solange es um Einsichten und um Übungen ging, habe ich ihr wohl wenig Kummer gemacht. Schwierig wurde es erst, als ich mit dem Rollenstudium anfangen sollte. Da ging es mir noch einmal, wie es Willimännchen beim Anblick des Rektors Gerber gegangen war: Ich scheute mich, mich zu produzieren. Ich hatte nicht nur Hemmungen, einen fremden Charakter anzunehmen, sondern überhaupt etwas von mir zu geben. Lieber redete ich mit meiner Lehrerin über die grundsätzlichen Möglichkeiten des Theaters, über seine Geschichte und über große Schauspieler. Dann war die Stunde zu Ende. Ich lieh mir von Vera Prellwitz einige Bücher und begann schon in der Straßenbahn zu lesen. Zu Hause las ich weiter, und ich lernte viel dabei, aber es war auch eine Art Flucht vor der Praxis, eine Flucht vor eigenen ersten Rollengestaltungen ins Theoretische.

Ich lernte, daß das Theater zwei Ursprünge hatte: einen erhabenen kultischen und einen derben und groben. Ich machte mir zum Beispiel ein Bild von der Neuberin und ihrem Kampf um das Drama. Sie hatte den Deutschen ihr eigenes Theater gegeben, Theater in einer Sprache also, die nach dem Urteil Voltaires eine Sprache für Bediente und Pferde war. Das Theater, das sonst fürs niedere Volk auf deutsch gespielt wurde, war plump, geschmacklos, verludert und obszön. Da mußte die Neuberin Seite an Seite mit dem vielgeschmähten Professor Gottsched ein drohendes Zeichen setzen. Aber ging sie nicht zu weit, als sie 1737 dem Hanswurst, dem Harlekin Müller, auf ihrer Bühne den harten Prozeß machte und den Mann dann auch gleich zum Scheiterhaufen verurteilte? Der grobe Spaß, die wilde Lust, das tobende Spiel – das mochte sein, wie es wollte: Theater war es doch. Todesstrafe hätte darauf nicht stehen sollen.

Schließlich brachte Vera Prellwitz mich dazu, ein paar Schritte weiter zu gehen und ein Gedicht zu sprechen. Ich erprobte die Fertigkeiten, die ich mit den stupiden Sprechübungen lange genug trainiert hatte. Das erste Gedicht, das mir Frau Prellwitz nach geduldigem wochenlangen Ermuntern abrang, war ›Der Panther‹ von Rilke. Daß ich es fertigbrachte, vor einem fremden Menschen ein Gedicht aufzusagen, bedeutete eine furchtbare Überwindung für mich. Ich wagte mich dann auch an Rollen, und die Krönung dieser Arbeit wurde eine Aufführung von Hofmannsthals ›Der Tor und der Tod‹ in einem kleinen Saal des Mülheimer Museums. Daß wir gerade dieses Stück wählten, war gewiß kein Zufall. Wir konnten es besetzen, und wir mußten nicht groß herumagieren, wofür uns Schülern die Erfahrung und Vera Prellwitz, die selbst die Mutter spielte, die gesunden Knochen fehlten. ›Der Tor und der Tod‹, dieses hochpoetische Stück, entsprach der Station meiner »inneren Biographie«, auf der ich gerade angelangt war. Ich sprach den Claudio, der sich in der Klage verströmt, daß ihm das Leben »mit kleinem Leid und schaler Lust« entglitten ist. Als er den Tod Geige spielen hört, verfällt er darauf, die große Lebenseinheit zu proklamieren, die ihn aus seiner Vereinzelung erlösen soll. Der Tod aber läßt ihn so billig nicht davonkommen. Er ruft Claudios Mutter, dessen Geliebte und dessen Freund zu Zeugen auf, um zu beweisen, daß Claudio »keinem etwas war und keiner ihm«. Da bleibt nur der Entschluß:

»Da tot mein Leben war, sei du mein Leben, Tod!« Doch die

schöne Form, die Jamben mit ihrer hohen Musikalität und ihrem Reichtum an Bildern, behauptet sich auch angesichts der bitteren Wahrheit. Die Dichtung feiert sich selbst, denn auch der Tod huldigt ihr am Ende.

Das gefiel mir damals ausnehmend gut. Ich war, sagen wir, ziemlich weltängstlich. Meine Scheu und Schüchternheit enthüllten Angst vor dem Leben. Ich suchte einen Ausweg und vermutete ihn in der Kunst.

Den Tod spielte in dieser Aufführung ein kräftiger, lebensbejahender und lebenslustiger blonder Mitschüler. Er hieß Franz. Nach dem Abitur ging er nach Mönchen-Gladbach ins Kloster und wurde Franziskaner. Nachdem er die Weihen empfangen hatte, hieß er Bruder Ignatius. Nach der Auflösung der Klöster wurde er im Krieg Sanitäter, und wie die meisten meiner Freunde überlebte er den Krieg nicht, sondern fiel in Stalingrad. Wir empfanden es damals als merkwürdig und sprachen es auch aus, daß ich mit meiner Scheu in die Welt ging und Franz mit seiner Tatkraft ins Kloster. Wir taten beide das Schwerere.

Eine Klippe hatte ich noch zu überwinden. Ich mußte meinem Vater klarmachen, daß ich zum Theater wollte. Er wollte, daß ich Jurist werde, und zuerst dachte ich an einen Kompromiß. Ich überlegte mir, ob ich bei Artur Kutscher in München Theaterwissenschaft studieren sollte. Das schlug ich mir dann aus dem Kopf, weil der Intendant meiner Heimatstadt Oberhausen sich bereit erklärte, mich als unbezahlten Volontär zu nehmen. Daß ich nicht auf die Universität ging, war – meine ich heute – richtig. Ich brauchte Praxis, nicht Theorie.

Mein Vater sah mich also als Doktor der Jurisprudenz in einem bürgerlichen Beruf. Mit meinen so ganz anderen Plänen rückte ich endlich während des Sommers 1932 auf der Insel Juist heraus. Wir machten dort Ferien, und ich verdarb sie meinem Vater gründlich.

Meine Absichten waren ihm völlig neu. Daß ich Sprech- und

Schauspielunterricht genommen hatte, wußte er nicht. Auch die Aufführung von ›Tor und Tod‹ hatte ich vor ihm geheimgehalten. Bei unserem sonst so guten Verhältnis kann ich meine Geheimniskrämerei nur mit meiner Unsicherheit den eigenen Plänen gegenüber erklären. Wie konnte ich, wie sollte ich auch beweisen, daß ausgerechnet das Theater das Richtige für mich war?

Die Ferien auf Juist waren hin, aber mein Vater ließ mich gewähren. Als ich ein Jahr später, im Herbst 1933, aus Italien zurückkam, fing ich in Oberhausen an. Dort war Arthur Schmiedhammer, der Intendant, der mich hatte aufnehmen wollen, inzwischen nach Konstanz abgewandert, und Hermann Klenke war mit der kommissarischen Leitung der Oberhausener Bühne beauftragt worden. Klenke war von Haus aus Charakterkomiker. Seine neue Würde verdankte er der Tatsache, daß er sehr früh in die NSDAP eingetreten war. Klenke war nicht der Schlechteste, dem die hohe Politik ein Amt in die Hände spielte. Er war ein guter, routinierter Schauspieler, der mir während meiner Schulzeit unter anderem als ›Hauptmann von Köpenick‹ großen Eindruck gemacht hatte. Außerdem hielt er sich an Schmiedhammers Zusage und ließ mich – ohne Gage, wie gesagt – meine ersten Gehversuche machen. Man erwartete natürlich nichts Besonderes von mir. Ich mußte spielen, was er nicht recht besetzen konnte, vor allem alte Männer. Also malte ich mir »Bahnhöfe« ins Gesicht und bekam das Kindergesicht mit Bärten zugeklebt. Zu meinem Glück ging jedoch der jugendliche Liebhaber, der für die Spielzeit engagiert war, wegen totaler Unbegabung meistens spazieren. So kam ich auch an einige jüngere Rollen.

Meine erste größere Aufgabe war Goethes Freund Weyland in Léhars Operette ›Friederike‹. Ich hatte dem Tenor, einem älteren, beleibten Herrn, eine lange Geschichte zu erzählen und in einem Dialog die Stichworte zu liefern, die er mit seiner hohen Stimme höchst unnatürlich ergänzte, so daß ich mir als sein Partner und als sprechender Schauspieler neben ihm ungemein lebensecht vorkam. Im übrigen geriet uns die Idylle von Sesenheim wohl eher komisch.

Sehr geholfen hat mir Rudolf Sang, ein jüngerer Regisseur. Als ich mit einer Liebesszene in dem Stück ›Die Tänzerin des Königs‹, einer Friedrich-der-Große-Geschichte, vor Verkrampftheit nicht zurechtkam, bestellte er mich nachmittags allein zur Probe. Da haben wir dann Satz für Satz geübt, wie man leidenschaftliche Liebesworte stammelt und sich als rasend Verliebter vor der Geliebten auf die Knie wirft. Ich lernte, die schlimmsten Hemmungen etwas zu überwinden. Es fiel mir wahrhaftig unsagbar schwer – ich empfand alles als Lüge, da ich doch die betreffende Kollegin gar nicht liebte. Ich begriff sehr schwer, daß es auf meine privaten Gefühle gar nicht ankam, und hatte – ohne jede Schauspielschulroutine – fast dilettantische Hemmungen niederzukämpfen, um mir selbst zu glauben, damit mir dann auch das Publikum glaubte. Ich begriff schwer, daß es auf der Bühne nicht darum ging, ein anderer Mensch zu sein, sondern diesen anderen Menschen zu spielen; daß es sich um Gestaltung handelt und nicht um eine Art Mogelei. Das war mir theoretisch schon immer bewußt, aber man muß es üben, wenn man es praktizieren will. Denn: »leicht beieinander wohnen die Gedanken, doch hart im Raume stoßen sich die Sachen«, wie der kluge Schiller formuliert. Wie hart sie sich besonders im Bühnenraum stoßen, das erlebte ich sehr schmerzlich. Ich brauchte sehr lange, um in der Praxis mit mir ins reine zu kommen und diese quälende Scheu zu überwinden. Ich hatte nichts von einer schnell fertigen Begabung, die alles sogleich abliefern kann. Weil dies so ist, glaube ich, daß ich es richtig gemacht habe, als ich nicht auf die Schauspielschule ging. Anderen hilft die Schule; mich hätte sie verstört. Ich war nicht dazu geschaffen, den Mortimer oder andere Paraderollen vor anderen und mit anderen zu exerzieren. Ich hätte mich aus Scham gewiß total verkrampft.

Eine heilsame Erfahrung wurde für mich die Schauspielprüfung, denn ich fiel glatt durch. Ich hatte vor meiner Italienfahrt an lauter »schweren Helden«, unter anderen dem Karl Moor und dem Jedermann, die mir vom Typ her wenig entsprachen, gearbeitet, und Vera Prellwitz hatte sich alle Mühe gegeben, die Monologe dieser Rollen mit mir einzustudieren. Während meines langen Urlaubs hatte ich nicht viel daran getan. Nichts war mehr frisch, nichts saß mehr. In einer seltsamen Mischung von Überhebung und Unsicherheit lebte ich in dem Wahn, daß ich die Prüfung mit der linken Hand machen werde, und war wie vom Donner gerührt, als man mir sagte, das wäre wohl nichts. Die Prüfungskommission, lauter erfahrene Bühnenpraktiker, schüttelte den Kopf, und jemand fragte, ob mein Vater mir nicht zu einem anderen Beruf verhelfen könne. Ich antwortete, mein Vater würde nichts lieber tun, aber ich wolle eben zum Theater. Man schickte mich mit dem Bescheid nach Hause, ich solle in einem halben Jahr noch mal wiederkommen und passendere Rollen arbeiten.

Die Prüfung war in Köln gewesen. Ich fuhr mit einem Freund, der auch eine Prüfung hinter sich hatte, nach Oberhausen zurück. Er wollte Pianist werden und hatte an der Musikhochschule bestanden. Es fiel mir nicht leicht, ihm zu beichten, daß ich durchgefallen war. Ich erzählte es ihm trotzdem und sagte ihm dabei, daß ich es eigentlich ganz gerecht fände, daß ich nicht durchgekommen war. Ich sagte es nicht nur, ich fand es wirklich. Es war mir eine Mahnung, daß man so leichtfertig an diesen Beruf nicht herangehen durfte. Man mußte hart arbeiten, und ich war dazu nun doppelt entschlossen, denn ich war innerlich trotz aller Selbstzweifel von meiner Begabung überzeugt.

In Oberhausen behielt ich mein Mißgeschick für mich. Ich spielte weiter und arbeitete sehr intensiv an Rollen, die meinem Alter und Wesen mehr entsprachen, am Carlos und am Romeo. Vier oder fünf Monate später wurde die Sache dann doch bekannt.

Mein Intendant Klenke traf jemanden von der Prüfungskommission, die Rede kam auf mich, und Klenke, ein Mann mit bärbeißigem Humor, lachte dem Kollegen von der Kommission laut ins Gesicht: »Der spielt bei mir schon die ganze Zeit große Rollen und ist ausgezeichnet. Das ist eben typisch für euch. Ihr habt keine Ahnung vom Theater.«

Als ich dann ein halbes Jahr später mit dem Carlos, dem Romeo und noch ein oder zwei heiteren Rollen wieder in die Prüfung ging, im April 1934, lief alles glatt. Man hielt mich jetzt sogar für außerordentlich begabt, und auch das sprach sich herum. Ein Engagement, mit dem ich auch ein paar Mark Gage verdienen konnte, hatte ich damit jedoch noch nicht. Meine ersten Vorsprechversuche in Hagen und in Bochum bei Saladin Schmitt gingen völlig daneben. Ich stand beim Vorsprechen neben mir – und galt als zu »intellektuell«. Meinen Vater hatte ich auch noch nicht überzeugt, daß ich aufs Theater gehörte.

Damals saßen die großen Bühnenagenten in Berlin. Wer einen Vertrag wollte, mußte bei ihnen antichambrieren. Ich ging zu Dr. Koschmieder, der den besten Namen hatte. Er hatte eine Riesenagentur in der Nähe vom Potsdamer Platz, in der ich das ganze Elend unseres Berufs kennenlernte. In vielen Vorzimmern saß man stunden- und tagelang und wochenlang und wartete auf einen Intendanten, der die Gnade hatte, eine Vakanz zu vergeben. »Vakanz«, das war das magische Wort. Während man wartete, berichtete man von seinen großen Erfolgen und beteuerte vor den anderen oft sehr armseligen Gestalten seine besondere Begabung. Ich hatte noch nichts zu berichten und hörte zu. Die oft sehr betagten Kollegen erzählten von ihren prächtigen Engagements und wollten tagtäglich mit ihren Berichten über vergangene Ruhmestaten glänzen. Mir gingen dieses Elend und die Warterei fürchterlich auf die Nerven. Immer wieder hieß es: Morgen, übermorgen oder in einer Woche oder in vierzehn Tagen kommt der und der Intendant mit einer Vakanz. Das Wort »Vakanz« konnte ich nicht mehr hören.

Inzwischen aber war mein Vater aktiv geworden. Er hatte sich über die Zukunft seines Sohnes ernste Gedanken gemacht und wollte nichts länger dem Zufall überlassen. Er war es sein Leben lang gewohnt, vor die richtige Tür zu marschieren und offen mit den entscheidenden Leuten zu reden. Er sah nicht ein, daß es beim Theater anders sein sollte, und also wendete er sich an einen Mann, dessen Namen er kannte und den er auf dem fraglichen, ihm so fremden Gebiet für einen Experten hielt.

Mein Vater hatte von Friedrich Kayssler gehört. Er wußte, daß dieser Theatermann nicht nur als Schauspieler in Berlin in hohem Ansehen stand, sondern auch Bücher geschrieben hatte, denn Kaysslers Bücher hatte mein Vater bei mir gesehen. Jedenfalls setzte er sich hin und schrieb höflich an den Herrn Staatsschauspieler, dieser möge doch so freundlich sein, sich einen jungen Mann anzusehen, der sein Heil bisher nicht übermäßig erfolgreich auf der Bühne suche, und ihn auf Herz und Nieren prüfen. Er, mein Vater, der Materie völlig unkundig, sei in Zweifel, ob er mich, seinen Sohn, nicht doch lieber von der eingeschlagenen Bahn zurückholen solle. Meine Adresse – Berlin W 9 postlagernd – legte er bei.

Das muß sehr überzeugend geklungen haben, denn einige Tage später bekam ich vom großen Kayssler eine Postkarte. Er bestellte mich zum Vorsprechen in seine Villa nach Dahlem. Für mich war es ein Blitz aus heiterem Himmel. Mein Vater hatte mich nicht vorgewarnt. Ich selbst hätte es nie gewagt, einen so bedeutenden Mann zu belästigen. Andererseits hatte mich auch die Wartestandsexistenz in den Hallen des Dr. Koschmieder nicht von der Überzeugung abgebracht, daß ich Talent hatte. Also machte ich mich zur angegebenen Stunde mit Kleinmut und Gottvertrauen zugleich auf den Weg.

Kayssler empfing mich freundlich, nahm sich die Mühe, dem Anfänger namens Quadflieg einige Fragen zu stellen, und hörte ihm dann anderthalb Stunden in aller Ruhe zu. Nachdem ich aus der anfänglichen Befangenheit herausgefunden hatte, faßte ich Vertrauen zu ihm und zu mir selbst, und das half mir, so frei und unverkrampft vorzusprechen wie nie zuvor. Schließlich sagte Friedrich Kayssler:

»Ich will Ihnen sagen, was ich Ihrem Vater schreiben werde. Ich werde ihm schreiben, daß ich Sie für begabt halte. Wie weit Ihre Begabung reicht, weiß ich nicht, aber eine Begabung ist da. Mein Rat lautet, daß Sie – sagen wir – fünf Jahre versuchen, sich in diesem Beruf zurechtzufinden. Wenn Sie nach fünf Jahren noch keinen Erfolg haben, wenn Sie nicht nur keinen äußerlichen Erfolg haben, sondern auch innerlich nicht ganz sicher sind, daß Sie Schauspieler bleiben wollen, sollten Sie es aufgeben. Dann sollten Sie studieren und etwas anderes werden. Sie haben ja das Abitur. Aber die fünf Jahre würde ich an Ihrer Stelle drangeben. Vielleicht lohnt es sich.«

Das waren goldene Worte für mich, und meinen Vater überzeugte Kayssler auch. Jetzt hatte mein Vater jedenfalls den Beweis, daß sein Sohn keinem Hirngespinst nachrannte.

Ein paar Tage später wurde ich nach Gießen engagiert: für 180 Mark im Monat als erster jugendlicher Liebhaber. Das ging sehr schnell. Ich kam morgens in Dr. Koschmieders schicksalsüberfrachteten Wartesaal und hörte, daß der Intendant des Gießener Stadttheaters heute komme und einen jugendlichen Helden suche. Achtzehn junge Männer standen in langer Schlange an. Ich ging vor und klopfte an die Tür des Allerheiligsten, fragte, ob der Intendant schon da sei, wurde sofort als Erster hineingeholt und sprach auch schon vor. Intendant König sagte: »Den nehmen wir. Die anderen können gehen.«

Ich hatte die Fahrkarte in die Hauptstadt der Provinz Oberhessen in der Tasche. Sofort studierte ich alles über diese Stadt: 35 000 Einwohner, Universität, Garnison, Land- und Amtsgericht, Handelskammer, Liebigmuseum, Baumwollweberei, Zigarrenfabriken. Ich ging sogleich nach meiner Ankunft zum Theater und war glücklich und stolz, als ich den hübschen Bau fand, der sehr imposant aussah. Noch heute, wenn ich dort gastiere, steigt dies alte Gefühl in mir auf.

Meine erste Rolle war ein Herold in der Operette ›Der Zigeunerbaron‹, die zweite der Don Cesar in der ›Braut von Messina‹, ein ernstes Stück Arbeit also. Zur Premiere kamen meine Eltern angereist und wollten sehen, wie ihr Sohn sich machte. Dummerweise verleidete ich ihnen den Genuß von Anfang an. Ich sagte ihnen, daß sie sich am Schluß nicht erschrecken sollten. Mein Tod auf der Bühne sehe ziemlich gefährlich aus, sei aber in Wahrheit ganz harmlos. Der Regisseur hatte sich nämlich ausgedacht, daß sich Don Cesar, nachdem alles Unheil über ihn hereingebrochen war, nach seinen letzten Worten oben auf einer Treppe erstechen sollte, um dann die Treppe rückwärts hinunterzustürzen und als stille Leiche unten liegen zu bleiben.

Wir hatten das Kunststück oft und lange mit Kissen und Decken geübt: Ich ließ mich über die Hacken abrollen, stieß mich ab, zog Kopf und Ellbogen ein und kam – mit dem Dolch im Herzen – eindrucksvoll unten an. Ich tat mir dabei überhaupt nicht weh.

Meine Eltern aber hatte ich mit meiner besorgten Ankündigung so in Schrecken versetzt, daß sie den ganzen Abend still und voller Angst auf ihrem Platz saßen und dem furchtbaren letzten Augenblick entgegenbangten. Als ich dann programmgemäß von oben herunterstürzte, schrie meine Mutter laut auf, und hinterher nahm sie mich ernst ins Gebet: ob ich so etwas denn wirklich machen müsse, das sei doch schlimm und gefährlich, das könne doch niemand verlangen.

Mein Vater legte monatlich 70 Mark auf meine Gage drauf, und mit den 250 Mark, die ich so zur Verfügung hatte, kam ich gut durch, denn das Zimmer bei Witwe Groß kostete nur 50 Mark.

Sonst war das Jahr in Gießen alles andere als schön. Ich spielte jugendliche Helden, aber ich kam nicht recht an. Der Intendant war im Hauptberuf Parteigenosse, und der Oberregisseur, mit dem ich am meisten zu tun hatte, war ein dümmlicher alter Knattermime. Ich hatte eine Freundin, eine Anfängerin, die nur hübsch war, und das erfüllte mich auch nicht. Der ganze gemischte Staatstheaterbetrieb – Oper, Operette und Schauspiel – schien mir sinnlos und schwachsinnig. Am Wochenende wurden grundsätzlich Operetten gespielt. Die brachten nun einmal das meiste Geld und waren bezeichnend für den künstlerischen Leerlauf in diesem Haus.

Inneren Leerlauf hatte auch ich, obwohl ich eine Menge Bücher, vor allem Biographien, las. Der einzige, der mir dann bei meiner Arbeit Mut machte, war ein jüngerer Regisseur namens Lüpke. Wir spielten wieder irgendein Fridericus-Rex-Stück, und Lüpke sagte unverhofft: »Das ist gut, was du da machst . . .« und Dann sagte er noch: »Mach nicht zuviel.«

Das bekam ich später – auch in Berlin – noch öfter zu hören, und es war sehr wichtig für mich, daß man es mir immer wieder sagte. Ich neigte dazu, mich zu heftig in meine Rollen zu stürzen, zuviel zu machen, zu übertreiben, zu übercharakterisieren.

Auch privat war vieles problematisch. Ich bin sehr kurzsichtig, wagte aber nicht, meine Brille zu tragen. In diesen ersten Blut-und-Boden-Jahren, so bildete ich mir ein – und es war auch so –, war ein bebrillter jugendlicher Liebhaber oder Held ein Unding. So grüßte ich auf der Straße Leute, die ich nicht kannte, oder grüßte Bekannte nicht. Folglich hielt man mich für arrogant oder aufdringlich. Ich vergrub mich mit meinen Büchern und Kainzens Totenmaske in meinem Zimmer bei der Witwe Groß. Es war sehr klein und hatte ein halbrundes Fenster mit der Aussicht weit über die Wiesen. Der Komfort bestand aus einem Kanonenofen und einem Emaille-Waschgeschirr auf einer Kommode. Ich war froh, eine dicke Daunendecke zu haben, denn wenn der Ofen in der Nacht ausgegangen war, wurde es eiskalt. Das Wasser in der Kanne war am Morgen übergefroren und die Zahnpasta vereist. Meine Wirtin war recht nett. Wir verstanden uns gut, nachdem wir die erste Meinungsverschiedenheit – wie mir schien – einigermaßen elegant ausgetragen hatten: Sie hatte einmal in meinem Zimmer Haarnadeln gefunden und diese auffällig und hinweisend auf den Tisch gelegt. Ich setzte mich hin und schrieb ihr einen Zettel:

»Liebe Frau Groß: Wenn Sie noch einmal Haarnadeln in meinem Zimmer finden, sehe ich mich leider gezwungen auszuziehen. Hochachtungsvoll . . .«

Das hatte ich in einer Matkowsky-Biographie gelesen und witzig gefunden. Es muß überzeugend geklungen haben, denn der Frieden war gerettet.

Die äußerlichen Umstände hätten sich ertragen lassen. Schlimmer war, daß ich auf der Bühne so wenig ausrichtete, und schlimm war das Alleinsein. Ich fand niemanden, mit dem ich reden konnte oder wollte. Ich verzweifelte an der Kunst, an mir, an der Welt. Mein einziger Trost waren die Dichter. Kleists und Hölderlins Leben und Briefe beschäftigten mich intensiv. Ich begann Rilkes ›Duineser Elegien‹ und ›Sonette an Orpheus‹ systematisch zu lernen. Sie umkreisten in ihrer verschlüsselten Sprache die Grenzbezirke des Todes und des Lebens. Vielleicht sehe ich meine Situation damals von heute her düsterer, als sie war. Aber ich denke manchmal, daß mir der Anfang der zehnten Elegie in Gießen an einem zutiefst depressiven Tag – einem Sonntag – das Leben gerettet hat:

»Daß ich dereinst, an dem Ausgang der grimmigen Einsicht,
Jubel und Ruhm aufsinge zustimmenden Engeln.
Daß von den klar geschlagenen Hämmern des Herzens
keiner versage an weichen, zweifelnden oder
reißenden Saiten. Daß mich mein strömendes Antlitz
glänzender mache; daß das unscheinbare Weinen
blühe. O wie werdet ihr dann, Nächte, mir lieb sein,
gehärmte. Daß ich euch kniender nicht, untröstliche Schwestern,
hinnahm, nicht in euer gelöstes
Haar mich gelöster ergab. Wir, Vergeuder der Schmerzen –
wie wir sie absehen, in die traurige Dauer,
ob sie nicht in den vielleicht [. . .]

Daß Leid und Tränen wesentlicher machen, schien mir auf der Hand zu liegen. Daß man Schmerzen auch vergeuden kann, leuchtete mir ein.

Ich nahm mich zusammen und sann darauf, wie ich weiterkommen konnte. Mein Intendant und ich waren uns vor dem Ende der Spielzeit darüber einig, daß wir nicht füreinander geschaffen waren. Ich wandte mich wieder an Dr. Koschmieder in Berlin, und er informierte mich über die Vakanzen. Vorzusprechen, mich vor fremden Leuten zu produzieren, war mir nach wie vor ein Greuel. Ich erinnere mich noch, als ich eines Abends in Ulm vor der Wohnungstür des Intendanten stand und mich nicht entschließen konnte zu klingeln. Ich redete mir ein, daß es zu spät sei, den Mann noch zu stören, ging lieber unverrichteter Dinge zum Bahnhof zurück und wartete dort die Nacht über auf einen Zug, der mich nach Hause brachte, nach Gießen. Dort lag ein Telegramm: Vorsprechen in Gera. Auch als ich dann dort vorsprach, war der dortige Intendant, Paul Smolny, sich meiner Sache keineswegs sicher. Doch neben Smolny saß der Erbprinz Reuß, der legte ein Wort für mich ein und meinte, man solle es mit mir riskieren.

In Gera galt noch die Reußische Tradition. Da hatte das Musiktheater eine bedeutende Stätte, und auch das Sprechtheater wurde ernsthaft gepflegt. Der Erbprinz – ich weiß es nicht mehr, und wenn ich mich irre, möge mir das Haus Reuß verzeihen, aber ich glaube, es war der XXIV. – finanzierte das Theater zum Teil. Den Rest der Kosten trug die Stadt. Außerdem pflegte der Erbprinz Reuß Umgang mit den Künstlern und lud sie gelegentlich auf sein Schloß. Die schlechten Erfahrungen, die er dabei gemacht hatte, hatten die Empfänge seltener werden lassen. Ich aber wurde trotzdem einmal mit einigen Kollegen auch der Ehre teilhaftig.

Daß ich den Erbprinzen mit meinem Vorsprechen halbwegs überzeugt und daß Smolny auf ihn gehört hatte, wurde mein Glück. Mit dem Carlos, den ich in Gera spielte, hatte ich einen ersten großen Erfolg. Damals habe ich zum erstenmal erlebt, wie es ist, wenn man eine Rolle schafft, wenn man mit dem inneren Bild, das man sich von ihr gemacht hat, im Spiel ungefähr übereinstimmt. Ich erfaßte die sich überstürzende Sprache des Carlos. Ich erfühlte seine Leidenschaftlichkeit und das abseitige und seltsam Nervöse an diesem Charakter, seine überhitzten Gefühle, seinen feierlichen Kummer, seinen Freundschaftsbund mit Posa »in des Worts verwegenster Bedeutung«, seinen Verdacht gegen den Freund und seine Verzweiflung über dessen Opfertod. Meine Darstellung legte ich darauf an, Philipp recht zu geben, wenn er zu mir zu sagen hat: »Solche Kranke wie du, mein Sohn, verlangen gute Pflege und wohnen unter'm Aug des Arztes.« Jetzt stand ich auf der Bühne nicht mehr mich beobachtend neben mir; die Bilder kamen zur Deckung. Ich begann mir zu glauben, und sofort glaubte mir auch das Publikum. Aus Berlin reisten Theaterleute an, sahen mich und sprachen von einer neuen großen Begabung.

Ich konzentrierte mich völlig auf meine Arbeit. Ich hatte im Theater im Korrepetitorenzimmer ein Klavier zur Verfügung und machte jeden Tag zwei oder drei Stunden Sprechübungen. Meine

Wirtin, ein ältliches Fräulein Krobitsch, war glücklich, daß ein Schauspieler bei ihr wohnte. Ich saß am Fenster oder las abends bei Kerzenlicht bis tief in die Nacht. Dazu trank ich Gilka-Kümmel, der mir damals ausnehmend gut schmeckte.

Meine mönchische Existenz – ein Mädchen, das mich hätte interessieren können, war weit und breit nicht zu sehen – lockerten angenehme Stunden mit Kollegen auf. Von den ›Vier Nachrichtern‹ hatte es Fred Hansen nach Gera verschlagen, und er sang uns nächtlings im Theaterrestaurant Chansons vor:

»Kind, du bist einsachtzig.
Und ich bin einssechzig.
Ich glaube nicht, das macht sich.
Ich glaube, das rächt sich . . .«

Sonst saßen wir im größten Café von Gera und lasen die ›Frankfurter Zeitung‹ von der ersten bis zur letzten Zeile. Dieses ehrenwerte Blatt informierte damals am besten darüber, was vorging, und wir debattierten die politische und kulturelle Entwicklung gründlich und ernsthaft. Zur Abwechslung spielten wir Billard.

Es war ein gutes Jahr, auf das ein schlechtes folgen sollte. Ich ging nach Düsseldorf, wo Walter Bruno Iltz Intendant war. Iltz spielte handwerklich anständiges Theater, gab sich große Mühe, es den Nazis recht zu machen, und hatte es mit der Ironie. Die konnte ich noch immer nicht verdauen. Er verurteilte mich unter anderem dazu, in Kleists ›Hermannsschlacht‹ als Germane bäurisch und vierschrötig über die Bühne zu wandern, und ich hatte mit Recht den Eindruck, daß ich dafür nicht geschaffen war. Erfolg hatte ich nur einmal, als ich für Peter Lühr den Mortimer übernahm und mir Helmut Henrichs eine sehr ermutigende Kritik schrieb.

Dieser Winter blieb mir vor allem in Erinnerung, weil er neurotische Aggressionen gegen den Karnevalsrummel in mir weckte. Tag und Nacht plärrte aus allen Ecken und Lautsprechern der Karnevalsschlager der Saison: »Heidewitzka, Herr Kapitän – im Müllemer Bötche fahre mir so jähn ...« Ich stopfte mir Oropax in die Ohren, wenn es die Betrunkenen durch die Nacht gröhlten, und zog mir das Kissen über den Kopf. Es half nichts. Ich hatte für den nicht zu überbietenden Blödsinn dieses Liedes keine Nerven.

Doch Düsseldorf war nur eine Zwischenstation. Ich hatte bereits einen Dreijahresvertrag mit Eugen Klöpfer in der Tasche. Klöpfer war Intendant der Berliner ›Volksbühne‹ geworden und hatte mich im Heidelberger Schloßhof bei den Proben zu ›Götz von Berlichingen‹ entdeckt. An die Heidelberger Festspiele kam ich über Leipzig, wo Heinrich George im Mai 1936 als Götz gastierte und im Ensemble Weislingens Page Franz, der in den Bann Adelheid von Walldorfs gerät, fehlte. Mein Intendant, Paul Smolny, hatte mich empfohlen, und ich gefiel George. Er sagte mir nicht nur, daß ich ein sehr guter Franz sei, er ergriff auch persönlich von mir Besitz. Er ließ mich in den zehn Tagen, in denen wir zum erstenmal zusammen auf der Bühne standen, nicht aus den Klauen. Lina Carstens, unserer Adelheid, und Kurt Meisel, Götzens Knappen Georg, ging es nicht anders.

George zog mit uns nach den Vorstellungen durch die Leipziger Kneipen, und wenn sie schlossen, ging die Sitzung in seinem Hotelzimmer weiter. Dort hatte er einen reichlich mit Getränken ausgestatteten Eisschrank stehen. Einmal sind wir sogar nach der Vorstellung nachts von Leipzig nach Berlin-Wannsee in Georges Villa gefahren, um dort zu frühstücken und es beim Trinken bequemer zu haben. Ich lernte nicht nur auf der Bühne viel von ihm; ich lernte auch, wie man trinkt und wie man nach Art der alten Römer mit einem Rausch fertig wird.

Alle Leute kannten George. Überall liefen seine Filme. Er war der bekannteste und populärste Theatermann jener Tage. Das große Publikum kannte ihn vor allem als dicken Bauern in ›Wenn der Hahn kräht‹ und ›Krach um Jolanthe‹ etc. Wenn er irgendwo auftauchte, drehte alles sich nach ihm um. Dabei konnte es allerdings auch Mißverständnisse geben. Als wir einmal in irgendeinem Lokal saßen, sah von der Theke her ständig ein Mann zu uns herüber. Er hielt sich an seinem Glas fest und starrte George an. Er trank, grübelte vor sich hin und guckte wieder. Schließlich setzte er sich in Bewegung und schwankte zu uns an den Tisch, musterte George sachverständig aus der Nähe, gab sich einen Ruck und sagte mit ausgestrecktem Zeigefinger: »Werner Krauß . . .«, sächsisch also: Werner Grauss. Etwas Schlimmeres hätte er nicht sagen können. George konnte Krauß ebenso wenig leiden wie Krauß ihn. Klöpfer mochte beide auch nicht, und beide hatten nichts für Klöpfer übrig. Die Konkurrenzsituation der großen Charakterspieler in Berlin war für die Beteiligten allzu deutlich.

Der Mann, der Heinrich George mit Werner Krauß verwechselt hatte, wußte davon natürlich nichts. George aber war der Aufenthalt in dieser Kneipe verleidet. Er stemmte sich von seinem Stuhl hoch, warf den Tisch um, griff nach seinem großen Hut und nach seinem Spazierstock und verließ grollend das Lokal. Wir drei Trabanten – Lina Carstens, Meisel und ich – folgten ihm. Draußen warteten zwei kleine DKW-Sportwagen. Sie gehörten Lina Carstens und Meisel. Ich habe mir später in Berlin auch so ein kleines Auto gekauft. George bestieg, rotgesichtig und alkoholdampfend, den Wagen der Carstens, der in allen Federn quietschend zusammensackte. Einige weinselige Leipziger aber wurden sehr vertraulich und bekundeten Lust, ein Stückchen mitzufahren.

George schob den aufdringlichsten Nachtschwärmer aus dem Weg, und als dieser nicht weichen wollte, trat er ihm kurz entschlossen in den Hintern. Der Mann landete umgehend auf dem regennassen Straßenpflaster.

George stieg schnaubend erneut in den Wagen der Carstens, der wieder ergeben in die Knie ging. Sein Widersacher aber sah zu ihm auf und sagte staunend: »Mensch, des is ja Rasputin ...« George, eben noch tief verärgert, war sofort versöhnt und erwiderte prompt und wohlwollend: »Na! Das versöhnt mich ja nun wieder einigermaßen ...« Für Rasputin gehalten zu werden, für diese dämonische Gestalt – das fand er großartig. Er liebte alles Dämonische.

Uns hatte er mit seiner nächtlichen Lebensweise schnell geschafft; er selbst war unverwüstlich. Er brauchte nur ein paar Minuten Schlaf, um wieder fit zu werden. Er brachte es fertig, während der ›Götz‹-Vorstellung hinter der Bühne in einem Sessel eine halbe Stunde tief zu schlafen, während vorn der Bauernkrieg tobte. Kurz vor seinem nächsten Auftritt weckte ihn sein Garderobier, und er ging frisch wie der junge Tag auf die Bühne.

Den ›Götz von Berlichingen‹ spielten wir also auch im Heidelberger Schloßhof. Weil ich George in Leipzig so gut gefallen hatte, engagierte er mich für diese groß angelegte Festspiel-Aufführung, die er auch inszenierte. Ich war natürlich sehr glücklich darüber.

Mitten im Schloßhof hatte man uns für die Proben eine kleine Spielfläche abgesteckt, und der Tourismus-Betrieb umbrandete uns. Da erwies sich dann meine Kurzsichtigkeit als Vorteil. Wenn ich meine Brille abnahm, sah ich nicht, was um mich herum passierte, und also konnte es mich weniger stören.

Heinrich George war mit Feuereifer dabei. Er verlangte nicht nur von den Schauspielern, sondern auch von den Komparsen den ganz großen Einsatz. Sie sollten tagsüber genauso bei der Sache sein wie bei den Nachtproben. Ich erlebte es zufällig mit, wie er eines Nachts um 2 Uhr Gottes Zorn auf die Statisten herabbeschwor und vor extremsten Formulierungen nicht zurückscheute. Ich selbst hatte eines Nachts keine Probe und ging mit meiner Freundin Gerda Maria spazieren. Als wir am Schloß vorbeikamen, hörten wir ein fürchterliches Geschrei. Wir gingen in den Schloßhof. Sechshundert oder siebenhundert Komparsen waren dort versammelt, biedere Leute, die tagsüber schwer gearbeitet hatten und nun nachts für ein paar Mark ihr Bestes für die Kunst geben sollten. Der große Bauernaufstand im ›Götz von Berlichingen‹ war in Heinrichs Augen zu lahm geraten. Er forderte die geballte revolutionäre Volkskraft. Er vermißte Ekstase. Er stand da in Hut und Mantel und schrie, mit seinem Stock in der Luft fuchtelnd, ich habe es wörtlich im Ohr: »Im Volke, da lebt der Festspielgedanke nicht mehr. Nur in den einzelnen, besessenen Künstlern lebt dieser Gedanke noch . . .« Jetzt sammelte er seine ganze Wut und rief: »Und wenn ihr euch nicht ändert, wenn ihr euch nicht bessert, dann werdet ihr verkrüppelte Kinder gebären . . .«

So war er. Die andern sollten mit derselben Ekstase dabei sein. Für mich enthüllte er über das Groteske des Moments hinaus die grenzenlose egozentrische Besessenheit der schauspielerischen Elementarbegabung, die größter Rigorosität und solch emotional überspitzter Formulierung fähig ist.

Heidelberg aber brachte mir noch etwas anderes als die Gelegenheit, Heinrich Georges Theaterbesessenheit zu erleben. Ich traf dort eben auch Eugen Klöpfer, oder besser gesagt: er traf mich. Ich hatte des rasenden Pagen Franz Liebesszene mit Adelheid inmitten der Schloßbesuchervölkerscharen geprobt, tappte noch ohne Brille die Zuschauertribüne hoch, als mich plötzlich jemand am Arm nahm und mich auf die Seite zog. Ein tiefer Baß sagte: »Ich bin Eugen Klöpfer. Ich habe eben gesehen, was Sie da machen. Wollen Sie nach Berlin an die ›Volksbühne‹ kommen? Ich würde mich freuen.«

Klöpfer, gerade Intendant geworden, war auf der Suche nach Leuten, die in sein Ensemble paßten. Ich war einerseits sehr aufgeregt und erfreut, hatte aber andererseits Bedenken. Meine Mängel an Atem- und Sprechtechnik quälten mich doppelt, seitdem ich Werner Hinz auf den ›Agnes Bernauer‹-Proben die Rede des jungen Herzogs über die Lust und die Wollust so rasant und formvollendet hatte sprechen hören. Ich fragte mich, ob es für mich gut sein konnte, schon nach vier Jahren in der Provinz – auf Oberhausen, Gießen und Gera sollte ja noch Düsseldorf folgen – nach Berlin zu gehen. Ich fühlte mich zu jung; ich wollte noch lernen und sicherer werden, bevor ich mich in die Stadt traute, in der sich damals Wohl oder Wehe eines Schauspielers entschieden. Eugen Klöpfer schnitt mir das Wort ab und sagte: »Quatsch. Junge Rollen müssen von jungen Schauspielern gespielt werden. Sie sind ein junger Schauspieler und sind begabt. Darum kann ich Sie brauchen, und Ihnen kann es nicht schaden.«

Er bot mir einen Drei-Jahres-Vertrag an. Auch Ingolf Kuntze, der die Heidelberger Festspiele leitete und in Berlin Klöpfers kaufmännischer Direktor werden sollte, redete mir zu. So sagte ich schließlich ja. Aber den Romeo, den ich für das Jahr darauf in Heidelberg angeboten bekam, traute ich mir dennoch nicht zu. Ich fühlte mich dieser Rolle technisch noch nicht gewachsen und sagte zum fassungslosen Erstaunen der Direktion aus diesem Grunde ab. René Deltgen spielte ihn dann.

Ich absolvierte Düsseldorf und zog dann in die Metropole, in der Otto Brahm und Max Reinhardt, Erwin Piscator und Leopold Jeßner ebenso wie die großen Schauspieler der zwanziger Jahre dem deutschen Theater zu Weltruhm verholfen hatten. Jetzt leiteten Gustaf Gründgens und Heinz Hilpert die bedeutenden Bühnen, und auf diesen Brettern galt noch immer, was gegolten hatte, bevor die Nazis die Macht übernommen hatten: die Qualität.

Berlin, das ich ja nur von meinen traurigen Besuchen in Dr. Koschmieders Agentur kannte, verwirrte mich zunächst wieder. Der rasende Verkehr und der Lärm nahmen mir den Atem. Wenn ich zwei, drei Stunden durch die Stadt gelaufen war, war ich todmüde, verkroch mich in mein Zimmer in der Paulsborner Straße, am oberen Kurfürstendamm, und fragte mich, wie die Berliner dies alles ertragen konnten. Ich hatte noch nicht die Abwehrmechanismen entwickelt, über die sie verfügten und die heute überall selbstverständlich sind. Ich konnte noch nicht »die Jalousien herunterlassen«, wie es meine Hausmeisterin formulierte.

Klöpfers ›Volksbühne‹ war ein sogenanntes Schauspieler-Theater. Die Inszenierungen waren rein auf die Leistung der Mitwirkenden gestellt, und die Regisseure halfen den Darstellern nur auf den Weg. Als Klöpfer mich engagierte, hatte er unter anderen Gustav Knuth, der mich schon in Heidelberg so freundlich ermutigt hatte, Werner Hinz und Ernst Wilhelm Borchert im Ensemble, ferner gehörten Carl Kuhlmann, Joachim Gottschalk und René Deltgen, Christian Kayssler und Mila Kopp dazu. Das waren Leute, die weiter waren als ich, die sich schon durchgesetzt hatten. Neben ihnen sollte ich mich bewähren.

Wenig Erfolg hatte ich zunächst mit dem Rudenz im ›Tell‹. Mein Mangel an Atemtechnik quälte mich immer bewußter. Ich stand mit verkrampften Fäusten da und hatte keine Luft, um lange Passagen gesteigerter Hochspannung mühelos und leicht zu artikulieren. Als ich aber zum erstenmal keinen der strahlenden Liebhaber oder Helden spielte, die man mir sonst zudachte, sondern den armen August Keil in Gerhart Hauptmanns ›Rose Bernd‹, als es nicht um die Sprache, sondern um die bloße Existenz auf der Bühne ging, erfuhr ich eine erste Bestätigung. Dieser bedauernswerte, armselige einäugige Mensch, dessen Verlobte Rose nicht nur den Hofbesitzer Flamm liebt und von ihm nicht freikommt, sondern auch dem brutalen Maschinisten Streckmann zum Opfer fällt, war mir wirklich nicht auf den Leib geschrieben. Ich mußte die Rolle, wie Herbert Ihering es in anderm Zusammenhang gesagt hat, aus dem Gegensatz zu meiner Natur entwikkeln. Ich mußte schwach sein und leiden und aus dieser Schwäche und diesem Leid den großen menschlichen Anstand gestalten, den Hauptmann dem August Keil mitgegeben hat.

Regie führte Heinz Dietrich Kenter, ein sehr feinsinniger Spielleiter, der mich auf die stillen Wirkungen der Figur hinwies und mich anhielt, Vertrauen zu mir selbst auf der Bühne zu haben. Es war der richtige Weg, und ich hatte einen Erfolg, den auch die Kritiker einhellig würdigten.

Den Lessingschen ›Philotas‹, den Ihering später hervorgehoben hat, inszenierte der alte Richard Weichert. Lessings Absicht war es gewesen, mit diesem Einakter eine Heldentragödie allereinfachster Art zu schreiben. Philotas ist bei dem ersten Gefecht, an dem er teilgenommen hat, dem König Aridäus in die Hände gefallen, während sein Vater den Sohn des Aridäus gefangengenommen hat. Aridäus will die Königssöhne so schnell wie möglich austauschen. Philotas aber empfindet seine Gefangenschaft als tiefe Schmach und nimmt sich das Leben, damit sein Vater frei über seinen Gefangenen verfügen kann.

Das Stück wird selten gespielt, denn die Rolle gilt als schwierigstes Beispiel für einen jugendlichen Helden im klassischen deutschen Drama. Philotas, so wollte es Lessing, und so gelang ihm die Figur, erscheint als »wunderbare Vermischung von Kind und Held«. Die Sprache ist von hochgespannter geistiger Genauigkeit, die Satz für Satz nachvollzogen und durchdacht werden muß. Richard Weichert, der jahrelang das Frankfurter Schauspielhaus geleitet hatte, bevor ihn Klöpfer nach Berlin holte, war ein herber, unsentimentaler und bissiger Mann, der einen Narren an mir gefressen hatte. Er hatte eine sehr helle Stimme, und seine Regiebemühung in diesem Fall bestand lediglich darin, daß er während des Probenvormittags ein- oder zweimal »deutlich! deutlich!« sagte. Das war sehr klug von ihm. Den Rest überließ er den Schauspielern. Ich konnte also meinen Philotas, dessen Diktion ich begriff, selbst finden, und ich war glücklich, daß mir diese schwierige Rolle so gelang.

Natürlich denkt ein Schauspieler gern an die Rollen, in denen er Erfolg hatte. Der August Keil in der ›Rose Bernd‹ und der ›Philotas‹ waren und sind mir wichtig. Mein dritter echter Erfolg an der ›Volksbühne‹ lag auf völlig anderem Gebiet.

Anstelle eines Weihnachtsmärchens spielten wir eine sehr naive Bühnenfassung von Karl Mays ›Winnetou‹. Das Vergnügen an diesem Stück begann für mich bei der Maske. Sie besorgte Meister Jabs, der grand old man der Maskenbildner für Bühne und Film in Berlin. Jabs war der Stammvater einer ganzen Dynastie von Maskenbildnern, und er war ein hervorragender Könner in seinem Fach. Er schminkte und frisierte mich haargenau, wie Karl May seinen Winnetou beschrieben hatte: rotbraun, mit langem, schwarzem Haar. Als er fertig war und ich vor den Spiegel trat, erschrak ich vor mir selbst – und erlebte in besonderem Maße das Phänomen der Verwandlung, auf das ich am Beispiel von Werner Krauß noch genauer eingehen möchte.

Ich trug ein gelbes Büffelwams und sah bis zu den Mokassins hinunter ungemein echt und fast mädchenhaft schön aus, eine indianische Gazelle, wenn ich so sagen darf. Ein geschmeidiger, pantherartiger Bewegungsduktus ergab sich folgerichtig. So trat ich auf und riß sowohl mein jugendliches Publikum wie auch die Eltern zu Begeisterungsstürmen hin. Wir konnten das Stück nicht oft genug ansetzen. So machten wir uns also den Spaß, einmal Indianer zu spielen und Winnetous und Old Shatterhands, den mein Freund Ernst Wilhelm Borchert spielte, Abenteuer durchzustehn.

Wenn ich nicht selber spielte – und es waren nicht allzu viele Rollen, die ich in den ersten Jahren bekam –, saß ich im Parkett der Berliner Bühnen. Ich war oft im Staatstheater, und den größten Eindruck machte damals Werner Krauß auf mich. Besonders gut erinnere ich mich an seinen Rudolf II. in Grillparzers ›Bruderzwist im Hause Habsburg‹. Das ist wohl neben Lawrence Oliviers Othello der stärkste schauspielerische Eindruck meines bisherigen Lebens. Warum?

Max Reinhardt hat Werner Krauß einen genialen Chargenspieler genannt. Er mißtraute dessen ungeheuerlicher Wandlungsfähigkeit. Doch Krauß war ein genialer Charakterspieler. Er konnte charakterisieren und chargieren. Deshalb war er für Reinhardt – und eben auch für mich – so unfaßbar, so gar nicht einzuordnen in das bekannte Grundschema. Er konnte sich *total* verwandeln, kleiner oder größer wirken, dick oder dünn mit Hilfe von Maske und Kostüm und seiner Ausstrahlung und Phantasie, also aus materiellen und geistigen Bezirken. Vielleicht ist hier der Platz, eingehender auf die beiden Grundtypen des Schauspielerphänomens einzugehen, das mich schon bei Josef Kainz so lange verweilen ließ. Kainz stellte – wie Kayssler, George, Klöpfer und Wegener – den Typ des Charakterspielers dar, der hinter jeder Maskenandeutung immer derselbe bleibt, als Person immer durchaus spürbar und präsent, den es also, im Sinne der Formulierung Hofmannsthals: nie ganz verstricken kann ins »Geheimnis wollüstiger Verwandlung«.

Im ›Bruderzwist in Habsburg‹ hatte ich das Gefühl, eine Inkarnation der so überaus schwierigen, überaus vielschichtigen Figur zu erleben. Rudolf II., der den böhmischen Ständen in einem Majestätsbrief Freiheit der Meinung und der Glaubensübung zusichern mußte und mit seinem »weisen Zögern« die falsche Entscheidung traf, litt seinem Verzicht und seinem Tod entgegen. Es war die Luft absoluter Einsamkeit um ihn. Er redete fast nur in sich hinein und sah seine Partner kaum an, wenn er sprach. Beim Gehen warf er seine von dicken Krampfadern überzogenen Beine vor sich her, als gehörten sie nicht zu ihm. Zu dieser Charakterisierungskunst hatte Krauß die Gabe, den schwierigen Text mit letzter röntgenhafter Klarheit zu sprechen. Er gab Grillparzers gedankenüberfrachteten Worten einen scheinbar gleichförmigen Grundrhythmus, der es dem Publikum erlaubte, jeden Gedanken, jede Regung sogleich mitzudenken.

Es begeisterte mich, wie Krauß mit inneren und sehr äußerlichen Mitteln zugleich arbeitete, wie er sie miteinander verband. Ich hatte schon ein Beispiel in Düsseldorf erlebt, als Krauß in einem heute vergessenen Stück den Goya spielte. Ich war mit einer ganz kleinen Rolle dabei und hatte reichlich Zeit, den Gast zu beobachten und hinter seine Geheimnisse zu kommen.

Goya verlor, getreu der Biographie, mehr und mehr sein Gehör. Krauß setzte dafür die üblichen Zeichen: Er legte den Kopf schief, führte die Hand ans Ohr oder hielt sein Täfelchen hin und ließ sich einen Satz darauf schreiben. Zugleich aber geschah noch etwas anderes. Krauß hatte sich gesagt, daß bei Menschen, die von ihrem Gehör im Stich gelassen werden, ja nicht nur die Ohren taub werden, sondern der ganze Körper. Der Mensch reagiert anders auf die Umwelt. Er bewegt sich zögernder und schwerfälliger. Um dies zu zeigen, wurde Krauß als Goya von Akt zu Akt fülliger und steifer. Das vollzog sich zunächst nur andeutungsweise. Dann war es nicht mehr zu übersehen. Ich staunte und ließ mir Kraußens Kostüme zeigen. Das Rätsel war gelöst: Der Schauspieler hatte sich Goyas Kleider von Szene zu Szene dicker mit Watte ausstopfen lassen.

In Shakespeares ›Richard III.‹ verdankte ich dann einen entscheidenden Eindruck nicht nur Werner Krauß, sondern dem großen Regisseur Jürgen Fehling. Da wurde nicht nur Shakespeare gespielt, nicht nur die »reine Form des tragisch Furchtbaren, was man genießt«, wie Schiller das Stück verstanden hatte. Mitgespielt wurde auch die Mörderwelt, in der wir damals selber lebten – in der wir seitdem leben; denn seit der Staat zum Mörder wurde, scheinen alle Mächte der Dunkelheit endgültig entfesselt zu sein.

Fehling schickte die Armeen des 15. Jahrhunderts in schwarzen Lederuniformen über die riesige Bühne, und jedermann begriff, daß es sich um kaum abgewandelte SS-Uniformen handelte. Krauß schleppte ein Schwert mit, das fast so groß war wie er selber. Sein dritter Richard war eine bleiche, von Bosheit zerfressene Gestalt. Dieser furchtbare König hatte Größe – handelte aus geistiger Bewußtheit. Um so schwerer fiel schließlich sein Geständnis ins Gewicht:

»Finde ich selbst doch kein Erbarmen mit mir selbst . . .«

Das verstanden alle, und alle verstanden dann auch den Triumph, mit dem Richards Gegner verkündeten:

»Das Feld ist unser, und der Bluthund ist tot.«

Verstanden es auch die Nazis? Sie ließen die Theaterleute gewähren. Göring und Emmy Sonnemann, die ja Schauspielerin gewesen war, bevor sie Hitlers Vertrauten heiratete, hielten ihre schützende Hand über den Staatsintendanten Gustaf Gründgens, und Gründgens konnte dadurch frei arbeiten und seine Leute schützen.

Was Göring und die anderen Machthaber dazu bewog, solches Theater zuzulassen, blieb ihr Geheimnis. Vielleicht wollten sie den Propagandawert ausnutzen, um dann um so härter zupacken zu können. Vielleicht waren sie sicher, daß ihnen das Theater letztlich nicht ernsthaft schaden konnte, und gaben deshalb eine Art Narrenfreiheit.

Ich selbst hatte in dieser Zeit eine Fülle eigener Schwierigkeiten, denn meine sprachtechnischen Probleme wuchsen sich zu einer veritablen Not aus: zur Atemnot.

Ich hatte schon immer Mühe gehabt, große sprachliche Bögen so mühelos und exakt zu artikulieren, wie sie mir vorschwebten. Schon in Gera hatte ich versucht, Sätze des Carlos, die ich als geistig zusammenhängende Einheit empfand, auch in einem Atemzug zu sprechen. Da war zum Beispiel der Satz, den er an

Alba richtet: »Dann, wann des Lasters Riesentrotz die Langmut des Himmels aufgezehrt, die reiche Ernte der Missetat in vollen Halmen steht und einen Schnitter sonder Beispiel fordert, dann stehen Sie an Ihrem Platz.« Das war mir damals nie akzeptabel gelungen. Nun quälte mich der Mangel an Atemkraft immer unerträglicher – und ich geriet regelrecht in eine Krise meiner beruflichen Existenz. Ich stand da mit dem Urkrampf der jugendlichen Helden, mit geballten Fäusten, verkrampften Beinen und verspanntem Hals. Mein Zwerchfell saß hoch unter den Rippen. Wenn ich schreien mußte, war ich im Nu heiser.

Ich machte mir berechtigte Sorgen und fragte Kollegen um Rat. Man empfahl mir, zu Margret Langen zu gehen. Das war mein Glück. Ihr Wissen um den Atem war außerordentlich. Sie brachte es fertig, mir in drei Monaten harter Arbeit die ersten Grundlagen zu einer soliden Atemführung klarzumachen. Ihr Können, ihre Geduld, ihre Persönlichkeit wurden lebensentscheidend für mich. Sie schickte mich zu Dr. Johannes Ludwig Schmitt, dem Atem-Schmitt. Dr. Schmitt massierte die Berliner Prominenz. Er heilte nicht nur Schauspieler, sondern auch Politiker von ihren Verspannungen. Daß er Rudolf Hess behandelt hatte, sollte ihm später zum Verhängnis werden. Nach dem England-Flug seines Gönners wurde Atem-Schmitt verhaftet und hinter Gitter gebracht. Allerdings genoß er dort eine Vorzugsstellung. Er durfte sich auf sein Buch ›Das hohe Lied vom Atem‹ berufen, und wenn ein besonders berühmter Mann wie etwa Furtwängler nach ihm verlangte, wurde er sogar beurlaubt.

Als ich zu ihm kam, regierte Schmidt in seiner sehr großen Praxis. Daß er ein gefragter Mann war, war kein Zufall. Davon überzeugte er mich schnell: Er verstand sein Handwerk und hatte keine Skrupel, es auf die wirksamste Weise anzuwenden: Er riß mir das Zwerchfell herunter, indem er mir mit aller Kraft auf das Steißbein schlug. Mir blieb nichts anderes übrig, als zu schreien und dabei tief durchzuatmen. Damit waren buchstäblich mit einem Schlag meine schlimmsten Atemverkrampfungen gelöst und behoben. Die weiteren Behandlungen übernahmen Schmitts Assistenten. Meine grundlegende Atemschulung konnte nun Früchte tragen. Ich begriff nicht nur theoretisch im Kopf, sondern auch praktisch leiblich, was Margret Langen meinte. Sie half mir entscheidend, wie sie vielen Schauspielern entscheidend geholfen hat und heute noch hilft.

Vera Prellwitz hatte mir in Mülheim die Grundausbildung in der Artikulation gegeben; Margret Langen nahm mich in die hohe Schule des Atems und vermittelte mir, »auf der Luft« zu sprechen. Flüstern, Schreien, Lachen und Weinen da anzusetzen, wo es geboren wird, im Zwerchfell, zentral – in der Leibes- und Lebensmitte. Sprechen ist Ausatmen. Aber was ist das: *Atem*? Das Wort hat mit dem altindischen *ātmán* zu tun, das *Selbst* oder *Seele* heißt und den ewigen, unwandelbaren geistigen Kern des Individuums meint. *ātmán* ist in den Heiligen Schriften der Brahmanen mit dem Prinzip der Welt identisch, das alles schafft, trägt, erhält und wieder in sich zurücknimmt. Allerdings sagen die Wortgeschichtler, daß die näheren Beziehungen unseres Wortes *Atem* zu dem Sanskrit-Wort *ātmán* im dunkeln liegen.

Wir müssen die Gewissenhaftigkeit der Sprachforscher respektieren, aber es fällt doch auf, daß die Bedeutungen auch im Lateinischen eng beieinander liegen: *anima* heißt *Lufthauch* und Wind. Zugleich bedeutet *anima* jedoch auch *Seele* im physischen Verstande, *Lebenskraft, Lebensprinzip, Seelenleben.* Außerdem wissen wir, daß Martin Luther mit *Atem* oder, wie er es nannte, *Odem* mehr meinte als die Versorgung der Lunge mit Luft, und Goethe hat wunderbar und klar ausgesprochen, was es mit dem Atem auf sich hat:

»Im Atemholen sind zweierlei Gnaden:
Die Luft einziehn, sich ihrer entladen;

Jenes bedrängt, dieses erfrischt;
So wunderbar ist das Leben gemischt.
Du danke Gott wenn er dich preßt,
Und dank ihm wenn er dich wieder entläßt.«

Was sagen die Biologen? Für sie ist Atmung die Aufnahme von Sauerstoff und die Abgabe von Kohlensäure und damit eine der Grundlagen für die Lebensfunktionen des menschlichen Körpers, besonders der Aufrechterhaltung des Zellstoffwechsels.

Einzelheiten der Luftwege sind hier nicht von Bedeutung, wohl aber ist es der Mechanismus der Atmung: Von Interesse ist die Menge der Luft, die wir ein- und ausatmen. Man spricht von der Vitalkapazität und meint damit die größtmögliche Ein- und Ausatmungsmenge. Sie beträgt zwischen 3700 und 4500 Kubikzentimeter und nimmt im Alter ab. Ein Fünfzehnjähriger verfügt über 100 Prozent Vitalkapazität, ein Fünfundachtzigjähriger bringt es nur noch auf vierzig bis fünfzig Prozent. Wer – ob jung oder alt – falsch atmet, schmälert seine Vitalkapazität.

Gesteuert wird die Atmung vom vegetativen oder autonomen Nervensystem. Wenn wir sie willentlich ausüben sollten, wäre sie unsere Hauptbeschäftigung. Doch unser Atmungsvorgang ist nicht nur vom Hormongehalt, vom Kohlensäuregehalt und von der Temperatur unseres Blutes abhängig, sondern auch von unserer Psyche. Unsere Umweltbedingungen und unsere Lebensgewohnheiten wirken hinein.

Unmittelbar aus diesen Lebensenergien aber bezieht der Schauspieler seine Existenz und Darstellungskraft. Körper und Stimme sind seine Instrumente; wenn es ihm da an Vitalität gebricht, schmälert es auch seine Kunst. Ich selbst lebe in entscheidendem Maße aus der Sprache und aus dem Atem und habe über diese Zusammenhänge viel nachgedacht. Ich muß es, um in meinem Beruf zurechtzukommen. Im Jahre 1947 hielt ich in der Hamburger Theatersammlung und danach in der Universität einen Vortrag über den ›Schauspieler in unserer Zeit‹. Über das Rüstzeug des Schauspielers sagte ich damals:

»Ein Grundproblem liegt natürlich in der gänzlich verschiedenartigen Vorbildung der Nachwuchs-Schauspieler. Nicht nur die innere Einstellung zum Theater, auch das erste technische Rüstzeug des Eleven und seine Vorstellung von dessen Notwendigkeit sind ja leider oft wenig erfreulich. Vor allem stellt man immer wieder eine völlig unzulängliche Schulung des Atems fest. Diese Lücke im rein Technischen wirkt sich besonders negativ aus. Ich habe es am eigenen Leibe schmerzlich genug erlebt, in welcher Verfassung man als junger Schauspieler auf der Bühne steht, wenn man den Atem noch nicht als die Kraft erlebt hat, die jedes Wort und jede Bewegung, jeden Ton und jeden Schritt entscheidend formt. Aller Fleiß und unablässigste Bemühung können nicht zu einer gelösten schauspielerischen Gestaltung führen, wenn man nicht begriffen hat und es durch richtige Schulung erreicht, daß das Sonnengeflecht, das Zwerchfell, Mitte und Sammelpunkt aller künstlerischen Spannung ist. Alle Spannung, die so leicht am falschen Ort sinnlos verbraucht wird, muß dorthin verlagert werden. Die sattsam bekannten verkrampften Fäuste, angespannte Halsmuskulatur und völlig verspannten Beine sind der deutliche Beweis für mangelnde Atemschulung. Diese ist natürlich durch keinen Trick zu erzwingen, sondern nur in jahrelanger, geduldiger Arbeit kann man die Zwerchfellmuskulatur so kräftigen, daß sie dann den größten Ausbruch stützt und die Gefahr des Heiserwerdens aufhebt, daß sie ein natürliches Lachen und Weinen gestalten läßt und dem ganzen Körper jenes Zentrum und jene Mitte gibt, aus der die Bewegungen gelöst und organisch werden. Dann schwingt auch der leiseste Ton, vom ausströmenden Atem getragen, hörbar und deutlich im größten Raum. Ich sage hier durchaus nichts Neues. Das sind Forderungen technischer Art, die erhoben werden, solange es Schauspieler gibt. Alle großen älteren Schauspieler wissen darum. Ich meine, darauf hinweisen zu müssen, weil ich bei vielen jungen Schauspielern entdecke, daß sie gar keine Vorstellung von der entscheidenden Bedeutung des Atems haben. Die rein technische Schulung des Atems ergibt, wenn man sie tiefer begreift, die körperliche Gelöstheit und jene Vermittlung von Herz und Hirn, jenen Zusammenklang der schöpferischen Gefühlskräfte und der ordnenden, klärenden Gedankenkraft, die Voraussetzung für eine künstlerische Leistung sind. Beherrschung des Atems und Wissen um den Atem sind Voraussetzungen, die die schauspielerische Arbeit in wesentlichere Bezirke vorstoßen lassen können. Aus heutiger Sicht meine ich, daß auch Dramaturgen und Kritikern eine Atemschulung nicht schaden könnte.«

Der damalige Versuch, die eigenen Erfahrungen, die ich mit dem Atem gemacht hatte, auszusprechen und für andere nutzbar zu machen, ließ eines außer acht: Gesagt war, daß Sprechen Ausatmen heißt. Ich ging wenig darauf ein, daß erst Ein- *und* Ausatmen den Rhythmus, den persönlichen Duktus ergeben, daß eben im Atemholen *zweierlei* Gnaden sind und daß das Einziehen der Luft zuerst erfolgen muß, um sich dann ihrer entladen zu können. Vokale und Konsonanten in ein richtiges Verhältnis zu bringen, ist dann der nächste Schritt. Jeder Dialekt birgt da seine eigenartigen Probleme. Wer aus dem Ruhrgebiet kommt, hat die Schwierigkeit, daß seine Vokale, wie mir scheinen will, vom Kohlenstaub angeschmuddelt sind. Sie sind nicht wie im Sächsischen total verändert, nur ein bißchen verschoben. In dieser Beziehung konnte Vera Prellwitz mir noch helfen.

Ein Wort aber wirklich klar und einfach zu sprechen, verlangt mehr. Es genügt nicht, den Kehlkopf dazu zu veranlassen, die Stimmbänder durch Ausatmen der Luft in entsprechende Schwingungen zu versetzen und Zunge und Lippen arbeiten zu lassen. Die Kunst des Sprechens fordert die innere Resonanz, das Mitschwingen des ganzen Körpers bis in die Fußspitzen. Das Melos der Stimme enthüllt das Wesen des Menschen. Wie ich dann selbst der Resonanz das Maß setze, wie ich dem Sprechen mehr oder weniger Kopf- oder Brustresonanz zumesse – das charakterisiert eine Rolle schon zu einem wesentlichen Teil und entscheidet, wie weit ich dem Dichterwort gerecht werde und eine Figur wirklich erfasse.

Wenn ich dies einmal verstanden habe, dann sehe ich auch, daß nicht nur das einzelne Sinngefüge einer Dichtung – vom einzelnen Satz gar nicht zu reden –, sondern daß jeweils das ganze Werk eine genau durchdachte und durchspürte Resonanz verlangt. Wer Mephisto und Faust oft gespielt hat, weiß genau, wo und warum Brust- oder Kopfresonanz jeweils überwiegen.

Nach diesem Gesetz bin ich auch mit meinen Rezitationsprogrammen angetreten, über die noch anderes und mehr zu sagen sein wird, deren rhythmische Anlage aber in diesen Zusammenhang gehört. Denn auch eine Programmgestaltung unterliegt dem Grundgesetz von Einatmen und Ausatmen. Wenn ich mir die Wahrheit eines Dichters erarbeitet habe, soweit sie mir erreichbar ist und wie sie mir aus meiner gegenwärtigen Sicht von Bedeutung scheint, dann genügt es nicht, daß ich Gedicht an Gedicht reihe, ein schwergewichtiges Wort auf das andere türme, um dem Publikum die ganze Fülle eines Dichters nahezubringen. Ich muß im Gegenteil das natürliche, eben vom Atem bestimmte Maß von Spannung und Entspannung suchen, das die Dichtung organisch begreiflich und nachvollziehbar zu entfalten und zu interpretieren ermöglicht.

Wenn ich diesen Wechsel nicht suche, wenn ich nicht Schwereres auf Leichteres folgen lasse, nicht Emotionales und Spirituelles abwäge und nicht wo immer möglich und sinnvoll zwischen den Versen Prosa einflechte, dann kann niemand die anderthalb Stunden, die solch ein Programm dauert, wirklich geistig wach durchhalten. Dann tue ich nicht nur dem Publikum, sondern auch meinem Dichter unrecht. Durch richtiges Atmen aber und durch den durchdachten inneren Rhythmus einer Auswahl gelingt es, auch eine schwere Materie verständlich und klar zu sprechen, die sich bei der Lektüre im stillen Kämmerlein ungleich mühevoller erkennen und begreifen läßt. Wenn es mir gelingt, den Atem des Dichters auf die Zuhörer zu übertragen, habe ich die Voraussetzung geschaffen, den Dichter sinnvoll zu interpretieren.

Zunächst bin ich instinktiv so verfahren. In der ersten Nachkriegszeit nach all den Schrecken, nach Sterben, Kälte, Hunger und Not, herrschte ein großes Verlangen nach zeitlos gültiger Dichtung, nach tiefer, geformter und bestechender Wahrheit. Ich nannte mein erstes Programm, das ich in Lübeck in Lazaretten und Flüchtlingslagern vortrug, ›Stimmen über der Tiefe‹. Es war eine Antwort auf die Zeit, die uns so viele Entbehrungen auferlegte, und in der man sich ständig um den nächsten Tag sorgen mußte. Da es mir tagtäglich nicht anders ging als meinen Landsleuten, traf ich ohne weiteres den Ton, den sie aufnehmen konnten, der Trost und Sinn enthielt. Inzwischen – nach diesem erstaunlichen rasenden Wandel der Zeiten und der Verhältnisse, nach größerer Erfahrung mit den Dichtungen – arbeite ich bewußter. Ich führe das Publikum mit ein paar Worten in die Welt des Dichters und meines Themas ein. Dann haben die Menschen Gelegenheit, sich an meine Stimme zu gewöhnen, sich einzuhören. Sie kommen ja von draußen, sie kommen aus einer sehr lauten, lärmüberfluteten, überlasteten Welt. Jetzt sollen sie zuhören und ungewohnte, oft sehr stille Worte erfassen. Sie sollen nachdenken, ein-fühlen, mit-fühlen, und das ist ein schwieriges Ansinnen; es verlangt außerordentliche Bereitschaft und Umstellung.

Im Wechsel von Vers und Prosa, in den Wendungen und Schwingungen des Programms versuche ich dann den Dichterworten Leben zu geben. Das Programm selbst soll lebendige Eigenart bekommen, wo immer möglich Briefe enthalten, damit die Person eines Dichters deutlich wird, indem auch seine eigenen Freuden und Leiden angesprochen, indem seine innersten Regungen und Gedanken laut werden. Ich versuche, die Spannung zwischen den Werken des Dichters und der Lebensrealität des Menschen, der sie schrieb, auszumessen und lebendig zu machen. Auch dies geschieht nach einem rhythmischen Gesetz, das der Atem trägt. Ich bin sicher, damit auf dem richtigen Weg zu sein, denn es gibt so etwas wie eine innere Gewißheit im Umgang mit den Dichtern, die meine Rezitationen und Programmauswahl bestimmt. Was ich will, was ich zu vermitteln versuche, hängt mit der musikalischen Sinnlichkeit des Wortes zusammen, die sich nicht nur in ihrer Gegenständlichkeit, in den angebotenen Bildern offenbart. Die Bilder, die ein Dichter schafft, sind völlig anderer Art als die Bilder eines Malers. Sie lassen sich nicht mit dem Blick erfassen. Sie müssen innen, im Phantasieraum des Hörens, Bild werden, nachgemalt werden. Die aneinandergereihten Wörter wollen erst einmal wörtlich verstanden werden. Dann muß der Hörer das Sinngefüge quasi nachschaffen und zur Einheit zusammenfügen. Die heute so brachliegende nachschaffende Phantasie wird in jedem Einzelnen ganz individuell aktiviert. Zuweilen muß man einen Satz zwei-, dreimal lesen, bevor sich sein Sinn offenbart. Je tiefer ein Gedanke ist und je anspruchsvoller ein Satz daherkommt, um so mehr widersetzt er sich dem hastigen Zugriff, dem sofortigen Begreifen.

Bei der Rezitation aber gibt es kein Wiederholen. Nachlesen ist nicht möglich. Also muß sich das gesprochene Wort beim ersten Hören unmittelbar offenbaren und übertragen.

Ich erlebe es immer wieder mit tiefer Freude, wenn dies gelingt. Es kann jedoch nur gelingen, wenn alle Wirkungen des Wortes lebendig werden: nicht nur der Inhalt, auch der Ton, die innere Melodie und nicht zuletzt der geistige Rhythmus, in dem sich

Wortton und Satzton zusammenfinden. Das geistige Melos des Dichters muß im Raum zum Klingen kommen.

Ich spreche ja nicht vor einem Publikum von Experten. In meine Rezitationen kommen nicht nur Leute, die ihren Schiller, ihren Goethe, ihren Hölderlin, ihren Rilke parat haben und lediglich noch einmal hören wollen, oder die neugierig sind, wie ich interpretiere, was sie schon kennen. Viele erleben die Dichtungen womöglich zum erstenmal.

Es ist ein Merkmal großer Dichtung, dies habe ich oft wie einen magischen Vorgang erlebt, daß ihr Schwierigkeitsgrad einer Rezitation nicht entgegensteht. Es gehört zu ihrem Geheimnis, daß sie aus den Jahrhunderten mühelos Gegenwart gewinnt, wenn man sie durchdacht spricht, wenn man ihr ernsthaft gerecht zu werden versucht mit seinem Sprechen. Wenn man die Zeitlosigkeit der menschlichen Leiden und Freuden im Wort der großen Dichter empfindet – und dieses Gefühl und Erleben den Zuhörern übertragen kann –, ist man ein guter Rezitator. Man muß konkret fühlen und denken, wenn man auf dem Podium steht. Jedes Gesäusel bei Kerzenschimmer ist albern, sentimental und amateurhaft. Davor bewahrten mich mein Weg und meine Vorbilder.

Nach drei ›Volksbühnen‹-Jahren ging ich zu Heinrich George ans ›Schiller-Theater‹. Das war 1940, und ich begann mich zu finden. Ich stand, wenn ich spielte, nicht mehr mißtrauisch neben mir. Ich traute mich gewissermaßen in mich hinein – und begann meine Stimme zu beherrschen. Andernfalls wäre dieses Engagement auch unsinnig gewesen. Wer mit George spielen wollte, mußte sich zu behaupten wissen. Dieser Schauspieler mit seiner selbstverständlichen, natürlichen Eigenspannung hätte jeden von der Bühne gefegt, der seiner selbst nicht sicher gewesen wäre.

George war von seiner Natur her ein Schauspieler mit einer so ausladenden Körperlichkeit, daß er sich nicht von sich selbst entfernen konnte. Er konnte, nüchtern gesagt, seinen Bauch nicht in der Garderobe lassen, er mußte mit ihm und nicht gegen ihn spielen. Das zwang ihn, sich seine Rollen im wörtlichsten Sinne einzuverleiben. Gerade ich dünner, sanguinisch-asthenischer Typ konnte Entscheidendes von seinem voluminösen, cholerischen Phlegma lernen. Er bestimmte den Geist des Hauses und seinen Stil. Mit Halbwahrheiten und verblasenen Wirkungen war da nichts zu machen, und gerade weil ich ein ganz anderes Naturell mitbrachte und weil ich gelegentlich noch dazu neigte, den intellektuellen Aspekt über die Körperhaftigkeit zu stellen, tat mir Georges Beispiel gut. Ich lernte von ihm, daß auf dem Theater vor jeden geistigen Anspruch das körperliche Spielelement, das nackte Dasein, gestellt ist. George sagte: »Red nicht lang, zeig, was du meinst, spiel es vor . . .«

Und dann mußte man »es zeigen«, dann mußte man es vorspielen. Wenn es richtig war, was man da im Hinterkopf hatte, wenn es echt war und sich eine Szene so spielen ließ, dann war George zufrieden. Von endlosem Auffassungsgerede hielt er nichts. Manchmal stelle ich mir vor, was dieser Elementargeist der Szene zu den heute üblichen endlosen Versuchen, eine Sache »auszudiskutieren«, sagen würde. Er sprach oft von der »kontrollierten Trance«. Was er damit meinte, ist schnell klar: Trance ist, vulgär gesprochen, ein schlafähnlicher halbwacher Zustand. Im Spiritismus bedeutet sie die Bewußtlosigkeit des Mediums. Das ist hier nicht gemeint. Diesen Unsinn glaube, wer will. Doch auch Skeptiker dürfen glauben, daß es Bezirke gibt, die mit nüchterner Wachheit allein nicht zu erschließen sind. Trauten wir es der Kunst nicht zu, in solche Bezirke vorzudringen, hätten wir von ihr einen sehr dürftigen Begriff. Andererseits ist schöpferische Theaterarbeit nicht ein Zurschaustellen vager Empfindungen. Die Regungen des Künstlers wollen begründet sein, und den Zusammenhang, der diese Regungen begründet, bringe ich nur zuwege, wenn ich mich ständig kontrolliere.

Trance, wie George sie verstand, war ein unverzichtbares Grundelement der Kunst. Die Kontrolle aber sollte überwiegen, mußte stets gegenwärtig sein. Die verließ ihn auf der Bühne, auch unter Alkohol, nie. Jedenfalls habe ich das nie erlebt. Er war ein spielwütiger Mensch, aber er war stets mit Klarheit und Bewußtheit am Werk. Einer seiner Freunde, der französische Schauspieler Harry Baur, hat ihn »Vesuvio« genannt. Das war ein sehr treffender Name. Heinrich George konnte ausbrechen wie ein Vulkan – in Augenblicken, in denen es niemand erwartete, aus Anlässen, die niemand vorherbestimmen konnte. Man lebte in seiner Gegenwart immer unter einer Art Hochdruck, wie unter einer Drohung. Es dauerte lange, bis ich mich an die schwere, lastende Trauer, die sein Grundwesenszug war, gewöhnt hatte. Ebensogut aber konnte er sehr freundliche Rauchzeichen aussenden: Beweise seiner Güte, seiner Väterlichkeit. Er nannte uns stolz: »Meine Jungs«. Zu seiner Vitalität gesellten sich in der Arbeit unendliche Geduld und eine raumgreifende, verblüffende Phantasie. Sie schien sich auf eine naive, selbstverständliche Weise zu ergeben. Als der schwere, grobschlächtig wirkende Mann einmal während der ›Urfaust‹-Proben einer Schauspielerin das Gretchen vorspielte, tat er es mit einer Zartheit, mit einer Keuschheit und Scheu, die ihm so leicht kein Gretchen nachmacht. Er sprach den Satz »Bin weder Fräulein, weder schön, / Kann ungeleitet nach Hause gehn« mit einem Einfühlungsvermögen so genialer Art, daß ich – außer von Käthe Gold – diesen Satz nie mehr so einfach und so erfühlt gehört habe.

Georges Abneigung gegen Werner Krauß habe ich erwähnt. Sie stammte aus der Zusammenarbeit George-Othello, Krauß-Jago. Krauß hatte dem ungeheuerlich schwitzenden George die schwarze Schminke mit dem Finger vom Gesicht gewischt und in seiner hemmungslosen Impertinenz laut gesagt: »Othello färbt ab.« George hatte wütend erwidert: »Ein Schauspieler, der nicht schwitzt, ist kein Schauspieler. Ein Othello, der nicht abfärbt, ist ein Neger.«

George war ein guter Intendant. Er setzte alles daran, die besten Regisseure und Schauspieler an sein Theater zu holen, die er bekommen konnte. Bei ihm inszenierten Ernst Legal und Walter Felsenstein, und als Jürgen Fehling sich im Zorn zeitweilig vom Staatstheater trennte, nahm George diesen großen, überaus eigenwilligen Regisseur mit Wonne unter Vertrag. Was uns junge Kollegen anging, so hatte er unser Fach gleich zweimal im Haus. Dadurch hatte ich das Glück, mit Horst Casper zu spielen und mich mit ihm und seinem Talent zu messen.

Ich darf die Frage nicht ausklammern, wie Heinrich George es in den Hitler-Jahren mit der Politik gehalten hat. Anders als Wegener und Winterstein, die nicht mehr so im Brennpunkt standen und deren politische Haltung über jeden Zweifel erhaben war, verhielt sich George indifferenter. Man hatte ihm das ›Schiller-Theater‹ anvertraut, und nun wollte er glauben, daß alles gut war. Er versuchte, damit seine Vergangenheit zu kompensieren, denn in den zwanziger Jahren hatte er den Kommunisten nahegestanden – hatte Unruh, Barlach, Rehfisch, Welk und Brecht gespielt, und als Piscator sich um der härteren Politik auf dem Theater willen mit der Volksbühne überworfen hatte, hatte George für Piscator Partei ergriffen. Er hatte eine Erklärung der Schauspieler verlesen und dagegen protestiert, daß die ›Volksbühne‹ Piscator maßregelte.

Dann aber hatte George das Elend im Deutschland der späten zwanziger und frühen dreißiger Jahre erlebt und wie so viele Hoffnung gefaßt, als es nach dem Januar 1933 aufwärts zu gehen schien. In dieser Erwartung hatte er später das ›Schiller-Theater‹ übernommen und darauf vertraut, daß er sich gegen das Ansinnen, Propaganda für die neuen Machthaber zu treiben, durchsetzen würde.

George machte seinen Klassiker-Spielplan und hatte Erfolg. So konnte er viel für die Menschen in seinem Haus tun. In den Mauern des ›Schiller-Theaters‹ wurde sehr frei geredet, und der

Hitler-Gruß war verpönt. Wenn der Staat seine Fänge nach einem Mitglied des Ensembles ausstreckte, legte George Einspruch ein und setzte sich meistens durch. Auch ich profitierte davon. Als ich im Oktober 1939 am Tag der Generalprobe des ›Don Carlos‹ eingezogen wurde, sorgte George dafür, daß ich vom Militärdienst freigestellt wurde. Trotzdem blieb uns Georges zwiespältige Haltung nicht verborgen. Es gab Abende in seinem Haus, an denen wir versuchten, ihn aus der Reserve zu locken. Dann baten wir ihn etwa, die Platte aufzulegen, die beim Dreyfus-Film gemacht worden war. George tat uns den Gefallen, und wir hörten die große Rede Zolas, in der er zu sagen hatte:

»Ihr jungen Menschen, laßt euch nicht einlullen vom Wahnsinn des Antisemitismus.«

George saß dabei und sagte nichts. Er wollte sich nicht dazu äußern.

Er hat für seinen Irrtum schwer gebüßt. Die Russen haben ihn ins Lager Sachsenhausen geschleppt, und er ist dort nach einer Blinddarmoperation elend gestorben. Es steht uns nicht zu, über ihn zu richten. Zu seinem Bild aber gehört auch, wie er sich mit den Machthabern arrangiert hat. So wie wir uns alle – jeder auf seine Weise – arrangieren mußten.

Wenn ich mich damals fragte und wenn ich mich heute frage, wer von den großen Schauspielern jener Tage menschlich vor seiner Zeit bestanden hat, denke ich an Friedrich Kayssler und an Paul Wegener.

Kayssler bin ich, nachdem er mich nach meinem Vorsprechen in seinem Haus so sehr ermutigt hatte, nur noch einmal begegnet. Seine Haltung kenne ich vor allem aus den Erzählungen seines Sohnes Christian, mit dem ich an der ›Volksbühne‹ engagiert war. Mit Christian Kayssler habe ich viele offene, freundschaftliche Gespräche geführt. Er war eine der redlichsten und ehrlichsten Naturen, mit denen ich je auf der Bühne stand. Ihm war von der

Kunst der Verwandlung nichts, absolut nichts verliehen. Seinen Vater Friedrich Kayssler haben die Russen bei der Besetzung Berlins, als plündernde Soldaten in sein Haus eindrangen und Kayssler seine Haushälterin schützen wollte, in seinem Garten erschossen.

Paul Wegener hatte da mehr Glück. Ich hatte mit ihm im ›Schiller-Theater‹ gespielt und seine souveräne Persönlichkeit nicht nur in der Arbeit bewundern gelernt. Er machte mir das Kompliment, ich sei sein bester Carlos, und er hatte den Philipp in diesem Stück sehr oft gespielt. Seine unglaubliche Fähigkeit, im ersten Augenblick seines Erscheinens auf der Bühne Atmosphäre zu schaffen, die Gestalt durch seine Persönlichkeit sofort präsent zu machen, bewies er, gerade als Philipp, schon mit den ersten Worten.

> »So allein, Madame?
> Und auch nicht *eine* Dame zur Begleitung?
> Das wundert mich – wo blieben Ihre Frauen?«

Er verachtete alle wilde Spielerei. Er trat auf, stand da und setzte mit festen Gesten klare Zeichen. Damit überzeugte er sofort. Diese Ehrlichkeit und Nüchternheit im Spiel bewahrte ihn davor, der déformation professionelle, unter der so viele Theaterleute leiden, zu verfallen, jener Deformation, die uns – ich komme immer wieder darauf zurück –, wenn wir nicht achtgeben, so leicht am Leben vorbeileben und unsere Erfahrungen und Existenz immer nur in der Kunst suchen und erleben lassen.

Davor bewahrte Wegener seine starke ostpreußische Natur, und wer ihn erlebte, hatte keinen Zweifel, daß jemand ein großer Schauspieler sein kann und zugleich eine selbständige, in sich selbst ruhende große Persönlichkeit, ein Mensch mit ausgeprägtem Charakter, gründlicher Bildung und klarem Kopf.

Eine gesunde, kraftvolle Lebensfreude prägte sein Wesen. Er

schrieb die Fähigkeit zu genießen groß. Essen und Trinken war für ihn weit mehr als Nahrungsaufnahme oder Verlangen nach einem Rausch. Sie machten einen wesentlichen Teil seiner Lebenskultur aus. Ihn verbanden lebenslange ernsthafte Freundschaften mit Malern und Schriftstellern, und er bezog ihre ganz anderen Erfahrungen mit der Wirklichkeit und der Kunst in sein Leben ein.

Er sammelte ostasiatische Kunst. Sein Haus barg Schätze. Trotzdem war es kein Museum. Paul Wegener lebte mit seinen Kunstwerken. Wenn seine Gäste angesichts von soviel erlesener Schönheit Beklommenheit befiel, löste der Hausherr die Befangenheit sofort durch ein freundliches Wort und leichte Hinweise.

Eines Abends – wir waren bei ihm eingeladen, weil er mit uns eine Kiste Rotwein probieren wollte, die ihm jemand geschenkt hatte – goß Wegener ein, machte mit seinem Glas einen kleinen Schwenker, und das kostbare Tischtuch hatte einen Fleck. Als Lieschen, seine Frau, aufschrie, sagte er grinsend: »Also, der erste Fleck ist von mir.« Damit war der Bann gebrochen.

Es war das Verdienst von Männern wie Wegener, Eduard von Winterstein, Legal, Felsenstein und Horst Casper, daß am ›Schiller-Theater‹ eine wirklich kollegiale Atmosphäre herrschte. Das gegenseitige politische und künstlerische Vertrauen war groß, und man gönnte den anderen Erfolge und freute sich mit. Ich erwähne das, weil es heute oft anders ist. Natürlich ist es leichter, andere anzuerkennen, wenn man selbst anerkannt wird und Erfolg hat. Wie bestrickend ist doch die Bescheidenheit des Erfolgreichen!

Heinrich George, unser »Vesuvio«, machte oft genug von seiner cholerischen Neigung zum Krach Gebrauch. Seine Ausbrüche gehörten zu ihm und störten uns nicht ernsthaft. Trotzdem konnte er gelegentlich wirklich zu laut werden. Ich hörte, wie Wegener einmal trocken zu ihm sagte: »Heinrich, können wir uns nicht mal wie Herren unterhalten?«

Mir selbst hat ein knapper Satz Paul Wegeners sehr geholfen.

Wir saßen eines Abends nach einer ›Carlos‹-Vorstellung in Gerolds Weinstuben am Knie und tranken Porter mit Sekt, Wegeners Lieblingsgetränk, das ihm als Respektsperson dort am Anfang des Krieges noch serviert wurde. Ich war damals ein sehr schmaler Knabe und neigte dazu, mich weltanschaulich zu verflüchtigen. Ich beschäftigte mich mit sehr spirituellen, wie ich meinte, hochgeistigen Dingen. Ausdruck dieser Haltung war unter anderem, daß ich kein Fleisch mehr essen und nichts Alkoholisches mehr trinken wollte. Das erzählte ich Wegener. Er musterte mich kritisch und sagte: »Du mußt die Ratten im Keller füttern . . .« Ich war verblüfft und fragte, was er meine. Er schüttelte den Kopf und sagte: »Ich sage nur, du mußt die Ratten im Keller füttern. Denk mal drüber nach.«

Ich verstand ihn sofort. Der Satz klang zwar vieldeutig, aber Wegener meinte ihn sehr direkt. Ich sollte erst einmal auf der Erde Fuß fassen und feste Wurzeln schlagen. Ich sollte nicht als Kopf auf zwei Beinen herumlaufen. Die Schauspielkunst forderte nicht nur den möglichst klugen Kopf, die Kunst forderte den ganzen vitalen Menschen. Nicht nur intellektuelle Klarheit, auch die dunklen Kräfte aus der Tiefe gehören dazu. Es gilt nur, sie zu meistern.

Eine andere Erfahrung Wegeners habe ich ebenso begriffen. Ich las sein ›Flandrisches Tagebuch 1914‹ und stieß auf die Stelle, wo er über einen sehr jungen Leutnant berichtet: der fragt seinen Vorgesetzten, einen älteren, reaktivierten Hauptmann, der im wütenden Trommelfeuer sehr blaß wird: »Haben Herr Hauptmann Angst?« Der Hauptmann antwortet: »Wenn Sie so viel Angst hätten wie ich, wären Sie schon längst weggelaufen.« Mut kann nur beweisen, wer Angst, wirkliche Angst kennt.

Ähnliches steht in vielen Kriegsbüchern. Ich bezog es auf mich und auf meine Erfahrung mit der Bühne. Es galt nicht nur die Angst, die Scheu vor dem Auftreten zu überwinden. Ich mußte sie auch produktiv machen. Ich mußte aus der Angst Sensitivität und empfindsame Kraft gewinnen. Ich mußte auch schwer mit dem aus dieser Angst herrührenden Lampenfieber kämpfen. Ich stand einmal schlotternd von diesem Fieber auf der Bühne des ›Theaters in der Saarlandstraße‹, dem Kleinen Haus der ›Volksbühne‹, als ich den Philotas spielen sollte. Da hatte ich einen Gedanken, der mir schlagartig und für immer half. Ich stellte mir die durch das Weltall rasende Erde vor – ein Fleckchen darauf ist Deutschland – ein Punkt darin Berlin – ein winzig kleiner Punkt das Theater, in dem ich jetzt zittere. Darin sitzen nur mikroskopisch erfaßbare Wesen, das Publikum. Vielleicht – und diese Absurdität tröstete mich noch ganz besonders – hängen wir alle mit dem Kopf nach unten im Raum auf der jetzt sonnenabgewandten Seite der Erde. Plötzlich kam mir angesichts solcher Dimensionen mein Lampenfieber albern und irgendwie unanständig und kindisch vor. Seit dieser Stunde ist diese Idee wie eine Meditation für mich, die mir Ruhe einflößt, bescheidene Ruhe.

Unter den vielen Kunstwerken in Wegeners Haus fristete eines ein besonderes Kümmerdasein. Es war eine Büste, die mit dem Gesicht zur Wand hinten auf einem Schrank in einem dunklen Gang stand. Es war Goebbels' Kopf, von Künstlerhand nachgeschaffen und vom Minister höchstselbst dem Schauspieler übereignet.

Wer Wegener nach dem Grund der ungewöhnlichen Verwahrung fragte, bekam die knurrige Antwort: »Der Minister muß da oben im Dunkeln stehen und nachdenken.«

Paul Wegener haßte die Goebbels-Welt, der er ausgesetzt war und der er sich nicht ganz entziehen konnte. Auch er war nicht gegen den Zwang gefeit, in Propagandafilmen mitzuwirken, und sein ostpreußisch-breites Gesicht prädestinierte ihn dazu, in Propagandafilmen russische Offiziere zu spielen.

Doch die Russen respektierten Paul Wegener. Als sie Berlin

besetzten, stellte ihm Generaloberst Bersarin, der erste Stadtkommandant, einen Schutzbrief aus. Wegener hatte Bersarin in früheren Jahren auf einer Rußlandreise kennengelernt. Jetzt ließ der Kommandant an der Haustür des Schauspielers ein großes Schild anbringen, auf dem Wegeners Bild zu sehen war und das den Soldaten der Roten Armee mitteilte, hier wohne ein bedeutender Künstler, der Bersarins Schutz genieße. Das Schild hielt nicht alle ab, zog besonders Neugierige sogar an. Einige kamen ins Haus. Wegener, der vielen Frauen aus seiner Nachbarschaft Unterschlupf gewährt hatte, trat den Eindringlingen entgegen und konnte sein Haus und seine Schützlinge bewahren. Seine erste Rolle nach dem Kriege war der Nathan. Er spielte Lessings Weisen zur Wiedereröffnung des ›Deutschen Theaters‹. Als er während einer dieser ›Nathan‹-Vorstellungen einen schlimmen Schlaganfall erlebte – halbseitig gelähmt auf einem Sofa lag –, öffnete er das eine Auge, das noch beweglich war, sah seine über ihn gebeugte, sehr viel jüngere Frau an und sagte grimmig: »Ist noch nichts mit der fröhlichen Witwenschaft!« So hat es mir Kai Möller, sein dabeistehender Kollege und Freund, erzählt.

Unsere Regisseure am ›Schiller-Theater‹ waren vor allem Ernst Legal und Walter Felsenstein. Wie zu jeder Epoche suchten sie die Klassiker neu in den Griff zu bekommen. Legal inszenierte ›Maria Stuart‹. Maria Eis spielte die Elisabeth, Maria Pierenkämpfer die schottische Königin. Ich war der Mortimer. Ich setzte auf der ersten Probe zu meiner großen Erzählung an:

»Ich zählte zwanzig Jahre, Königin,
In strengen Pflichten war ich aufgewachsen,
In finsterm Haß des Papsttums aufgesäugt,
Als mich die unbezwingliche Begierde . . .«

Schon unterbrach mich Legal und sagte listig:

»Nee nee, paß mal auf, wir machen das jetzt ganz anders. Wir machen das neu, als Kriminalstück. Also du kommst schnell raus, guckst dich vorsichtig um und sagst: ›Ich zählte zwanzig Jahre, Königin‹. Dann rennst du nach hinten, guckst nach, ob jemand kommt, rennst wieder nach vorn und sagst die nächsten beiden Sätze: ›In strengen Pflichten war ich aufgewachsen, in finsterm Haß des Papsttums aufgesäugt‹, rennst zurück, kommst wieder nach vorn zu Maria – sagst den nächsten Passus – und so durch die ganze Erzählung. Verstanden?«

Ich erlaubte mir den Einwand:

»Entschuldigen Sie, Herr Legal. Ich dachte immer, dies sei ein einziger zusammenhängender Redestrom . . .«

Aber damit machte ich keinen Eindruck. Legal erklärte:

»Nee, nee, mein Lieber. So war das früher. Das war langweilig. Jetzt machen wir's anders. Jetzt machen wir's moderner, verstehst du? Leg dir das mal zurecht, und dann kommst du morgen wieder, und wir machen's auf diese Art.«

Ich sah ein, daß das ganz interessant sein könnte, marschierte aber etwas verblüfft ab in die Kulisse. Am Platz des Feuerwehrmanns saß ein alter erfahrener Bühnenarbeiter, er grinste mich an und sagte:

»Lassen Se ma, Herr Quadflieg. Sommersprossen sind keene Jesichtspunkte.«

Diesen Satz habe ich nie vergessen. Er hat mich später oft getröstet, wenn Regisseure ungeheuer originelle Ideen und Vorschläge vorbrachten, die oft mehr ihrer Eitelkeit als dem Dichter gerecht wurden. Sonst aber habe ich mit Ernst Legal sehr gern gearbeitet. Er verstand sein Handwerk, verstand auch etwas von Menschen, war außerordentlich musikalisch, sehr gebildet, hatte komödiantischen Witz und war selbst ein erstklassiger Schauspieler.

Walter Felsenstein war mehr als zehn Jahre älter als ich. Genau genommen, gehörten wir also nicht zur selben Generation, aber damals am ›Schiller-Theater‹ waren Felsenstein und ich in ähnlichen Phasen unserer Entwicklung. Wir waren auf der Suche nach einem geistig hochgespannten, vielleicht sogar »überspannten« Theater. Wir wollten das Unbedingte, den äußersten, oft ekstatischen Ausdruck. Felsenstein geriet oft, wenn er vorspielte, in den Krampf. Es ging für den Schauspieler darum, diese Verkrampfung in echte, durchatmete Spannung zu verwandeln. Ich denke, das ist im ›Clavigo‹ und in der ›Braut von Messina‹ gelungen. Es konnte gelingen und aufregend schön sein, weil ich mit Horst Casper zusammen auf der Bühne stand.

George hatte Casper nach mir geholt. Er wollte zwei jugendliche Helden haben, von denen ihm sein Instinkt und seine Erfahrung sagten, daß sie nicht gegeneinander stehen, sondern miteinander und nebeneinander seinem Theater Ehre machen würden. Ich kann mit gutem Gewissen sagen, daß George recht behalten hat, weil Casper und ich Freunde waren. Drüben im Staatstheater spielte Gustaf Gründgens seinen Orest und seinen Hamlet. Bei uns spielten Casper den Prinzen von Homburg und ich den Carlos. Wir waren die Idole der Backfische – und jeder hatte seine auf ihn eingeschworenen fanatischen Anhänger. Ich drängte darauf, daß George Stücke gab, in denen Casper und ich zusammen spielen konnten, was dann im ›Clavigo‹ und in der ›Braut von Messina‹ geschah. Wir vertrugen uns nicht nur mühelos, wir waren neidlos und fair, und deshalb wurde unsere Freundschaft produktiv.

Horst Casper spielte sehr aus dem Gefühl heraus. Er war oft wunderbar, wenn eine Rolle in ihm zu leben und zu leuchten begann. Er hatte eine preußische Gradlinigkeit, die zugleich der Romantik fähig war, der tiefen Empfindung, die die deutsche Romantik auszeichnet. Er erfaßte seine Rolle instinktiv und spielte oft wirklich in einer Art Trance. »Es« spielte in ihm. Er durchdrang seine Figuren mit seiner ihm weitgehend unbewußten magischen Ausstrahlung. Ich arbeitete bewußter, spielte meine romanisch wirkende Beweglichkeit, meine Geschmeidigkeit der Sprache und des Körpers aus. Ich wollte mich auch nicht damit zufrieden geben, Clavigos Welt nur einfach nachzufühlen. Ich wollte herausfinden, worauf es ankam, wo wir ansetzen mußten, um den Bruch der Figur ganz klarzumachen. Ich wollte analysieren und erklären. Horst Casper nannte mich oft im Scherz »Klugimäuschen«. Wir verstanden uns so großartig, daß niemand uns gegeneinander treiben konnte. Wir erzählten uns sofort, wenn ein intriganter Kollege uns gegeneinander aufhetzen und unseren Neid wecken wollte – und lachten dann. Unser ›Clavigo‹ wurde die Sensation von Berlin. Da mochte Neugier auf die Matadoren mitwirken, aber ich bilde mir ein, daß es im wesentlichen daran lag, daß wir entscheidende Momente dieses schweren, dieses diffizilen Stückes wirklich in den Griff bekamen. Wir schafften es, die Virtuosität, in die wir uns gesteigert hatten, der Goetheschen Wahrheit dienstbar zu machen. Und Felsenstein kontrollierte und half vorbildlich und klug.

Über die Bedeutung des ›Clavigo‹ für meine ganze Existenz muß ich noch in anderem Zusammenhang sprechen.

Bevor die Theater am 1. 9. 1944 auch in Berlin geschlossen wurden, im März 1944, spielten Horst und ich unter Georges Regie den ›Urfaust‹. Ich hatte mich mit George geeinigt, daß ich erst den Mephisto, dann auch den Faust spielen sollte – in derselben Inszenierung. Zu meinem Faust spielte dann Hubert von Meyerinck den Mephisto.

Und die Berliner kamen aus der schon zerstörten Stadt in unser zerbombtes Theater. Das Bühnenhaus und der Zuschauerraum waren eingestürzt, wir hatten aus dem Foyer eine Behelfsbühne gemacht. Unsere Theaterbesessenheit war nicht angeschlagen, und die Überzeugung der Menschen, das Theater habe ihnen auch unter diesen schweren Bedingungen etwas zu geben, war nie ins Wanken geraten. Ich will nicht von Hochgefühlen sprechen, dazu waren die Umstände, unter denen wir spielen mußten und unser Publikum den Weg zu uns fand, zu hart. Ich selbst kam oft nach stundenlangem Feuerlöschen ins Theater, da ich als Luftschutzwart auch bei Bränden anderer Häuser mithelfen mußte. Ich meine, daß wir uns in dieser harten Zeit bewährten. Wir spielten Goethe, und Goethes Stück behauptete sich, hielt auch unter Bomben – und nach Brandnächten – stand.

Horst Casper ist 1952 in den Weihnachtstagen gestorben. Er war noch nicht vierzig Jahre alt. Sein Tod war für mich unfaßbar. Heute fällt mir die Vorstellung schwer, daß er hätte älter werden können. Doch das sind sehr persönliche Empfindungen, die nichts beweisen. Die Erinnerung zeigt mir diesen Menschen, wie ich mit ihm gelebt habe. Er bleibt also immer dieser liebenswerte, bescheidene Jüngling für mich, den ich nie über einen Kollegen etwas Negatives sagen hörte.

Antje Weisgerber, Caspers Frau, rief mich nach seinem Tod an und bat mich, bei der Totenfeier im ›Schiller-Theater‹ am nächsten Sonntag Gedenkworte zu sprechen. Natürlich sagte ich sofort zu, aber was sollte ich, was kann man überhaupt zum Tod, zu dem letzten Ende aller Dinge, mit armen Worten sagen! Ich flog nach Berlin und fuhr gleich zu Horst Caspers Haus. Ich hörte, daß Antje Weisgerber noch bei ihrem kranken Sohn Frank im Krankenhaus sei. Sie kam spät in der Nacht nach Hause und sagte, ihr Sohn sei soeben gestorben.

Im Sommer zuvor hatten Antje Weisgerber und ich in Salzburg im ›Jedermann‹ gespielt. Der achtjährige Frank Casper hatte die Sommerreise mitgemacht. Er war ein lebensfrisches Kerlchen, das seinem Vater mit seiner klaren Ausstrahlung sehr ähnelte. Damals hatte Frank begonnen, über Halsschmerzen zu klagen. Er litt aber nicht an einer hartnäckigen Angina, wie die Ärzte zunächst glaubten, sondern an Krebs, der ihn ein halbes Jahr später das Leben kostete.

Vor der Totenfeier fuhren Antje Weisgerber, Mathias Wieman, Wilhelm Semmelroth und ich zum Dahlemer Friedhof hinaus, wo Horst vor einigen Tagen begraben worden war. Schnee lag auf dem mit Kränzen überhäuften Grab. Als wir dort standen, wurde die Leiche des Jungen in die Totenkapelle gebracht. Dann fuhren wir zur Totenmorgenfeier ins ›Schiller-Theater‹. Ich hatte Angst vor dem Augenblick, in dem ich den Menschen im Zuschauerraum mitteilen mußte, daß in der letzten Nacht auch Frank Casper gestorben sei. Ich sagte folgendes:

»Meine sehr verehrten Anwesenden!

Verzeihen Sie mir, wenn ich mich an mein Konzept klammere, aber ich hoffe, so eher hier stehen zu können, ohne von Bewegung übermannt zu werden, wenn ich meine Worte, die ja nur ganz persönliche sein können und sein wollen, direkt an den Davongegangenen richte, zu dessen Ehren wir hier versammelt sind.

Lieber Horst Casper!

Was können Worte sagen? Wenn uns die großen Erschütterungen des Daseins wie ein Blitzschlag treffen, wenn das Herz übervoll ist, bleibt der Mund zunächst stumm. Kaum ein Sterben hat mich in meinem bisherigen Leben so im Wesenskern getroffen und angerührt wie Deines. Ich erkenne, wie tief die Schicksalsgemeinschaft ist, die Schauspieler verbindet, welche auf der Bühne wesentliche Rollenbegegnungen miteinander hatten. Ich empfinde diese Schicksalsgemeinschaft tiefer als fast alle Blutsverwandtschaft. So tief, daß mir wirklich ist, als sei ein Stück des eigenen Wesens mit hinweggenommen worden. Hier an dieser Stelle haben wir im alten ›Schiller-Theater‹ die Brüder in der ›Braut von Messina‹ gespielt, zu Deinem Beaumarchais war ich der Clavigo, und unser Heinrich George führte Regie, als wir ›Urfaust‹ und ›Mephisto‹ zusammen spielten. Für unsere Epoche warst Du der unvergleichliche Darsteller heldischer und geistgeprägter Jünglingsgestalten. Nun, da das Schicksal Dir verwehrt hat, Deinen Weg zum reifen Mann und seinen Aufgaben zu gehen, wirst Du als der Jüngling immer in unserem Gedächtnis leben. Hier höre ich Hölderlins Wort, das für keinen Schauspieler unserer Zeit gelten kann, bei Dir aber einzigartige Wahrheit ist:

›Es würde nacht und kalt auf Erden,
Und in Not verzehrte sich die Seele,
Sendeten zu Zeiten nicht die guten Götter
Solche Jünglinge, der Menschen welkend Leben zu erquicken.‹

In einem besonderen Sinne warst Du ein Einsamer, lieber Freund Horst, und über allen Deinen Bühnengestalten erlebte ich diesen Hauch von Adel und Einsamkeit, der, ganz unberührt von Deinem Bewußtsein, diese männlich reine erschütternde Strahlung ergab, die an manchen Abenden von Dir ausging. So sehe ich Dich noch unvergeßlich als Prinzen von Homburg zu Beginn auf der Bühne sitzen und den Lorbeerkranz winden, in sterneneinsamer völliger Versunkenheit. Nun bist Du in den Tagen der dreizehn heiligen Nächte von uns gegangen, und ich sage Deiner liebevollen Seele meine Grüße in die Ewigkeit nach. An der Hand hältst Du Deinen so innig geliebten Sohn Frank, der Dir heute nacht in das jenseitige Land folgte und dessen mit so großer Tapferkeit ertragene Schmerzen Dein Herz in den letzten Wochen seines Lebens so sehr bewegt haben.«

In diesem Moment standen all die vielen Menschen wie ein Mann auf, und ich brauchte lange Minuten, bis ich mich so weit gefaßt hatte, daß ich sprechen, daß ich weitersprechen konnte.

Viele Menschen weinten laut. Ich habe nie zuvor und nie danach ein Publikum so bewegt, so erschüttert gesehen. Ich sagte dann weiter:

»An der Ewigkeit gemessen, diesem einzig gültigen, unerbittlichen Maßstab, der alles an Zeit und Raum dieser Erde gebundene Tun ins rechte Licht rückt, sind der uns bleibenden Jahre nicht allzu viele. Wir alle kommen Dir bald nach. Um so tiefer kann Dein Vorausgehen uns eine Mahnung sein, die verbleibende Zeit nicht mit Geschwätz zu vertun. Ich habe am Theater keinen Menschen gekannt, der so grundsätzlich positiv und rücksichtsvoll zu seinen Mitmenschen und Kollegen stand wie Du – und das in dieser Zeit – in dieser Zeit grenzenloser Kritiksucht, die selten zu einem klaren Urteil kommt, weil sie unablässig von Vorurteil zu Vorurteil springt, lieblos und hämisch alles verdächtigen und mißverstehen will. In dieser unserer Zeit habe ich niemals von Dir ein vorschnelles, herabsetzendes Urteil gehört. Das, meine ich, besagt sehr viel. Es hat mich damals oft zum Widerspruch gereizt, ich begreife es jetzt als einen Punkt, der die Behutsamkeit und Güte Deines Wesens enthüllte, das sich sonst fast immer scheu verschloß. Bevor wir nun wieder in unseren Alltag zurückgehen, möchte ich es noch einmal aussprechen, wie tief ich Deinen frühen Tod, über alle Erschütterungen und Trauer hinaus, als Mahnung empfinde – als Mahnung für uns alle, die wir unsere Entwicklung zunächst weiterführen dürfen, die Erdenjahre mit Wesenhaftem zu erfüllen und, was uns Schauspieler angeht, mit tieferem Ernst, der immer die wahre Heiterkeit einschließt, Theater zu spielen. In diesem Sinne erlebe und erleide ich Deinen Tod, Dein Vorangehen, neige mich erschüttert vor Deinem Schicksal, weiß, daß ich Dich nie vergessen kann, und grüße Dich in Ehrfurcht und Ergriffenheit.«

Mit Horst Casper starb der Typ eines Bühnenhelden und Idols, der noch entfernt an Kainz gemahnte.

In diesem Buch sollten einige Worte über meine Erfahrungen und Erlebnisse, als Zuschauer und als Mitwirkender, mit dem Film nicht fehlen.

Meine ersten, durchaus nachhaltigen Eindrücke vom Film, vom damaligen Stummfilm, verdankte ich, wie gesagt, Darstellern wie Conrad Veidt und Douglas Fairbanks. Zu ihren aufregenden Leistungen gesellt sich in meiner Erinnerung, ich habe es schon erzählt, unverbrüchlich der Mann am Klavier, der mit seiner Kunst die Schauerdramatik untermalte, und die beiden Kanonenöfen, die Oberhausener Union-Kino rechts und links der Leinwand standen und zwischendurch nachgefüllt wurden. Und dazu gehörten die Sahnebonbons, die ich während der Vorstellung lutschte. Dies alte Kino hatte etwas Gemütliches – und zugleich ungemein Phantasieanregendes. Es war für mich einige Jahre eine Art Refugium. Die Erlebnisse, die ich gewissen Filmen verdankte, gehen mir bis heute nach. Ich möchte einige erwähnen.

Filme unleugbaren künstlerischen Ranges wie Murnaus ›Tabu‹ habe ich mir immer wieder angeschaut. Murnau hatte ›Tabu‹ 1931 für Hollywood in der Südsee gedreht. Seine Schauspieler waren Eingeborene. Er zeigte die Naturkinder in ihrer angestammten Lebenssphäre. Im ersten Teil schilderte er das Leben jener Menschen, denen eine gnädige Landschaft die Irrungen und Wirrungen zivilisatorischer Entwicklung erspart. Im zweiten Teil berichtete er vom verderblichen Einbruch unserer Zivilisation und deren angeblichen Errungenschaften in diesem Paradies.

Scharfzüngige Kritiker haben behauptet, Murnau habe den Naturkindern unsere Verhaltensweisen angedichtet und die Ideologie der bürgerlichen Filmproduktion eingeschmuggelt. Ich sah das nicht. Ich erlebte vor allem die große Glaubwürdigkeit dieser Nichtschauspieler. Ich sah einzigartige, bestechende, lebendige Bilder, die mit den Mitteln des Films eine fremde Welt vertraut machten.

Während der Nazi-Jahre habe ich dann 1938 in Schweden Chaplins ›Modern Times‹ gesehen. Chaplin hatte diesen Film 1936 gedreht, und ich begriff, daß Filmkunst, wenn ein Genie am Werk ist, mehr sein konnte, als bei uns zulande fürs erste denkbar war. Ich verließ das Kino total erschöpft vor verzweifeltem Lachen und lachender Verzweiflung. Die Entseelung der Menschen durch die Arbeit am laufenden Band, die Schrecken der kommenden Automation wurden auf grausig-komische Weise lebendig. In Deutschland war der Film des Juden Chaplin verboten; über unser Tun oder Lassen wachten der Propagandaminister Goebbels und sein Reichsfilmdramaturg.

Welche Art von Film dieses Regime wollte, sagte dieser Dramaturg Hippler im Jahre 1941, nach schon beträchtlicher Praxis, bündig genug:

»Im Vergleich zu den andern Künsten ist der Film durch seine Eigenschaft, primär auf das Optische und Gefühlsmäßige, also auf Nichtintellektuelle einzuwirken, massenpsychologisch und propagandistisch von besonders eindringlicher und nachhaltiger Wirkung. Er beeinflußt nicht nur die Meinung exklusiver Kreise von Kunstkennern, sondern er erfaßt die breiten Massen. Er erzielt damit Wirkungen, die oft nachhaltiger sein können als die von Schule und Kirche, ja sogar von Buch, Presse und Rundfunk. Es wäre daher auch aus ganz außerkünstlerischen Gründen geradezu frevelhaft und leichtsinnig (und es würde auch keineswegs im Interesse der Filmkunst selbst liegen), wenn ein verantwortungsbewußtes Staatsregiment sich des Führungsanspruchs über dieses wichtige Element begeben würde.«

Das Staatsregiment wußte, wie es seinen Führungsanspruch in die Tat umsetzen konnte. Es verordnete Unterhaltung, die das Volk vom Nachdenken abhalten und von Widrigkeiten ablenken sollte. Es verordnete politisch-ideologische Aufrüstung, die den Kadavergehorsam als heroisches Nonplusultra plausibel machen sollte.

Es gab durchaus Kollegen, die sich als »Soldaten der Kunst« fühlten und sich auf Hitlers Satz beriefen: »Die Kunst ist eine erhabene und zum Fanatismus verpflichtende Mission ...«

Alle verpflichtete das ›Lichtspielgesetz‹ vom 16. Februar 1934 dazu, die gesamte Filmproduktion »nach den Bedürfnissen der Nation« auszurichten, und welche Bedürfnisse die Nation hatte, bestimmten die Machthaber. Sie ließen einen weiten Spielraum, dosierten Propagandaeffekte sehr geschickt, und so trachteten die meisten Filmleute – das ist jedenfalls meine Erfahrung auch an mir selbst – vor allem danach, zu filmen, über die Runden zu kommen, Erfolg zu haben und natürlich Geld zu verdienen.

Der erste Film, zu dem man mich holte, war ›Der Maulkorb‹. Es handelte sich um Heinrich Spoerls Geschichte vom Staatsanwalt, der im Suff dem Standbild seines erhabenen Landesvaters einen »richtiggehenden, großen ledernen Maulkorb« umhängt. Weil der Staatsanwalt von Treskow am nächsten Morgen von seiner Untat keine Ahnung mehr hat, setzt er mit Macht die Mühlen der preußischen Justiz in Gang und verhört mit unerbittlicher Strenge unter anderen den jungen Maler, der in der Nacht Augenzeuge seiner Tat war. Gegen die Geschichte war nichts zu sagen. Thematisch war sie eine entfernte Anleihe bei Kleist. ›Der zerbrochene Krug‹ feierte als niederrheinische Kräwinkeliade fröhliche Urständ.

Ich hatte dennoch in der Rolle des Künstlers Rabanus meine Schwierigkeiten. Die Tobis, die den Film produzierte, hatte von vornherein an einen anderen, schon populären Schauspieler gedacht. Aber der Regisseur, Erich Engel, bestand darauf, daß ich den Maler spielte. Nach den ersten Probeaufnahmen hatte dann auch Engel Bedenken: Ich sah mit meinem dunklen Haar und meinen dunklen Augenbrauen, wie der Produktionsleiter sich ausdrückte: zu »dämonisch« und wie ein Verschwörer aus. Also wurde ich blond gefärbt. Die Kalamität war damit nicht aus der

Welt, denn ich verkrampfte mich völlig, sobald die Kamera zu surren begann. Wenn die Klappe gefallen war, verlor ich sofort die simple Fähigkeit, natürlich und normal zu agieren. Engel gab sich alle Mühe, meine Verspanntheit zu lösen. Er war ein glänzender, sehr kluger Spielleiter, aber er richtete nichts aus. Ich merkte selbst, wie schlecht ich war. Ich wurde nach dem frühen Aufstehen um 6 Uhr nie richtig wach. Dann, eines Drehtages, kam eine Szene, in der ich zu duschen hatte. Das kalte Wasser munterte mich auf und entkrampfte mich; auf einmal spielte ich die nächste Szene locker und frisch. Der Produktionsleiter staunte und sagte:

»Menschenskind, jetzt sind Sie ja endlich mal natürlich.«

Dieser Satz war ein Schock, mir wurde endgültig bewußt, wie wenig Brauchbares ich bisher geliefert hatte. Es hatte aber für mich Anfänger auch zu schwierig begonnen, da meine beiden ersten Drehtage aus Lachen bestanden. Ich hatte über den Staatsanwalt, der mich über seine eigene Tat verhörte, zu lachen. Bei den Großaufnahmen des ersten Drehtages war die Kamera natürlich auf den Star Ralph Arthur Roberts gerichtet. Ich hatte ihm erst leise und verhalten, dann immer schallender lachend Stichworte und Anlaß zu seiner wachsenden Empörung über diesen unverschämten Zeugen zu liefern. Da man bekanntlich mit dem Zwerchfell lacht, war ich am Ende dieses Lachdrehtages total erschöpft. Als nun am nächsten Tag die Kamera ihr unerbittliches Auge auf mich richtete und das Mikrofon vor mir schwebte, um mein Gelächter groß zu erfassen, war mir keine natürliche Lachreaktion mehr zu entlocken. Mein Mangel an Routine und Zwerchfellkraft (hätte ich mich doch tags zuvor geschont!!) war evident. Ich konnte nur noch mit dem Gesicht – nicht mehr aus der Mitte heraus und schon gar nicht mehr glaubhaft herzhaft und schallend – lachen und fuhr völlig verzweifelt nach Hause.

Unabhängig davon war es dann für mich eine große Enttäuschung, mich auf der Leinwand zu sehen. Ich fand diesen blonden

Menschen da oben fad, langweilig und nichtssagend. Sprachlich konnte ich mich einigermaßen gelten lassen, aber ich merkte nur zu gut, daß der Mann da auf der Leinwand nicht locker und einfach und glaubhaft war. Ich sagte mir:

»Das da bist also du. Das mußt du ja sein – jung und hübsch und glatt und sonst reichlich nichtssagend.«

Von meiner Idee, von meinem Wunsch, ein Charakterspieler zu sein, war für mein Urteil wenig sichtbar geworden. Beim nächsten Film, ›Liebelei und Liebe‹, kam es noch schlimmer. Ich war so nervös, daß man nach zwei Drehtagen umbesetzte und mich auszahlte. Ich war völlig niedergeschlagen und mein Selbstgefühl ausgelöscht.

Mein Versagen sprach sich herum, und ich bekam zwei Jahre lang kein Filmangebot mehr, bis mich der alte Carl Froelich für den Film ›Das Herz der Königin‹ engagierte. Diese Arbeit hat mir sehr geholfen. Der Film war geballter Kitsch, Zarah Leander als Maria Stuart war schon eine sonderbare Besetzung. Aber Carl Froelich, damals Präsident der Reichsfilmkammer, führte sehr sorgsam Regie, und mich interessierte weniger der Stoff als die Erfahrung, die ich bei den Dreharbeiten sammeln konnte. Ursprünglich war ich für den Sänger Riccio vorgesehen. Dann sah Froelich meine Probeaufnahmen und sagte:

»Mensch, du siehst ja wahnsinnig jung aus. Du siehst ja aus wie ein Kind. Für den Riccio finden wir leichter jemand. Du spielst den Pagen.«

Also spielte ich den Pagen und war an sechsunddreißig Drehtagen irgendwo im Blickwinkel der Kamera und konnte mich in aller Ruhe mit dem Metier vertraut machen. Ich verlor die Angst vor diesem surrenden Ding und erwarb mir die Profi-Gelassenheit, die man im Atelier braucht.

Eine Szene während der Dreharbeiten ist mir noch genau in Erinnerung. Der Page, also ich, sollte erschlagen werden. Er sollte sich für seine Königin opfern und mit letzter Kraft zu ihr hinkriechen, um zu ihren Füßen sein Leben auszuhauchen.

Wir knobelten und tiftelten ziemlich lange an der Szene herum, um ihr den gröbsten Kitsch zu nehmen und einen leidlich sprechbaren Text zu finden. Harald Braun, Froelichs Regieassistent, der später viele anständige Filme gedreht hat, machte Vorschläge, ich gab meinen Senf dazu, und Froelich erwog die Sache hin und her. Darüber begann die Mittagspause, und die ›BZ‹ wurde gebracht. Zarah Leander griff sich das Blatt, setzte sich die Brille auf die Nase und sich selbst im Prunkkleid breitbeinig auf die Empore, auf der das königliche Prunkbett stand. Welt- oder besser: filmvergessen studierte Maria Stuart die jüngsten Neuigkeiten aus Berlin. Froelich sah zu ihr hinüber, runzelte die Stirn und sagte:

»Da sitzt se nu, die jroße, dicke Frau, un liest die ›BZ‹, un jleich soll se de Sterbeszene spieln. – Det jeht doch nich.«

Soviel Kaltschnäuzigkeit schien selbst dem alten Profi Froelich nicht das Richtige.

Dann holte mich Georg Jacoby 1940 für ›Kora Terry‹. Das war ein Revuefilm, in dem Marika Rökk die Doppelrolle der Terry-Schwestern spielte. Die ältere Schwester, Kora, war feurig, ausgelassen und ein grenzenlos leichtsinniges Biest. Die andere Schwester, Mara, war unsagbar edel und sanft und litt, ohne zu klagen. Ich selbst hatte ein Schicksal frei nach Professor Unrat zu verkörpern. Ich war ein Geiger, ein begabter junger Virtuose, der aus Liebe zu Kora abrutscht, ihr nachreist und seine Kunst vernachlässigt. Zum Schluß durfte ich mich besinnen und edel und geläutert zu mir selber und zur großen Kunst zurückfinden.

Die Rolle war nicht schlecht, und als ich den Film nach dem ersten Schnitt gesehen hatte, war ich ganz zufrieden, denn nach meinen Mißerfolgen schien das eine Sache, die ich vorzeigen konnte. Aber Marikas Gatten, dem Regisseur, war meine Figur zu stark in den Vordergrund getreten. Marika war natürlich wichtiger und ich nur ein unbekannter, ganz nett aussehender Partner, mehr nicht. Er ließ den Film völlig umschneiden: Der Star war wichtig, und Marika Rökks Wirkung mußte alles andere radikal untergeordnet werden. Der Umschnitt war so total, daß ich mich bei der Premiere im Tauentzien-Palast kaum wiederfand. Fast alle meine Großaufnahmen waren raus. Mein Text war auf das Nötigste gekappt. Es war gerade noch zu erkennen, wie mir schien, daß es mich überhaupt gab.

Trotzdem muß ich Eindruck gemacht haben, denn ›Kora Terry‹ war der Anfang einer speziellen Karriere in der Filmbranche: Ich wurde der Geiger des deutschen Films: Zunächst spielte ich einen Geiger in Paul Verhoevens ›Philharmoniker‹. Das war auch so ein aus Liebesleidenschaft abgerutschter Typ. Dann spielte ich die Hauptrolle in der ›Zaubergeige‹, die Herbert Maisch drehte und die mir in diesem Genre endlich wirklich Freude machte. Wochenlang übte ich mit einem eingeseiften Bogen unter Leitung eines Konzertmeisters die Strichfolgen der Chaconne von Bach und des Violinkonzerts von Brahms und brachte es so weit, daß ich mir selbst bei der Vorführung das Geigenspiel glaubte. Nach dem Krieg kam dann noch einmal Arthur Braun mit dem Zigeuner-Geiger in ›Schwarze Augen‹. Als Gustaf Gründgens mich schließlich bat, auch noch auf dem Theater, im Deutschen Schauspielhaus, in Hamsuns ›Vom Teufel geholt‹ den Geiger zu spielen, habe ich mich geweigert. Gründgens verstand schnell, warum ich keine Lust hatte, wieder eine solche Rolle zu spielen. Ich schlug Gründgens vor, lieber den schmierigen Liebhaber in Hamsuns Stück zu spielen. Den Geiger übernahm Richard Münch.

Die ›Zaubergeige‹ war insofern eine Ausnahme unter diesen Rollen, weil da jemand aus musikalischer Besessenheit sein Schicksal an eine Geige, an eine Stradivari hängt und die Violine nicht nur dazu dient, einen Charakter irgendwie interessant zu machen. Die Geschichte war einfach und überzeugend: Ein junger Geiger sieht in einem Museum eine Stradivari. Er ist überzeugt, daß ein so kostbares Ding nicht im Museum verstauben darf, sondern gespielt werden muß. Darum läßt er sich nachts mit dem Gegenstand aller seiner Wünsche im Museum einschließen und stiehlt ihn.

Es war wirklich eine schöne Rolle, und sie wurde ein sehr großer Erfolg. Um ihn zu verstehen, muß man die Zeit in Rechnung stellen. Es war Krieg. Die Menschen waren von Not und Tod bedroht. Wer ihnen unter diesen Umständen eine einfache, zu Herzen gehende Geschichte zeigte, war ihr Freund. Die Umstände, unter denen Menschen Filme sehen und Radio hören, Rezitationen oder Theaterstücke aufnehmen, sind entscheidend für Tiefenschärfe und nachhaltige Eindruckskraft des Aufgenommenen. Oft erzählte man mir mündlich oder in Briefen, daß Filme, im Frontkino oder in Lazaretten gesehen, daß Theater oder Dichterlesungen während des Krieges oder in den schweren Nachkriegsjahren eine innere Bedeutung für die Aufnehmenden bekamen, die sie ihr Leben lang begleitete und durch nichts Folgendes verwischt werden konnte.

In der ›Zaubergeige‹ ging Herbert Maisch mit Feinsinn und Intensität an die Arbeit. Ich folgte ihm, auch wenn er mich oft zu sehr in die Ekstase trieb. Der Krampf, der mich anfangs beim Filmen befallen hatte, war überwunden. Ich hatte gelernt, mich vor der Kamera einfach und natürlich zu bewegen.

Mit Heinrich George machte ich dann zwei Filme: ›Schicksal‹ und ›Der große Schatten‹. Beide Male lag mir viel an der Arbeit, denn seine direkte Art, sein instinktsicherer Griff nach der Rolle waren vor der Kamera ebenso lehrreich wie auf der Bühne.

In ›Schicksal‹ war George der Erzieher zweier bulgarischer Fürstenkinder. Ich war der Fürstensohn in dieser rührenden Geschichte, und es wurde viel Herzblut vergossen. Wir drehten teilweise auf der Burg in Kufstein, und wir hatten dort einige ruhige Nächte – ohne Fliegeralarm.

Der wichtigere Film war ›Der große Schatten‹: Heinrich George war der Prinzipal und Schauspieler Schröder, der Unglück mit seiner Geliebten und seiner Tochter hat. Ein junger Schauspieler verführt die Tochter und heiratet dann nicht sie, sondern die Geliebte seines Prinzipals. Die Truppe spielt gerade Calderóns ›Richter von Zalamea‹, also jenes Stück, in dem der Hauptmann Alvaro die Tochter des Richters Crespo vergewaltigt. Effektvolle Überschneidungen von Bühnen- und Lebensrealität bewirken, daß Crespo-Schröder während einer Aufführung die Beherrschung verliert, den Darsteller des Alvaro am Hals packt und ihn würgt, bis man beide auseinanderreißt. Den Schauspieler und Darsteller des Alvaro im Film-Calderón spielte ich, und wie bei der Arbeit am ›Schicksal‹ erlebte ich es, wie George auch vor der Kamera seine eigenste Kraft, seine Ich-Substanz direkt in die Rolle hineingab. Am besten gelang ihm dies, meine ich, im ›Postmeister‹, den Gustav Ucicky mit ihm 1940 nach Puschkins Novelle drehte.

Zweimal wurde ich zu Propaganda-Filmen kommandiert: 1941 zu ›Mein Leben für Irland‹ und 1942 zu ›GPU‹. Natürlich sah ich klar, worum es ging und um welche Themen es sich handelte. Aber es war so gut wie unmöglich, nein zu sagen. Als »Soldat an der Heimatfront« hatte man zu tun, was der Herr Minister befahl.

Ich hatte mich von allen offiziellen Veranstaltungen so weit wie möglich fern gehalten. Ich war nicht in die Partei eingetreten, und wenn peinliche Einladungen kamen – zum Beispiel zum Nürnberger Reichsparteitag –, vergaß ich sie einfach. Ich stand noch nicht so weit vorn, nicht so sehr im Licht der Öffentlichkeit, daß ich mir diesen simplen Trick nicht hätte erlauben können. Trotzdem hatte Goebbels geruht, mich zur Kenntnis zu nehmen und sich Gedanken über mich zu machen. Als man mich für die Hauptrolle in der ›Zaubergeige‹ vorschlug, zeigte er sich einverstanden, bemerkte aber, ich müsse die Mephistospitze meines Haaransatzes wegrasieren.

Um derlei Kleinigkeiten also war der allmächtige Minister besorgt. Ein einziges Mal sah ich ihn bei einem Appell nach der Ausbombung des ›Schiller-Theaters‹ im ›Renaissance-Theater‹. Er verschwendete genau ein halbes Dutzend Wörter an mich und sagte im Vorbeigehen:

»Morgen, Quadflieg, wie geht es Ihnen?«

Er hatte angeordnet, daß ich in den Propagandafilmen ›Mein Leben für Irland‹ und ›GPU‹ die idealistischen Jünglinge zu spielen hatte.

Mit den Engländern hatte die NS-Propaganda ihre Schwierigkeiten. Jenseits des Kanals saßen ja »germanische Brüder« und keine »slawischen Untermenschen«. Als Hitlers Liebeswerben um England zu keinem Ergebnis geführt hatte, bemühte sich Goebbels, von 1940 an, den Engländern nur noch Schändlichkeiten anzuhängen. Konflikte anderer Völker mit der britischen Krone kamen ihm für diesen Zweck sehr recht, und der irische Freiheitskampf war ein äußerst brauchbares Beispiel aus dem Geschichtsbuch.

Der Film ›Mein Leben für Irland‹ handelte von blutigen Ereignissen in den Jahren 1903 und 1921: In der Vorgeschichte von 1903 fangen die Engländer den irischen Rebellen Michael O'Brien. Der Freiheitsheld heiratet kurz vor seiner Hinrichtung seine Freundin Maeve Fleming, die ein Kind von ihm erwartet.

Michael O'Brien war Werner Hinz. Maeve Fleming war Anna Dammann. Michael O'Brien jr., der dann zum Zögling des englischen Saint-Enda-College herangewachsene Sohn des tragischen Paares, hatte ich zu sein.

In der Folge-Geschichte halten die jungen Iren auf dem College einen ihrer Landsleute für einen Verräter. Sie tauchen ihn im Schwimmbad unter, bis er fast ertrinkt, um die Wahrheit aus ihm herauszuzwingen. Tatsächlich ist der unglückliche Student ohne Absicht zum Zuträger der Besatzer geworden, hat aber allen weiteren Ansinnen nach ehrenrührigem Verhalten mannhaft widerstanden. Vor seinen Kameraden schweigt er nur, weil er den Rebellen draußen geschworen hat, daß kein Sterbenswort mehr über seine Lippen kommen werde. Er redet erst, als ihn eine englische Kugel getroffen hat, und dann hatte ich ihm als Michael O'Brien jr. zu sagen:

»Du hast mehr als dein Leben, du hast deine Ehre gegeben.«

Diese heroische Geschichte wurde mit viel Aufwand inszeniert. Für die Kampfszenen hatte man erbeutete englische Tanks zur Verfügung und scheute auch sonst keine Mühe, die Blutbäder so überzeugend wie möglich zu schildern.

Später hat der Kameramann Richard Angst über einen gräßlichen Vorfall berichtet, für den ich mich allerdings nicht verbürgen kann:

Angeblich wurde der Sprengstoffspezialist, der für den letzten Kampf der Rebellen Minen auslegen mußte, mitten aus dieser Arbeit zum Militär geholt. Er hinterließ unvollständige Anweisungen. Als dann bei den Dreharbeiten Hunderte Statisten zum Sturm antraten, liefen einige von ihnen auf die Sprengsätze und wurden zerrissen oder verletzt. Am Schneidetisch aber machte es keinen Unterschied, ob die Leute ihren Tod spielten oder wirklich starben, und so wurde die Filmgeschichte um ein blutiges Ereignis bereichert.

Der Zwischenfall wurde totgeschwiegen. Die Szenen kamen in den Film. Außer den Augenzeugen erfuhr niemand etwas davon.

In aller Herrgottsfrühe holte mich ein Auto nach Babelsberg. Den ganzen Tag über stand ich im Atelier. Abends spielte ich in diesen sechs Wochen an der ›Volksbühne‹ den Romeo en suite – samstags und sonntags zweimal. Nachts kamen die Engländer, und ich ging mit meinem Hund in den Keller, wo ich sofort weiterschlief. Meine Frau war evakuiert. Einmal sagte der Kameramann Richard Angst zu mir:

»Ich kann dich nicht mehr fotografieren. Du siehst aus wie dein eigener Großvater.«

Wochenlang ohne rechten Schlaf, filmend und allabendlich spielend, sah ich zu erschöpft aus.

›GPU‹ war der härteste antikommunistische Propagandafilm, der zur Nazi-Zeit gedreht wurde: ein Polit-Reißer! Regisseur war Karl Ritter, der sein Handwerk verstand und keine Wirkung ausließ: Eine Baltin findet den GPU-Mann, der ihre Familie umgebracht hat, entreißt ihm zwei junge Leute, die er schon fest im Griff hat, und liefert ihn schließlich der Mordmaschinerie seiner eigenen Organisation aus.

Ich war ein baltischer Student, den der GPU-Chef zu einem Attentat veranlaßt hat und der schließlich – den Bemühungen seiner Wohltäterin zum Trotz – in der Folterkammer der Rotterdamer sowjetischen Handelsvertretung scheußliche Qualen durchstehen muß.

Von diesen Qualen bekam ich durchaus einen, wenn auch kurzen Begriff. Einmal wurde ich in einen Kasten gesperrt, in dem man eingeklemmt nur hocken konnte. Ich mußte laut Drehbuch, darin ohnmächtig werden, wurde dann herausgekippt und mit Wasser übergossen. Natürlich saß ich bei der Aufnahme immer nur wenige Minuten und nicht Stunden in dem Ding, wie es dann das Filmpublikum glauben sollte. Aber es reichte mir auch so, um zu begreifen, daß Menschen bei solchen und ähnlichen Torturen gegen ihren Willen zu reden anfangen. Was ich nicht begriff, war, wo ein Unterschied zwischen der GPU und der Gestapo sein sollte. –

Nach dem Krieg war es mit meiner Arbeit als Filmschauspieler jäh zu Ende. In verschiedenen Filmen sah ich James Mason. Charakterrollen, wie er sie spielte, hätte ich mir gewünscht. Leider bot sie mir niemand an. Bei uns hatten O. W. Fischer und Curd Jürgens als Ostmärker und »Beutegermanen« Hochkonjunktur;

aber ich beneidete sie wenig, weil die deutschen Nachkriegsfilme mir, auch wenn ich beteiligt war, wenig imponierten.

Da drehte z. B. Gustav Fröhlich mit Ewald Balser, Otto Gebühr, Sybille Schmitz und mir den Film: ›Die Lüge‹. Ich war ein etwas perfider Knabe, der einem älteren Mann die Frau wegzunehmen hatte. Höhepunkt des menschlichen Dramas war ein Ballonabsturz in die Nordsee. Besondere Qualitäten hatte die Geschichte nicht, aber immerhin lernte ich, wie es sein muß, wenn man ertrinkt.

Wir drehten in Berlin in einem Atelier, das ein großes Wasserbecken hatte. Windmaschinen sorgten für Sturm, Feuerwehr für Wassermassen der hochgepeitschten Meereswellen, und ich mußte in einer Fliegerkombination in die schmutzigen kalten Fluten stürzen, weil der Film-Ehemann, der mir auf die Schliche gekommen war, die Ballonhaltegurte rachelüstern durchschnitt. Die Sache lief programmgemäß. Nur hatte niemand daran gedacht, daß sich mein pelzgefütterter Fliegeranzug sofort mit Wasser vollsaugen und ich Schwierigkeiten haben könnte, wieder an die Oberfläche zu kommen. Ich selbst war auch nicht darauf verfallen, aber ich merkte es schnell genug. Nach dem Sturz ins Wasser, stand ich auf dem Boden des drei Meter tiefen Beckens und konnte nicht hochkommen. Ich watete durch die trübe kalte Brühe zum Rand des Bassins, sprang hoch und konnte eine Kante fassen und mich hochziehen. Die Luft reichte gerade noch. Oben war man sehr erstaunt, als ich halb ohnmächtig hochkam, denn in dem Trubel und bei dem enormen technischen Aufwand war es niemandem recht aufgefallen, daß ich in Lebensgefahr gewesen war und fast ertrunken wäre.

Ernsthafte Zweifel an der Filmerei, aus denen ich dann meine Konsequenzen zog, kamen mir bei ›San Salvatore‹. Ich spielte einen Chirurgen, und mein Partner war Dieter Borsche. Eine Operations-Szene wurde an einem Sonntagmorgen im Operationssaal der Münchener Charité gedreht. Nebenan operierten die wirklichen Charité-Ärzte, die bei unseren Aufnahmen assistierten, ein wirkliches Unfall-Opfer, das plötzlich eingeliefert worden war. Der Mann starb. Das versetzte mir eine Art Schock. Ich fragte mich, was wir da eigentlich taten. Es schien mir etwas anderes zu sein, in dieser absoluten Wirklichkeit eines Operationssaals medizinische Handgriffe vorzutäuschen, als auf der Bühne zu stehen. Es war etwas völlig anderes, als im Theater einen Arzt zu spielen. Im Theater gilt die freie Verabredung zwischen Schauspieler und Publikum, und damit ist alles klar. Im Film ergaben sich plötzlich so fatale Überschneidungen, daß mir diese Verabredung gefährdet schien. Mit dem Publikum hatte mein Unbehagen nichts zu tun. Dieses Unbehagen hatten der echte Operationssaal und der Tod, der nicht gespielte Tod bewirkt. Die Filmerei, nicht nur in diesem billigen, auf Effekten aufgebauten Film, schien mir plötzlich fragwürdig und verlogen.

Ich kam zu dem Ergebnis, daß ich das Theater als ein ehrliches Handwerk empfand und daß ich andere Filme machen wollte als in dieser Art oder gar keine. Warum erzählte ich das? Ich habe einen Teil meiner besten Jahre mit diesen unqualifizierten Albernheiten vertan. Sie wurden gut bezahlt, und brachten eine gewisse Popularität. Diese half mir, als Rezitator mit anspruchsvollen Programmen einen größeren Kreis von Menschen anzuziehen – und an Wesentlicheres heranzuführen. Diesen Sinn akzeptiere ich.

Ich habe mit fast allen großen Theaterregisseuren meiner Zeit und meiner Sprache gearbeitet. Im Film hatte ich leider nur einmal das Glück, einem der wirklich Großen zu begegnen. Max Ophüls drehte ›Lola Montez‹, und holte mich für den Liszt. Ganz abgesehen davon, wie Ophüls die Geschichte anging, wie er alle filmischen Mittel souverän einsetzte, war er für den Schauspieler ein großartiger Mentor. Er führte ganz behutsam, fast nebenbei an die jeweilige Situation heran. Er ermutigte und brachte mich mit seinen Vorschlägen, die oft nur Andeutungen waren, mühelos auf den Weg, den er im Sinn hatte. An ihm – leider an ihm allein – habe ich begriffen, was Filmregie sein kann. Das einzig schwierige war, daß wir den Film in drei Versionen auch gleich noch mit englischem und französischem Text drehen mußten. Das wurde dann trotzdem noch synchronisiert, aber es war Ophüls wichtig, daß die Mundstellungen der jeweiligen Sprache stimmten.

Leider starb Ophüls früh, und aus seinen schönen Plänen wurde nichts: Er wollte, nach Oliviers britischem Beispiel, die deutschen Klassiker verfilmen, u. a. den ›Egmont‹. Er erzählte mir die Enthauptungsszene auf dem Brüsseler Marktplatz in genauen Details. Ich bin sicher, daß Ophüls einen Weg gefunden hätte, den Klassikern filmisch gerecht zu werden.

Dem ›Faust‹-Film, der Aufzeichnung der Hamburger Gründgens-Inszenierung, war natürlich ein anderer Rahmen vorgezeichnet, als Ophüls ihn für seine Klassiker-Filme dachte. Da wurde Theater abgelichtet, und mehr war nicht geplant. Trotzdem machte der Unterschied zwischen den Medien uns schwer zu schaffen. Faust ist ja ein ungeheuer redseliger Mensch, und es ist eine beträchtliche Aufgabe, in einer so optisch bestimmten Materie diese Verse, diese Reime mit Leben zu erfüllen. Wenn man ihren Sinn ganz erschließen wollte, müßte man jeden einzelnen Satz zelebrieren. Das klänge im Film absurd und albern. Film will immer »natürlich« sein. Auf der Bühne so ungestuft und unakzentuiert dargeboten, erschlüge sich der ›Faust‹ wie jedes andere Stück selbst. Dort geben wir den Schwingungen der Sprache und ihrem geistigen Rhythmus ihr Recht. Das tun wir mit deutlichen legitimen Mitteln, die der Theaterraum fordert. Diese Selbstverständlichkeiten erweisen sich schlagartig als problematisch, wenn wir daran gehen, eine Theateraufführung auf Zelluloid zu bannen, und wenn Kamera und Mikrofon uns auf den Leib rücken. Ich hatte bei der ›Faust‹-Aufzeichnung Angst vor dem Pathos, vor jeder

Überbetonung. Um diese Fehler um jeden Preis zu vermeiden, sprach ich viel zu schnell, zu fließend. Ich behandelte den Text, als wäre es Alltagsdeutsch. Ich reduzierte den Faust auf einen gescheiten Mann, der vom Frühstück bis zum Schlafengehen ununterbrochen mit geistreichen, unerhörten Wahrheiten um sich wirft. – Damit verpaßte ich, ohne rechte Regiekontrolle, die besonderen Wirkungsmöglichkeiten, die die Kamera geboten hätte – und war in den großen Monologen weder prägnant noch glaubhaft, wie mir beim ersten Anschauen des Ganzen klar wurde. Auch Gründgens war nicht zufrieden, weder mit sich noch mit dem ganzen Unternehmen. Er war verständlicherweise sehr mit sich selbst beschäftigt, und die große Wachheit, mit der er sonst inszenierte, konnte diesmal nicht effektiv in Erscheinung treten. Es gelang uns nicht recht, die Aufführung so zu diminuieren, umzudenken und zu konzentrieren, wie es die Filmgesetze verlangen. Wir haben es alle bedauert und uns ein wenig damit getröstet, daß diese Verfilmung immerhin im Abglanz festhielt, was sich mit keinem anderen Mittel festhalten läßt: eine große Theaterinszenierung.

Der Film hat seine eigenen Gesetze, und er hat seine eigene Entwicklungsgeschichte. Als ich aus diesem Geschäft nach meiner Erfahrung mit ›San Salvatore‹ ausstieg, war fürs nächste wenig zu hoffen. Die Entwicklung des deutschen Films ging trübe Wege. Das Fernsehen hielt die Leute in ihren Stuben. Das war neu, war bequem – und der Film ging in die Porno-Abgründe, die das Fernsehen nicht bieten konnte. Inzwischen gibt es neue Ansätze, die ernst genommen werden wollen. Ich beobachte sie mit Interesse und hoffe sehr, daß sich die Erwartungen bestätigen. Ich will gern dabei sein, wenn das Thema und der künstlerische Plan stimmen und ich da hineinpasse. Was für den Film gilt, gilt aus meiner Sicht auch fürs Fernsehen: die besonderen Gesetze dieses Mediums sind äußerst reizvoll, und meine Erfahrungen, die ich bei Fernsehinszenierungen von Strindbergs ›Totentanz‹, von Wedekinds ›Kammersänger‹ und Sartres ›Fliegen‹ gemacht habe, waren mehr als interessant und lehrreich. Ich habe auch mit ebensoviel Vergnügen in Krimis gespielt, wie ich mir gute Kriminalfilme im Fernsehen ansehe. Diese modernen Märchen, die die Krimis darstellen, haben eine wichtige Funktion in unserer Zeitsituation zunehmender Kriminalität und der damit wachsenden Angst der Menschen. Welch große Beruhigung ist es immer wieder, daß der Kommissar den Verbrecher schon finden, die Gefahr also bannen wird.

Ich mußte das meiner jüngsten Tochter vor Jahren einmal energisch brieflich klarmachen, als sie es für nötig hielt, mir vorzuwerfen, daß ich nun leider meine künstlerische Linie und Würde verloren hätte, weil ich bei Jürgen Roland einen Krimi machte.

Entschieden wichtiger ist die Frage der Politik im Theater.

Gustaf Gründgens hat im Jahre 1946 in der Zeitschrift ›Berliner Hefte‹ einen Aufsatz ›Zur Soziologie des deutschen Schauspielers‹ veröffentlicht. Er fragte darin vor allem nach der politischen Stellung der Theaterleute. Unter anderem sagte er damals:

»Der deutsche Schauspieler in seiner Gesamtheit war politisch uninteressiert. Aktiv politische Schauspieler hat es immer nur wenige gegeben. (Ich weiß nicht, ob das in allen Ländern das gleiche ist.) Es hat vor 1933 nur wenige kommunistische Schauspieler gegeben, und es hat nach 1933 nicht viele faschistische Schauspieler gegeben. Im Vordergrund hat für den Schauspieler die Kunst gestanden, oder besser gesagt, die gute Rolle, die interessante schauspielerische Aufgabe. Diesen Mangel an politischer Erziehung teilte der deutsche Schauspieler mit dem gesamten deutschen Volk. Heute ist zwar bei den meisten Künstlern die Erkenntnis da, daß das falsch war. Aber die tiefe Müdigkeit und Depression nach den Jahren des Elends liegen wie Blei in den

Gliedern der Künstler, die erst wieder zu politischer Aktivität aufgerüttelt werden müßten. Deshalb ist es von entscheidender Bedeutung, welche Dichtungen heute in Deutschland gespielt werden, denn es ist meine Meinung, daß man den deutschen Schauspieler, wie er nun heute ist, nur auf dem Wege über die Kunst politisch aktivieren kann.«

Und 1949 kam Gründgens zu dem Ergebnis:

»Die Schauspielerschaft ist immer ein Instrument und bisher noch nicht ein politischer Faktor gewesen . . .«

Das hat sich nun grundlegend geändert. Und das ist gut. Schauspieler beziehen heute deutlich und engagiert politische Stellung. Es ist so lange gut, als die Schauspieler *nicht nur* – um die Formulierung von Gründgens umzukehren – über die Politik zur Kunst aktiviert werden. Das ist eine heutzutage entscheidende Problematik. Da stehen sich im Theater zwei Welten gegenüber.

Solange der Schauspieler arbeitet, ist er mit »Stücken« beschäftigt, und dieses Wort verrät mehr, als wir ihm für gewöhnlich entnehmen: Stücke sind Ausschnitte, Teilansichten der Wirklichkeit, die ihre eigene Realität haben. Nicht die oft zitierten »Bretter« bedeuten die Welt, sondern die geformte Fabel erhebt diesen Anspruch. Natürlich weiß jedermann, daß nicht jedesmal die ganze Welt gemeint ist. Der Schauspieler aber, der in einer Hauptrolle ein Stück viele Wochen probiert und es dann fünfzigmal oder hundertmal spielt, ist voll gefordert. Er ist vielen öffentlichen Angelegenheiten weitgehend entzogen, weil er dafür einfach keine Zeit hat. Während ein Stück läuft, sind meist die Proben für das nächste Stück schon im Gange. Die Ablenkung von allem, was nicht Theater ist, ist permanent, wenn große Rollen zu meistern sind. Um so wichtiger ist es, daß der Schauspieler sich die Zeit nimmt, in die Politik wirklich einzusteigen, mehr als das Nötigste versteht und andere als behelfsmäßige Antworten findet. Wer hat aber Zeit, *wirklich* zu lesen, sich wirklich zu informieren. Eine

Fülle fertiger Schlagworte und langer Spruchbänder marxistischer Prägung aus dem Gehege der Zähne zu entlassen, inhibiert jede Diskussion, macht jedes Gespräch unmöglich. Sie hat mit einer abgewogen durchdachten politischen Meinung persönlicher Prägung wenig zu tun.

Das ist die eine Seite, um die es mir hier im Zusammenhang mit den außerordentlichen Einschränkungen des Privatlebens eines Schauspielers weniger geht. Ich habe kein allzu unfreundliches Bild von mir selbst. Ich meine, daß man eigentlich, wenn ich so sagen darf, ganz gut mit mir müßte leben können. Ich habe zu oft von vorn beginnen müssen – jede neue Rolle ist ja ein neuer Anfang –, um irgendwelche Überheblichkeiten in mir zu dulden. Ich nehme andere Menschen ernst und versuche, auf ihre Probleme einzugehen.

Andererseits isoliert mich mein Beruf mehr als die meisten Menschen. Wenn ich auf dem Theater bestehen will, muß ich von vielem, was nicht mit meiner Aufgabe auf der Bühne zu tun hat, Abstand nehmen. Es muß mir erlaubt sein, mich zurückzuziehen. So schränkt sich das Privatleben eben ein. Große Aufgaben sind nicht ohne große Konzentration zu meistern.

Dies ist der Punkt, an dem es schwierig wird, den Mitmenschen, selbst den nächsten Angehörigen, gerecht zu werden. Wenn ich es ernst meine mit der Absicht, auch von der »inneren Biographie« zu schreiben – und das will ich tun –, dann muß ich auch darauf eingehen. Kompliziert wird das Thema dadurch, daß es schlecht möglich ist, im nachhinein säuberlich zu trennen, was in der Kriegs- und Nachkriegszeit Privatleben und was Politik war. Es gab, genau genommen, nur das Theater, und daneben gab es den Kampf ums nackte Leben, die allgemeinen Lebensumstände, mit denen ein Schauspieler so anständig wie möglich fertig werden mußte, wenn es schon nicht möglich war, aus ihnen Kraft zu schöpfen.

Diese Problematik brennt mir auf der Seele, dieses Motiv durchzieht ein ganzes Schauspielerleben – von dem ich aber nun erst der Zeitfolge noch erzählen muß.

In des Deutschen Reiches Streusandbüchse, in Jüterbog, mußte ich im Frühjahr 1939 von Februar bis Mai drei Monate abdienen. Als Kanonier am Langrohr-Geschütz hatte ich Hundert-Pfund-Granaten durch den Sand zu schleppen, was meine Knie übel vermerkten. Diese Dienstzeit hatte Aspekte eines Häftlingsdaseins. Meine Korporäle kommandierten erst einmal »Fliegerdekkung«, bevor sie mich eines Wortes würdigten. Mein Hauptmann begrüßte mich gern mit dem schönen Satz: »Quadflieg, ich weiß, was Sie denken. Sie mich auch!«

Daß ich Schauspieler war, genügte völlig, mich den Herren interessant und suspekt zu machen. Dazu trug ich diese idiotische Dienstbrille, dieses Nasenfahrrad aus Nickel, und war wie ein Sträfling kurzgeschoren. Von meinen Kameraden, meist Fernlastfahrern, hatte ich nicht viel zu erwarten. Auf meiner »Stube« lagen sechsundzwanzig Mann, und über den beiden Öfen hing immer nasses Zeug zum Trocknen, da man uns den ganzen Tag im Regen marschieren ließ. Die nur für drei Monate Eingezogenen waren den Ausbildern verhaßt – und sollten besonders herangenommen werden, um sie »hart« zu machen. Die Luft war zum Schneiden. Ich hustete Tag und Nacht und fürchtete, meine Stimme völlig und endgültig verloren zu haben.

Für den Sadismus meiner Unteroffiziere revanchierte ich mich, als ich den ersten Urlaub nach Berlin bekam. Ich hatte meinen kleinen DKW-Sportwagen in der Nähe der Kaserne stehen. Auf der Fahrt nach Berlin rauschte ich lässig grüßend an meinen Unteroffizieren vorbei. Das hätte ich lieber nicht tun sollen, denn ihre Rache war, daß ich noch schärfer herangenommen wurde.

Für die einzigen Lichtblicke in meinem Kommiß-Dasein sorgte

Paul Zisielsky. Er schlief im Bett über mir. Paul kam wie die andern aus ganz einfachen Verhältnissen, er war Schlosser, er hatte das Herz auf dem rechten Fleck, und wir standen uns gegenseitig bei. Er half mir, mich nicht kleinkriegen zu lassen – und ich half ihm. Das sollten meine Vorgesetzten auf keinen Fall schaffen. Ich bot meine ganze Willenskraft auf, und tatsächlich stand ich immer noch auf den Füßen, wenn die anderen beim Geschützexerzieren mit Gasmaske schon japsend am Boden lagen.

Als ich am 6. Mai 1939 entlassen wurde, machte ich drei Kreuze. Dafür gab es Grund genug. Die Zeichen standen auf Krieg, das spürte ich deutlich, auch wenn es nur wenige wahrhaben wollten.

Daß man mich im Frühjahr und nicht im Sommer eingezogen hatte, wurde mein Glück. Wenn ich drei Monate später nach Jüterbog gekommen wäre, wäre mir der Kriegsdienst als Soldat nicht erspart geblieben, weil ich gar nicht mehr entlassen worden wäre. So kam es anders: Mein Einberufungsbefehl traf im Oktober 39 ein. Ich sollte mich in Frankfurt an der Oder stellen. Am selben Tag hatten wir Generalprobe vom ›Carlos‹. George warf sich ins Auto und fuhr zum Wehrbezirkskommando. Er bekam mich frei, weil er mit allem Nachdruck erklärte, daß er andernfalls das ›Schiller-Theater‹ schließen müsse. So etwas war in den ersten Kriegsmonaten durchaus noch ein Argument. Außerdem war ich ja wegen meiner Sportverletzung am Knie ohnehin nur bedingt verwendungsfähig.

Ich blieb also »Soldat an der Heimatfront«.

Die flüchtigen Besuche einzelner englischer Bomber in Berlin störten uns zunächst noch nicht allzu sehr. Nach und nach aber wurden sie lästig und dann wirklich gefährlich. 1941 wurde ich Luftschutzwart. Ich war für ein Haus mit je vier Etagen samt Hinterhaus verantwortlich, in dem 140 Menschen wohnten. Zum Glück war unser Keller so sicher wie möglich: Mein Vater hatte es fertiggebracht, zwei Bergleute der Gute-Hoffnung-Hütte für einige Tage nach Berlin abzustellen, und ihnen aufgetragen, unseren Schutzraum fachgerecht abzustützen. Diese erfahrenen Männer, die nicht nur Fachleute, sondern Menschen mit unbestechlichem politischen Instinkt waren, hatten das Menschenmögliche getan. Ich konnte die Frauen, die Kinder und die alten Menschen, die ich zu betreuen hatte, mit gutem Gewissen beruhigen.

Wenn es ganz hart kam, war auch meine Familie in Sicherheit. Meine Frau war 1940 mit ihrer Mutter aus Schweden nach Deutschland herübergekommen. Als sich unsere älteste Tochter ankündigte, heirateten wir. Später im Krieg wurde noch mein Sohn Lars geboren. Solange es sich machen ließ, setzte meine Frau ihr Medizinstudium fort, aber die Kriegsverhältnisse und die mütterlichen Pflichten durchkreuzten ihre Pläne.

Ich lebte im Zwiespalt. Meine Welt war das Theater, nicht die Familie. Die Vaterrolle war mir so neu und überraschend, daß ich sie mühsam lernen mußte, obwohl ich mein Bestes tat. Meine Frau wäre gerne Ärztin geworden, aber nun übernahm sie die Rolle als Mutter und Hausfrau, die das Leben ihr zuwies. Für meine Arbeit interessierte sie sich mehr am Rande. Sie ging in meine Premieren, und damit ließ sie es genug sein. Es konnte nicht ausbleiben, daß ich die Gespräche, die ich suchte, bei anderen fand. Ich erinnere mich an einen Abend im Grunewald. Ich aß nach einem Drehtag bei einer Kollegin, mit der ich den Film ›Philharmoniker‹ drehte. Sie war eine sehr schöne, etwas kühle Frau. Ihre Eleganz war ein Markenartikel im deutschen Film jener Tage. Ich war von ihr fasziniert. Meine Gefühle waren von jener Art, die man sich nicht mehr erklären kann, wenn sie einmal verflogen sind.

Dann kam Alarm, und wir erlebten den ersten schweren Angriff auf Berlin. Auch das Haus, in dem ich zu Gast war, brannte nieder. Wir retteten an Möbeln und Kleidern, was zu retten war, und ich half dann in der Nachbarschaft Brände löschen, was bei Phosphorkanistern fast aussichtslos war. Eine Szene sehe ich noch besonders deutlich: Im Nebenhaus war die Treppe eingestürzt. Eine Frau stieg im Nachthemd über eine Leiter, die wir außen angelegt hatten, aus einem Fenster im ersten Stock. In jeder Hand hielt sie krampfhaft ein Bild: Es waren zwei kleine Gemälde von Lukas Cranach. Wenn die Frau auch sonst nichts mehr retten konnte, diese kostbaren Bilder wollte sie aus dem niederbrennenden Haus herausbringen.

Ich machte mich auf den Weg nach Hause. Ich mußte meinen Mantel mit Wasser tränken und mir ein feuchtes Tuch um den Kopf binden, um einigermaßen heil und ohne versengt zu werden, durch die brennenden Straßenschluchten zu kommen. Ich mußte mich in der Mitte der Straße halten, damit die einstürzenden Mauern und Balken mich nicht begruben und die Glut mich nicht versengte. Ich rannte verzweifelt und dachte an meine Familie. Schreckliche Bilder sah ich überall: erschlagene Menschen; brennende Menschen; Menschen, die in den Kellern in siedendem Wasser umgekommen waren, das aus aufgerissenen Heizungsrohren strömte. Ich hatte rasende Angst und Schuldgefühle. Als ich in die Straße bog, in der wir wohnten, atmete ich auf. Das Haus stand noch. Ich lief in die Wohnung. Meiner Frau und den Kindern war nichts geschehen.

Den Rest hatte ich mit meinem Gewissen auszumachen.

Meine Frau blieb mit den Kindern bis zum Februar 1945 in Berlin. Dann gab es eine Möglichkeit, über Lübeck und Dänemark nach Schweden zu gelangen. Graf Bernadotte verhandelte mit Himmler über die Ausreise schwedischer Staatsangehöriger. Himmler sperrte sich noch. Wahrscheinlich wollte er noch privaten Vorteil beim Schacher um diese Menschenleben herausholen. Im März endlich stimmte er zu. Meine Frau und die Kinder kamen heil über die Ostsee. Lange Monate hindurch, auch noch nach dem Kriegsende, gab es nur spärliche Lebenszeichen über das Rote Kreuz. Am 13. April kam noch ein Telegramm nach Berlin durch, daß am 11. April mein Sohn Christian geboren worden war.

Ich wußte also, daß meine Familie in Sicherheit war und daß es ihr – auf dem Gut eines Onkels meiner Frau in Südschweden – besser ging, als es ihr in Deutschland hätte gehen können. Allein konnte ich mich leichter durchschlagen.

Goebbels hatte die deutschen Theater am 1. September 1944 geschlossen. Die meisten Theaterleute wurden zum Militär geholt. Andere hatten Glück und kamen auf die »Filmliste«. Filme, so hatten die NS-Führer beschlossen, sollten auch jetzt noch gedreht werden: Durchhaltefilme, aber auch Unterhaltungsfilme, bei denen das Volk für anderthalb Stunden Elend und Tod vergessen sollte.

Am 30. Januar 1945, auf den Tag zwölf Jahre nach Hitlers Machtergreifung, hatte ›Kolberg‹ Premiere. Veit Harlan hatte den Auftrag gehabt, »am Beispiel der Stadt, die dem Film den Titel gibt, zu zeigen, daß ein in Heimat und Front geeintes Volk jeden Gegner überwindet«. Der Beweis war, wie alle Welt schon wußte, nicht zu führen, aber ›Kolberg‹ war das eklatante Beispiel der Durchhalte-Propaganda.

Wer auf der »Filmliste« stand, also weiterhin vom Wehrmachtsdienst freigestellt war, durfte keineswegs spazieren gehen. Jeder, der gerade nicht zu drehen hatte, mußte in der Berliner Akademie der Künste Blättchen mit Leuchtfarbe bemalen. Das kriegswichtige Material war für Flugzeuge oder U-Boote bestimmt.

Es war schon ein merkwürdiges Bild, alle diese bekannten und berühmten Kollegen zu beobachten, wie sie mit dem Pinsel in der Hand dem Führer dienten. Im Grunde war natürlich jeder froh, daß er es nicht schlechter getroffen hatte.

Für mich jedoch hatte man eine besondere Verwendung. Wie Mathias Wieman oder Bernhard Minetti eröffnete man mir, daß ich dazu ausersehen war, im Auftrag des Oberkommandos des Heeres die Truppen mit Goethe und Schiller als Rezitator moralisch aufzurüsten.

Es war nicht unproblematisch, den Auftrag anzunehmen. Aber welcher Entschluß barg damals keine Probleme?

Jedenfalls sah ich keine Veranlassung, in letzter Stunde für das Nazi-Regime noch irgendeinen Heldentod zu sterben. So fuhr ich mit dem Pianisten Helmut Hidegheti durch mein chaotisch sich auflösendes, von täglich irrsinnigeren Propagandaparolen überflutetes Vaterland, wo keiner mehr sagen konnte, was er dachte, und jeder wußte, daß der Krieg verloren war. Die Fronten rückten immer enger zusammen. Mit einem Marschbefehl des OKH (Oberkommando des Heeres) in der Tasche, reiste ich zwischen Osten und Westen hin und her, in Zügen, die so überfüllt waren, daß ich Mühe hatte, mit meiner Koffer-Kiste, in der ich meine Habe verwahrte, Platz zu finden, nein, überhaupt durch Türen oder Fenster hineinzugelangen. Andererseits hatte ich eben meinen Sitzplatz mit dabei und hockte in den vollgepferchten Eisenbahnabteilen oder in den Gängen auf meiner Kiste und lernte Gedichte auswendig. Fast die gesamte Lyrik von Goethe habe ich damals in meinen Kopf gepackt, denn die Fahrten dauerten oft endlos – und die Reclam-Bändchen mit Goethe hatte ich in der Tasche. Immer wieder gab es lange Aufenthalte auf wer-weiß-welchen Bahnhöfen oder auch auf freier Strecke. Wenn Tiefflieger angriffen, sprangen wir aus dem Zug und warfen uns neben dem Bahndamm in Deckung. Wenn ich Glück hatte, fand ich tatsächlich auch noch den Truppenteil, zu dem mich mein Marschbefehl beorderte. Manchmal war mein Besuch angekündigt, manchmal war die Überraschung groß, wenn die Ankündigung nicht mehr durchgekommen oder nicht recht ernstgenommen worden war. Die Offiziere trommelten ihre Leute zusammen, und ich rezitierte vor Soldaten, denen alles mehr am Herzen lag als die deutsche

Lyrik, die aus mir völlig verständlichen Gründen andere Sorgen hatten als Gedichte oder Monologe zu hören. Es war eine harte Konzentrationsarbeit jedesmal. Es kam vor, daß die Orte, zu denen ich reisen sollte, schon Frontgebiet oder in der Hand der Alliierten waren. Oft war die Militäreinheit auch schon abgezogen. Dann suchte ich den nächsten anbefohlenen Ort – fragte nach Zugverbindungen dorthin – schlief auf Bahnhofsbänken – mitten in der Not und dem Elend all der ausgebombten, neuen Unterschlupf suchenden Frauen und Kinder, im totalen Chaos der letzten Kriegsmonate.

Victor Klemperer hat nachgewiesen, daß im Hitler-Deutschland alle, Anhänger und Gegner, Nutznießer und Opfer, dieselbe verhunzte Sprache sprachen. Ich reiste mit einer anderen Sprache: mit der Sprache unserer Dichter. Mein wunderlicher Auftrag rief nicht zum »fanatischen Heldentum« oder zum Widerstand auf. Ich legte dem »Menschenmaterial« kein NS-»Volksempfinden« nahe. Ich versuchte mit meinen Dichtern jenen Mut anzufachen und zu beleben, den der Mensch über den gegenwärtigen Tag hinaus braucht, wenn er das Grauen überstehen will.

Diesen Mut brauchte jeder in diesen Tagen in hohem Maße, und jeder brauchte auch die Bestätigung, daß er nicht allein war, daß es anderen ebenso ging wie ihm selbst und daß Krieg, Chaos und Wahnsinn des Menschen so alt sind wie die Welt. Ende Januar 1945 habe ich in Breslau erlebt, wie die Menschen im Leidensgefährten den Mitmenschen entdeckten. Ich war im Schlafwagen aus Wien gekommen, wo ich in der Fliegerschule Tulln rezitiert hatte. Nun sah es so aus, als würde uns die russische Front überrollen. Es fuhren keine Züge mehr für Zivilisten. Niemand wußte, wann die Russen kamen. Alle hatten nur noch ein Ziel: Nach Westen. – Der Abend in Breslau, für ungarische Soldaten und für die Zivilbevölkerung gedacht, war kurz nach Beginn durch Fliegeralarm ins Wasser gefallen. Im Luftschutzbunker fragten Besucher, die von einem naheliegenden Gut gekommen waren, ob mein Begleiter und ich nach dem Ausfall der Zugverbindungen mit ihnen mit Pferd und Wagen nach Westen fahren wollten.

Also gingen wir auf den großen Treck. Mit uns zogen Alte und Kranke, Frauen und Kinder. Der Gutsverwalter, der den Treck leiten sollte, mußte in letzter Stunde wegen akuter Blinddarmentzündung zurückbleiben. Ich war als der einzige jüngere Mann, ob ich wollte oder nicht, plötzlich der Treckführer – hatte fünf schwere Rollwagen und drei Kutschen, sechzehn Pferde und Handpferde mit fünfzig Frauen und Kindern zu betreuen. Die polnischen Kutscher – Kriegsgefangene – waren nach der ersten Nacht verschwunden. Sie wollten verständlicherweise nicht nach Westen. Meine französischen Kutscher, auch Kriegsgefangene, aber wollten, ebenso verständlicherweise, wie wir nach Westen. Es waren Bauern aus der Bretagne, die etwas von Pferden verstanden – und mit mir nachts in den jeweils mühsam organisierten Ställen schliefen. Es war Minus 30° Kälte, und die Pferde durften, eng gedrängt in den Ständern stehend, sich nicht lahm schlagen, wenn der Treck weitergehen sollte. Die Straßen waren verschneit und vereist. Ich fuhr vom zweiten Tag an eine Kutsche mit edlen Rappen, drin saßen Mutter und drei Kinder, das Kleinste war sechs Monate alt. – Zum Windelnwechseln mußte man bei der Eiseskälte anhalten und in ein Haus gehen. Vermummt in Pelz und Mantel, unrasiert, einen Wollschal gegen den eisigen Wind um das Gesicht gebunden, hoch auf dem Bock überschaute ich den von Horizont zu Horizont reichenden Flüchtlingszug. Ich lief meist zu Fuß nebenher, um bei der Kälte in Bewegung zu bleiben. »Breslau bleibt deutsch« hatten die Propagandaparolen noch am Tag zuvor aus den Lautsprechern gebrüllt. Am nächsten Morgen hieß es: »Die Stadt ist zur Festung erklärt – alle Zivilisten haben die Stadt sofort zu verlassen.« So schoben die Frauen ihre Kinderwagen durch den tiefen Schnee. Was meine Rollwagen nur schafften, wurde vollgeladen mit Frauen und Kindern. Evakuiertes Gut, Berge von kostbaren Teppichen, mußten vom Wagen herunter in den Schnee. Ich konnte die Besitzer nicht nach ihrem Einverständnis fragen. Die Not gab mir die Erlaubnis. Abgeschossene englische und amerikanische Flieger, die nun aus den Gefangenenlagern auch nach Westen geführt wurden, hielten den Elendszug der dicht gedrängten Wagen und Menschen in Bewegung, schoben die von der vereisten Straße in den Graben gerutschten Wagen in den Zug zurück, trugen die Kinder und den alten Landsturmsoldaten, die als Bewachung dabei waren, die Gewehre – und fütterten, da vom Roten Kreuz gut versorgt, die Hungernden. Zwischen ihnen und den flüchtenden Deutschen gab es keine Gegnerschaft, keine Feindschaft mehr. Man half einander. Man hatte denselben Weg, und der gemeinsame Feind war die entsetzliche Kälte, und wer zurückblieb, wußte, was ihn erwartete. Jeden Tag schafften wir ca. 50 km. Entscheidende Probleme waren eine leidlich geheizte nächtliche Unterkunft und Pferdeställe. Es galt also, früh genug in einem Ort anzukommen, wenn noch nicht alles über- und überfüllt war. Und noch eine Kleinigkeit war entscheidend: eiserne Stollen für die Hufeisen. Ohne diese kleinen scharfkantigen Eisenstückchen, die man in die Hufeisen einschraubt, rutschten die Pferde hoffnungslos auf den Eisstraßen aus, und es ging keinen Schritt vorwärts; aber Jean, mein kleiner bretonischer Kutscher, mein sogenannter »Feind« und mein bester Freund auf dieser winterlichen Odyssee, zeigte mir listig ein Leinensäckchen mit diesen kostbaren Stollen, das er in kluger Vorahnung mitgenommen hatte. Das hat meinen Treck zu seinem Heil in Fahrt gehalten. Die drei ersten Nächte verbrachten wir in alten Schlössern. Alles an adeliger Verwandtschaft nächtigte dort, debattierte, ob man fahren oder bleiben sollte. Endlos wurde die Frage gewälzt, ob man alles verlassen und aufgeben oder – trotz aller Meldungen über die Russen – es wagen sollte, den durch viele Generationen vererbten und erhaltenen Besitz zu retten. – Die Auflösung des deutschen Ostens hatte begonnen. Hitlers politischer Wahnsinn zeitigte seine Ergebnisse. Ich saß unter all den verzweifelten weinenden Menschen, denen man keinen wirklichen Rat geben konnte und denen mit Mitgefühl wenig geholfen war. Ich spürte deutlich, daß dieser Rückzug und Auszug etwas Endgültiges hatte.

Wir brauchen vierzehn Tage, bis wir an die Elbe nach Torgau kamen. Dort löste sich der Treck auf. Von dort gab es unverhofft eine Auto-Verbindung nach Berlin. Ich nutzte sie. Dort tat man im Februar 1945 immer noch, als könne Hitler-Deutschland den Krieg gewinnen. Noch im April 1945 wurden wir im Olympischen Dorf zusammengerufen. Wieman, Minetti und ich sollten über unsere Programme berichten und uns anhören, was nach Meinung der Führung dazu taugte, den Endsieg zu fördern. Seltsamerweise machte man uns jedoch keine Vorschriften. Die Dichter unserer Programmauswahl waren nach wie vor in unser Belieben gestellt. Es handelte sich damals bereits um organisatorischen Leerlauf, wie er schon längst an der Tagesordnung war. Besonders grotesk war es, daß es noch Anfang April 45 eine Großveranstaltung gab. Es lag noch eine Division im Olympischen Dorf, die man am nächsten Tag an die Westfront – und das hieß in den Harz – transportierte. Mein Schwager Ohler war auch dabei. Für sie wurde ein besonderes Kulturprogramm arrangiert: Die Berliner Philharmoniker spielten Beethoven, ich sprach Hölderlin-Hymnen.

Am Freitag, dem 13. April, habe ich Berlin verlassen. In einem Anflug von Aberglauben fragte ich mich, ob ich ausgerechnet an diesem Tag reisen sollte. Ich entschloß mich dazu und hatte Glück. Auf dem Lehrter Bahnhof stand der Zug. Ich bekam noch einen Platz. Halb aus dem Fenster hängend, stand ich dort eingeklemmt und beobachtete unter anderem einen Mann, der ratlos und verzweifelt dauernd durch mein Fenster in den Zug und wieder hinaus kletterte, während er mit seiner, auf dem Bahnsteig stehenden, weinenden Frau beriet, ob er fahren solle oder nicht. Ich kam bis nach Lübeck, nach einer Zugfahrt, die über zwanzig Stunden gedauert hatte. Ich hätte nach Dänemark hinauffahren sollen, aber darauf verzichtete ich. Ich wollte nicht zu diesem Zeitpunkt noch in ein besetztes Land. Statt dessen rezitierte ich, was auch auf meinem Programm stand, vor U-Boot-Leuten in Neustadt. Die armen Teufel waren wochenlang auf Schnorchelfahrt gewesen, hatten also kein Tageslicht gesehen. Die Gegner hatten ihre Radartechnik schon so weit entwickelt, daß Dönitz' Wunderwaffe praktisch nur noch auf der Unter-Wasser-Flucht war. Die Entbehrungen hatten die Männer gezeichnet. Sie waren im wahren Sinne des Wortes grau-grün im Gesicht. Sie luden mich ein, ihr U-Boot zu besichtigen, und ich las noch in der Nacht den Männern Szenen aus dem ›Faust‹.

Vor ihnen Goethe zu lesen, war (mehr noch als vor anderen) eine Probe aufs Absolute. Konnte Goethes Sprache sie erreichen? Szenen aus ›Faust I‹ und ›Faust II‹ taten es. Ganz sinnlos schien mir, was ich getan hatte, nicht, als der Krieg zu Ende ging. Ich hatte gelernt, mich überall und unter allen Umständen zu konzentrieren. Ich weiß nicht mehr genau, an welchem Tag die Engländer nach Lübeck kamen. Unterschlupf hatte ich bei einem Buchhändler gefunden, der ein Dachstübchen frei hatte. Sein Laden war geschlossen, und ich konnte dort arbeiten. Wenn ich nicht mit dem Fahrrad unterwegs war, um auf dem Land irgendwo noch ein Brot oder etwas Gemüse zu ergattern, saß ich dort zwischen all den Büchern, las und las ganze Tage lang und fragte mich, wie es weitergehen sollte. Am vernünftigsten schien es mir, mich auf neue Arbeit vorzubereiten. Wann die Theater wieder spielen würden, war völlig offen, aber meine Vortragsprogramme konnten vielleicht bald ihr Publikum wiederfinden. Der Titel für den

Anfang fand sich bald. Theodor Storm hatte ›Stimmen über der Tiefe‹ beschworen. Das war mehr als eine schöne Zeile. Alle Dichtung war nach diesem ungeheuren Zusammenbruch eine »Stimme über der Tiefe« – und ich war sicher, daß große Dichtung eine wirklich geistige Hilfe sein konnte.

Ich wollte mich mit meiner Kunst niemandem aufdrängen, aber unzählige Menschen lagen in den Lazaretten in Lübeck und Umgebung – und ich nahm an, daß sie gern einmal etwas anderes hören wollten als Tagesnachrichten und Tageselend. Ihr Denken war verwirrt, Ratlosigkeit herrschte, und ihre Lage war so unsicher wie meine nach diesem furchtbaren politischen Wahnsinn und diesem Ende. Niemand wußte, wie sich die Dinge einspielen könnten, wie unsere Zukunft sein würde. Vielleicht konnten die Dichter uns allen klare, dauerhafte, menschliche Strukturen zeigen. Ich fragte bei den verantwortlichen Stellen an und bekam sofort eine Zusage. Der Erfolg gab mir recht. Die Menschen hörten zu wie nie zuvor. Für anderthalb oder zwei Stunden befreiten sie sich von den quälenden Lebensproblemen, vergaßen Hunger und Kälte und Schmerzen, erinnerten sich, daß die Welt mehr für sie bereit hielt, als es im Augenblick den Anschein hatte, daß es – nach Hölderlins Wort – den Dichtern schon immer »gebührt« hatte, »unter Gottes Gewittern mit entblößtem Haupte zu stehn«, und unter Gottes Gewittern standen wir nun alle.

Als Honorar bekam ich einen Schlag Essen. Das war etwas wert. Im übrigen hatte ich mir in Berlin noch meine letzten tausend Mark vom Konto geholt, und so wenig das Geld auch wert war, es war doch beruhigend, etwas in der Tasche zu haben.

Dann erhielt ich einen Brief von Wieman. Er war in Heiligenhafen und hatte gehört, daß ich in Lübeck war. Er fragte, ob ich mit ihm im Kriegsgefangenen-Kral rezitieren wollte. Natürlich sagte ich zu, und eines Tages holte mich ein Sanitätswagen ab und schmuggelte mich in diese von den Engländern bewachte Landschaft in der Gegend von Eutin und Segeberg, in der Millionen deutscher Kriegsgefangener nach und nach entlassen wurden. Drinnen führte eine deutsche Ordnungstruppe das Regiment. Der General, der sie kommandierte, hatte künstlerische Darbietungen erlaubt. Ich kannte ihn schon von einer früheren Veranstaltung in Pommern und sollte ihn später noch einmal in Munsterlager wiedertreffen, wo er mit 200 Generalstäblern in einem Gefangenenlager saß.

Der General begrüßte Wieman und mich sehr herzlich. Er führte uns an eine riesige Wiese, wo Tausende lagerten, kletterte auf einen Holzstoß und sagte ungefähr:

»Mal herhörn. Hier sind Wieman und Quadflieg. Vielleicht kennt ihr sie. Haben ja auch in Filmen gespielt. Die werden jetzt eine kleine Erbauungsstunde halten. Wer interessiert ist, soll näherrücken. Wer's nicht hören will, soll ein bißchen Platz machen. Danke.«

Einige nahmen ihr Bündel und verzogen sich murrend. Andere kamen zögernd näher. Es gab auch Leute, die sitzen blieben und weiter vor sich hin starrten, ohne das geringste Interesse zu zeigen.

Dann waren wir dran. Wieman sprach etwas von Wilhelm Raabe. Ich begann mit den Worten von Hölderlin: »Wie nach dem Winter der Frühling kommt – so kommt auch immer nach dem Geistestode der Völker neues Leben. Und das Heilige bleibt immer heilig, auch wenn es die Menschen nicht achten.« Dann sprach ich: Gryphius, ›Tränen des Vaterlandes‹: »Wir sind doch nunmehr ganz, ja mehr denn ganz verheeret ...« Danach u. a. ein Gedicht von Grasshoff: »Kamerad, faß wieder Mut ...« Die Elendsgestalten, die da wochenlang unter freiem Himmel lagern mußten – mit einer Zeltplane, in abgerissenen Uniformen, hörten zu. Auch angesichts ihrer desolaten Existenz behauptete sich die Dichtung. Nach einer fast kindlichen Aufmerksamkeit breitete sich ein großer Ernst aus. Das Wissen-Wollen, das Hören-Wollen war jedem noch ansprechbaren Menschen ins Gesicht geschrieben. Es war wieder – wie früher im U-Boot – eine Probe auf die Kraft der Dichtung, und die Dichtung war nicht zu überhören, sie weckte Hoffnung, kündete Wahrheiten jenseits aller bitteren, armseligen Gegenwart. Das »Honorar« war diesmal dünner als sonst. Der Topf Suppe, den wir bekamen, war mehr eine Art lauwarmes Wasser. Aus meiner Lübecker Eremitage brachte ich natürlich keine Reserven mit, und das Sprechen auf freiem Feld und in Scheunen strengte an. Mein Kreislauf streikte vor Hunger. Ich bekam immer häufiger Schwindelanfälle und mußte mich wieder aus dem Lager schmuggeln lassen. Der Plan, dort den ›Faust‹ auf drei aneinandergestellten Lastwagen zu spielen, blieb unerfüllt. Doch es war wichtig gewesen, im Camp zu sprechen. So ungeschickt und seltsam das Wort »Erbauungsstunde« geklungen hatte, es hatte doch etwas für sich, wenn es darum ging, Menschen unter solchen Bedingungen Verse nahezubringen. »Was bleibet aber, stiften die Dichter«, hatte Hölderlin gesagt. Auf die Ehrlichkeit kam es an. Wieman und ich hatten den Gefangenen eine andere, eine anspruchsvollere Ehrlichkeit angeboten, und diese Ehrlichkeit, der von den Dichtern geformten Sprache, war begriffen worden, sie hielt stand, auch dort auf freiem Feld, – sie blieb – und wird bleiben.

Im Rückblick aber bleibt zu bedauern, daß was an neuen Impulsen in der ersten Nachkriegszeit so viele Menschen erfaßte und aufschloß, so schnell und so gründlich verloren gegangen ist. Niemand wird ernsthaft die Not und die Entbehrung jener Tage zurückwünschen, dazu war das Leben wirklich zu sauer und zu schwer. Es ist aber nicht leicht, sich damit abzufinden, daß mit den schwierigen Lebensumständen auch die – ich sage getrost: menschlich-schöpferischen Ansätze so total verschwunden sind, diese nach der Dankbarkeit, den Krieg überstanden zu haben, große Neugier auf das Höhere und Bessere, diese Bereitschaft, schwer faßliche, tragische Zusammenhänge zu begreifen, dieser Wille, einer neuen Humanität den Weg zu bereiten.

Daß ein satter Bauch nicht gern studiert, wußten schon die alten Römer. Daß satte Menschen keine größere Sorge haben, als satt zu bleiben, hatten wir vergessen, als wir hungerten. Die »Volksgemeinschaft«, die Hitler und Goebbels auf ihre Fahnen geschrieben hatten, hatte ausgedient, erwies sich als wenig tragfähig. In ihrem Namen waren unerhörte Verbrechen begangen worden. Doch nun – nach der Kapitulation Hitler-Deutschlands – gab es eine andere überzeugende Solidarität der Menschen, und diese Solidarität war den Künsten offen. Die Menschen strömten in die Theater und Vortragssäle. Sie saßen in Behelfstheatern, auf harten Stühlen, frierend, mit knurrendem Magen, aber sie waren wahrhaft ansprechbar. Sie wollten sehen und hören, was für eine Welt und Wahrheit die Dichter der Gegenwart und der jäh enthüllten politischen Lügenwelt entgegenzusetzen hatten, was standhalten würde nach diesem Ende.

Niemand soll sagen, daß die Erinnerung an die glückliche Aufgeschlossenheit jener Tage allen Künsten gegenüber nur eine Art Überlebenseuphorie gewesen sei. Diese Erinnerung brachte mir die Erfahrung, daß Kunst viele, sehr viele Menschen erreichen kann, daß die Kunst, und gerade das Theater, ein wirklicher Nothelfer sein, eine lebendige Kraft, eine Lebenshilfe sein kann. Mit dem Schrecken zu leben, ist fürchterlich. Mit der Not zu leben, ist zermürbend. Aber im Schrecken und in der Not regen sich Lebenskräfte. Geistes- und Gefühlskräfte, die unser satter Alltag von heute verdrängt, betäubt, auslöscht. Dieser Sachverhalt läßt sich nur mit den einfachsten Worten wirklich beschreiben, und wer ihn als Banalität abtun will, ist gründlich im Irrtum.

Und »unter Schmerzen uns gedeiht das Liebste, das mein Herz genossen, der holde Reiz der Menschlichkeit«, sagt Hölderlin.

Es war kein Zufall, daß sich die Literatur, als der gröbste

Schrecken verwunden und die erste Not überstanden war, zum Kahlschlag entschloß. Die Stunde Null auszurufen, von vorn zu beginnen, war ein Bedürfnis, das viele fühlten. Aber es kann keine Gegenwart ohne Vergangenheit geben. Heute wissen wir, daß es eine Stunde Null nicht geben konnte. Wir hatten mit der Geschichte, auch mit ihren abgründigsten Tiefen, wir hatten mit Auschwitz zu leben. Und wir schleppten mehr mit, als wir wahr haben wollten. Auf meinem Gebiet hatte das Fortissimo der gebrüllten Reden auch Wirkung gezeitigt. Fritz Kortner hat nach seiner Rückkehr aus dem Exil gesagt, er habe sich im deutschen Theater heiser gehört. Das war ein treffender Satz. Auch die Schauspieler, die dem pseudo-heroischen Pathos der Hitler-Zeit hatten entgegenarbeiten wollen, waren ihm verfallen, waren darauf eingestimmt. Wir mußten hart arbeiten, um uns der falschen Töne zu entledigen.

Zunächst freilich mußten wir uns über eine Enttäuschung hinweghelfen: Die Schubladen der deutschen Dichter waren leer. Wir hatten uns zuviel versprochen, als wir glaubten, in den zwölf Jahren der Knebelung müßten Theaterstücke und eine heimliche Untergrund-Literatur entstanden sein, aus der wir nun nur auszuwählen hätten.

Was uns auf den Tisch kam, reichte nicht. Zwar hatte sich mancher brave Mann sein Elend von der Seele geschrieben. Aber mit Gefühlen allein machte man auch damals nur schlechte Literatur und schlechtes Theater. Der einzige, der als Dramatiker mehr zu sagen hatte, war Wolfgang Borchert. Sein ›Draußen vor der Tür‹ hatte im November 1947, also zweieinhalb Jahre nach Kriegsende, in den Hamburger Kammerspielen Premiere, und seine herrlichen Kurzgeschichten habe ich, wo ich nur konnte, gelesen. Sie gaben ein unerbittliches, erschütterndes Bild der Kriegs- und ersten Nachkriegstage, das direkt ans Herz griff. Auf gleicher Höhe bewegten mich Albrecht Haushofers: ›Moabiter

Sonette‹ und Bergengruens ›Dies irae‹, die ich, wo ich nur konnte, sprach. Hier nur ›Die letzte Epiphanie‹:

Ich hatte dies Land in mein Herz genommen.
Ich habe ihm Boten um Boten gesandt.
In vielen Gestalten bin ich gekommen.
Ihr aber habt mich in keiner erkannt.

Ich klopfte bei Nacht, ein bleicher Hebräer,
ein Flüchtling, gejagt, mit zerrissenen Schuhn.
Ihr riefet dem Schergen, ihr winktet dem Späher
und meintet noch Gott einen Dienst zu tun.

Ich kam als zitternde geistgeschwächte
Greisin mit stummem Angstgeschrei.
Ihr aber spracht vom Zukunftsgeschlechte
und nur meine Asche gabt ihr frei.

Verwaister Knabe auf östlichen Flächen,
ich fiel euch zu Füßen und flehte um Brot.
Ihr aber scheutet ein künftiges Rächen,
ihr zucktet die Achseln und gabt mir den Tod.

Ich kam als Gefangner, als Tagelöhner,
verschleppt und verkauft, von der Peitsche zerfetzt.
Ihr wandtet den Blick von dem struppigen Fröner.
Nun komm ich als Richter. Erkennt ihr mich jetzt?

Mit den ›Stimmen über der Tiefe‹, dem Programm, das ich in den ersten Monaten nach dem Krieg erarbeitet hatte, trat ich im November 1945 vor das Lübecker Publikum. Danach spielte ich im Lübecker Theater den Hamlet und den Orest und ging dann nach Hamburg und half, die ›Junge Bühne‹ zu gründen. Wir hatten die Aula der Emilie-Wüstenfeld-Schule zur Verfügung, in der tagsüber irgendein Amt arbeitete. Unsere Garderoben waren zugleich die Kantine, in der mittags an die Behördenleute Essen verteilt wurde. Sie rochen dementsprechend nach dem Dauereintopf jener Tage. Der Name ›Junge Bühne‹ war natürlich ein Programm, denn wir wollten neue, junge Stücke spielen und Zeit-Theater machen. Doch es gab zu wenig solcher Stücke, und was aus dem Ausland kam und bei uns jahrelang verboten gewesen war, sicherte sich zumeist Ida Ehre für die ›Kammerspiele‹. Sie hatte ein sehr starkes Ensemble an ihr Haus binden können und machte einen überzeugenden Spielplan, der uns bei unseren konkurrierenden Absichten natürlich sehr in die Quere kam.

Geleitet wurde die ›Junge Bühne‹ von Answald Krüger und Herrn Gebser. Ich brachte meinen Namen und meine Berliner Erfahrung ein. Wir begannen mit ›Regen und Wind‹ von Merton Hodge, das Heinz Hilpert schon 1934 in Berlin gespielt hatte. Es war beileibe kein wichtiges Stück, aber wir mußten ja erst einmal zueinanderfinden und uns aufeinander einspielen. Dann wagten wir uns gleich an den ›Tasso‹. Regie führte Answald Krügers Vater, der früher in Leipzig Theaterdirektor gewesen und nun in den Westen herübergekommen war. Wir arbeiteten einfach und direkt. Mitbestimmung war selbstverständlich. Wem etwas einfiel, der sagte es. Wem nichts vernünftiges einfiel, der hielt den Mund. Einer Gefahr mußte ich auf der ›Jungen Bühne‹ allerdings begegnen.: Ich mußte mich hüten, die Schwächen unseres Ensembles durch eigene Überintensität allzu eifrig ausgleichen zu wollen und neben meinen eigenen quasi auch die Rollen der Kollegen mitzuspielen. Eine Aufführung ist so gut wie die Summe der Talente, die sich an ihr versuchen. Sie pegelt sich nun einmal nicht nach der größeren Spannung und den besseren Leistungen ein. Ich sah das damals ziemlich genau, ohne es ändern zu können. Die ›Junge Bühne‹ hat die Währungsreform von 1948 nicht lange überlebt.

Was mich über die mehr oder weniger gelungenen Aufführungen der ›Jungen Bühne‹ hinaus beschäftigte, sagte ich in dem schon einmal zitierten Vortrag von 1947, dessen inneres Pathos und extreme Formulierungsversuche ich heute mit großem Abstand und einer leisen Rührung lese, auch wenn ich zu dem Gemeinten absolut stehe.

»Es müßte sich eine Schauspielergemeinschaft zusammenfinden, die der religiösen Uranfänge allen Theaters eingedenk ist und mit tieferem Ernst und dem damit verbundenen wirklichen Humor an die Arbeit geht. Eine Schauspielergemeinschaft, die alle komödiantische Eitelkeit mehr und mehr überwindet, die begriffen hat, daß man vor der Kunst lebenslang ein Schüler bleibt. Wer spürt und begreift, was Theater sein müßte und könnte, den verläßt bei der schauspielerischen Arbeit jede Leichtfertigkeit und jede flache Ironie. Wir werden in Zukunft nur dann existenzberechtigt sein und vor den Menschen unserer bedrohten Zeit auf der Bühne stehen, um das ewige Bild des Menschen in seiner Schönheit und Verzerrung spielend im Spiegel zu zeigen, wenn wir mit einem ganz neuen Ernst zu Werke gehen. (Gemeint ist bei dieser Ausführung nur das große dramatische Theater, die Urzelle, der innerste Kern, gewissermaßen das Allerheiligste der Theaterspielerei.) Um zu neuen künstlerischen Ergebnissen zu gelangen, muß weiterhin der Schauspieler der Gegenwart, der in der heutigen zerstörten Trümmerwelt der Großstädte lebt, eine ganz andere Konzentrationsfähigkeit als frühere Generationen besitzen oder erwerben; zumal auch das Publikum in keiner Weise festlich gestimmt, sondern auch mit den seelischen und körperlichen Spuren des täglichen Lebenskampfes ins Parkett kommt . . .«

Ich versuchte, die besonderen Zeitumstände zu bedenken und die Fragen, die sie aufwarfen, zu ergründen. Das war nicht einfach.

Ich hatte endlich begriffen, daß ein Schauspieler sich seiner Zeit nicht entziehen kann. Seine Erfahrung und seine Sensibilität sind so unmittelbar von der Zeit geprägt, daß er, wenn er ein guter

Schauspieler ist, von der Sprache der Zeit und ihrem Gestus durchtränkt ist. Doch es gab gewichtige Unterschiede, und sie betrafen nicht die Begabung, sondern den Ernst, mit dem einer bei der Sache ist oder nicht. Wie war dieser Ernst zu beschreiben? Wie war er dingfest oder besser: wortfest zu machen?

Religiöse Anfänge des Theaters sind nachgewiesen. Doch reichten die Wurzeln unseres heutigen Tuns und Lassens wirklich so weit zurück, und konnten sie helfen beim Verzicht auf komödiantische Eitelkeit? Aufruf zu neuer gemeinschaftsbildender Konzentration? Nichts hätten wir auf dem Theater mehr benötigt als dies. Doch wer hatte die Kraft und den Mut, dergleichen ins Werk zu setzen? Ich war auf der Suche nach »neuen Gesetzmäßigkeiten« für unseren Beruf, für das Theater überhaupt. Ich sah den Hunger der Menschen nach einer Sache, die Gegengewichte zur Gegenwart schaffen konnte. Diesem Hunger, diesem elementaren Bedürfnis mußten wir gerecht werden. Zunächst aber galt es ganz einfach, den Betrieb zu eröffnen und aufrecht zu erhalten. Ich spürte, was die Menschen bedrängte, weil es mich ja auch bedrängte.

Meine Frau kehrte mit den drei Kindern im März 1946 aus Schweden nach Deutschland zurück. Wir lebten in zwei Zimmern in der Hamburger Blumenau. Der Kollege Heini Göbel hatte uns die Räume untervermietet. Im Sommer und im Herbst kamen wir ganz gut zurecht. Dann aber setzte der sehr harte Winter 46/47 ein, der bis in den Mai hinein dauerte.

Ohne die Hilfe meines Vaters hätte er uns noch härter getroffen. Er sorgte wieder nach Kräften für Sohn und Familie. Dazu diente ihm eine Verordnung der Besatzungsmacht, die es erlaubte, öffentliche Betriebe für Heizungszwecke über die knapp bemessene Zuteilung hinaus mit Lokomotivasche zu beliefern. Auch die Theater wurden damit versorgt, damit sie die Temperatur ein bißchen über den Nullpunkt bringen konnten. Mein Vater und seine Kumpel dachten nun gar nicht daran, es mit der Asche so genau zu nehmen. Sie luden Kohle auf die Eisenbahnwaggons und streuten zur Tarnung einen halben Meter Asche darüber. So tief grub kein Kontrolleur nach. Mein Vater aber tat ein Übriges und zweigte einen der begehrten Waggons für mich ab. Ich verstaute die Ladung auf dem naheliegenden Hof eines Kohlenhändlers und hatte damit Brennstoff. Kollegen besuchten mich mit Rucksäcken, versorgten sich mit Koks. Meine Familie hatte es warm, und viele Kollegen auch.

Auch Thomasmehl schickte mein Vater einmal. Dieses Düngemittel aus feingemahlener Schlacke, die bei der Stahlherstellung anfiel, war bei der Landwirtschaft sehr beliebt. Ich gab es an eine Gärtnerei weiter und erhielt dafür ein Deputat an Gemüse.

Jeder sah, wie er durchkam. Kunst dispensierte nicht von der Notwendigkeit, das Überleben zu organisieren. Der Schauspielerberuf, so hatten die Wirtschaftsämter befunden, bestehe in leichtem Hin- und Hergehen auf der Bühne, verbrauche wenig Kalorien. Also seien Lebensmittelzulagen nicht angebracht. Die Herren waren schlecht unterrichtet: Theaterspiel bewirkt, und das war auch damals so, einen besonders hohen Verbrennungsprozeß. Ohne Kalorienzufuhr waren Orest und besonders Hamlet schwer zu meistern. Man war zur Selbsthilfe gezwungen. Nach der ›Hamlet‹-Vorstellung im Theater am Besenbinderhof hing ich zwischen lauter Theatergängern draußen an der Straßenbahn 12 und mußte froh sein, wenn ich mit der letzten Bahn überhaupt noch einen Platz ergattert hatte und mitkam. Das war eine ganz neue Art, das Publikum zu erleben. Wer auf dem Trittbrett Fuß gefaßt hatte, hielt und stützte die anderen. Das gemeinsame Problem zwang die Zeitgenossen in dieser Situation zur Solidarität. Man verließ die überfüllte Straßenbahn ungern, um den Rest des Weges durch dunkle und einsame Straßen an zerbombten Häusern vorbei zu nehmen. Gegen Wegelagerer trug ich vorsichtshalber eine kleine Holzkeule im Mantelärmel bei mir.

Ich hatte meine Zweifel, ob wir in der ›Jungen Bühne‹ erreichen konnten, was wir uns zum Ziel gesetzt hatten. So spielte ich gleichzeitig auch bei Arthur Hellmer, dem ersten Nachkriegs-Intendanten des ›Deutschen Schauspielhauses‹. Hellmer hatte in Frankfurt das ›Neue Theater‹ mitgegründet und es bis 1935 geleitet. Vor seiner Emigration nach England war er zwei Jahre Direktor des Theaters an der Wien gewesen. In Hamburg hatte er die schwere Aufgabe, die Tradition des ›Deutschen Schauspielhauses‹ unter den Bedingungen des Provisoriums wieder aufzunehmen. Gespielt wurde also im Gewerkschaftshaus am Besenbinderhof. Im Schauspielhaus selbst machten die Engländer Tingeltangel für die Besatzungssoldaten.

Die sieben Gründgens-Jahre von 1955 bis 1962 haben später die Leistungen Hellmers und gleichermaßen die seines Nachfolgers Albert Lippert überstrahlt. Auch in der Theaterwelt ist das Bessere der Feind des Guten. Es wäre, meine ich, jedoch grundverkehrt, die Zeit des Schauspielhauses vor Gründgens zu unterschätzen. Es war eine Zeit des Aufbruchs und dann der Festigung.

Die ›Junge Bühne‹ konnte kaum eine Zukunft haben, wenn sich die Zeiten einigermaßen normalisierten, und es die Menschen wieder in richtige Theater ziehen und die Schule ihre Aula beanspruchen würde. Auch lockte mich der Gedanke, mit Noller und Caspar Neher einen neuen Hamlet-Versuch zu machen. Dann meldete sich Zürich.

Das Telegramm Wälterlins kam Weihnachten 1947. Man fragte an, ob ich bereit sei vorzusprechen. Gustav Knuth, der schon in der Schweiz gelandet war, hatte es angeregt. Die Züricher standen vor der Frage, wie es mit ihrem Theater, dem die Emigranten während der Hitler-Zeit so viel Ruhm eingetragen hatten, weitergehen sollte. Wer so lange in dem kleinen Land hatte arbeiten müssen, drängte zumeist trotz der schlechten Zeiten wieder nach Deutschland. Jetzt schlug die Stunde der Würstl-Emigranten, wie

Therese Giehse uns Spätkömmlinge nannte. Intendant war Oskar Wälterlin. Kurt Hirschfeld, der die Bühne später leitete, war Dramaturg.

Vorsprechen sagte man, als ich im Frühjahr eintraf, müsse ich schon etwas. Man habe zwar von mir gehört, aber man kenne mich ja nicht. Die Grenzen zu diesem neutralen Land waren abgeriegelt gewesen, und die Filme, die Goebbels gern dorthin verkauft hätte, hatten die Schweizer nicht gewollt. Jetzt aber brauchten die Züricher einen jugendlichen Helden, und der sollte ich werden.

Ich habe mich also auf die Bühne gestellt und den Hamlet-Monolog und ein paar andere Sachen gesprochen. Wohl fühlte ich mich nicht in meiner Haut. Vorsprechen haßte ich noch immer. Auch bat man mich wiederholt, doch meinen Mantel abzulegen. Das mußte ich ablehnen, da meine Hose total durchgewetzt und oft geflickt war. Doch man war mit mir zufrieden, und als Antritts-Rolle wurde gleich der Hamlet vorgeschlagen. Das war also meine dritte Skizze zu dieser komplexen, mir kaum faßbaren Figur. Es wurde ein großer Erfolg. Es folgten Sartres ›Schmutzige Hände‹, die posthume Shaw-Uraufführung ›Zuviel Geld‹ und als viertes Stück der ›Tasso‹.

Für mich war Zürich damals ein wunderbarer Ort. Ich staunte die unzerstörte Stadt an und sah in den Schaufenstern Dinge ausliegen, die ich fast schon vergessen hatte. Ich weiß noch, wie ich in den ersten Tagen vor einem Schokoladen-Geschäft stand und die Berge von Pralinen bewunderte. Ich aß sehr gern Schokolade. Daß ich nur in den Laden zu gehen brauchte und kaufen konnte, wonach mir der Sinn stand, mußte ich mir erst nach einer ganzen Weile klarmachen. Ich lebte in der Spiegelgasse, bei Fräulein Granacher, in einem Haus, in dem schon Goethe geweilt hatte, und las an den Erinnerungstafeln, daß Lenin und Büchner und Lavater auch schon in der Spiegelgasse gewohnt hatten. Ich merkte erst viel später, welchen Erfolg ich wirklich hatte, besonders bei der holden Weiblichkeit. Einmal hatten die Züricher jungen Damen den ganzen Weg vom Zeltweg bis zum Bühneneingang mit roten Papierherzen bestreut, um ihr Idol Will zu feiern. Der Bühneneingang war regelmäßig belagert, und ich war eine Art Stadtgespräch, was mir gar nicht recht bewußt wurde in meinem Dasein zwischen dauernden Proben und Vorstellungen, denn das Zugpferd wurde natürlich schwer beschäftigt. So entwickelten sich die Dinge sehr zum Ärger einer gefürchteten Kritikerin. Diese war im Hauptberuf Lehrerin an einer Mädchenschule, und statt ihrem Unterricht gebührende Aufmerksamkeit zu schenken, waren ihre Schülerinnen durch Gedanken an Will Quinatra, wie ich einmal in einer Zeitungsglosse lesen mußte, abgelenkt. Sie schrieb mir dauernd, und mit großer Beharrlichkeit sehr ausführliche Verrisse. Meine großen, äußerlichen Mittel waren ihr zu suspekt. Nur als Rezitator fand ich Gnade vor ihrer spitzen Feder.

Erst später – als ich wieder aus Zürich fort war, ließ sie mir nachträglich so etwas wie eine Ehrenrettung angedeihen. Wenn dann jemand die Rollen spielte, die ich gespielt hatte, hieß es plötzlich, ich sei damals besser gewesen.

Meine Familie holte ich so schnell wie möglich nach. Einfach war es nicht. Die Schweizer hatten einen Schauspieler eingekauft, nicht den Mann einer Frau und den Vater dreier Kinder. Also gab es ein Einreisevisum nur für mich. So mußte die Familie über die grüne Grenze kommen, allerdings nicht bei Nacht und Nebel, sondern zur Mittagszeit. Auf deutscher Seite lag die französische Besatzungszone. Mein Baseler Freund Rümelin hatte eruiert, daß die französischen Grenzbeamten besonders sonntags sehr gut aßen und dann nach dem Essen eben besonders müde waren. Die Schweizer aßen ebenfalls sehr gut, und folglich waren die eidgenössischen Zöllner, wenn sie getafelt hatten, ebenso schläfrig wie ihre Kollegen auf der anderen Seite. Das alles hatte Frank Rümelin genau ausbaldowert, und darum klappte der illegale Grenzübertritt meiner Frau und meiner Kinder samt Dienstmädchen in die freie Schweiz tadellos. Die Nachricht, daß sie es geschafft hatten, erreichte mich bei einer ›Tasso‹-Nachmittagsvorstellung nach dem 1. Akt.

In Zürich bekam ich einen Brief von Ernst Lothar, dem aus der Emigration zurückgekehrten ehemaligen Wiener Direktor und Regisseur, der sich anschickte, die Salzburger Festspiele zu neuem Ruhm zu führen. Er kam nach Zürich, mochte mich auf Anhieb und leitete meine langjährige Arbeit in Salzburg ein. Doch zunächst waren auch in diesem Fall Grenzschwierigkeiten zu überwinden. Die Österreicher bewältigten sie auf ihre Weise. Sie holten sich von den Besatzern in Bregenz eine Sondergenehmigung und beförderten mich ohne Skrupel zum Elektroingenieur, den man mit einem Drei-Tage-Permit für die Bregenzer Festspiele ins Land kommen ließ. In St. Margareten holte ein Bregenzer Stadtrat mich ab. Erkennungszeichen: rote Nelke im Knopfloch. Wo der nützliche Elektriker Quadflieg dann geblieben war, fragte so schnell niemand. Nach der Salzburger Saison verwandelte ich mich in den Elektriker zurück und verließ mit einem anderen Drei-Tage-Erlaubnisschein das Land.

Ernst Lothar hat mir zu meiner Salzburger Arbeit später eine sehr ehrende Adresse geschrieben. Sie lautete:

»Eines späten Juliabends 1949 kam er, von mir geholt, unter dem Vorgeben, ein von der Besatzung angeforderter Ingenieur zu sein, über die damals fast unzugängliche Grenze in die Festspielstadt Salzburg und trat das Erbe Moissis an. Er spielte den ›Clavigo‹. Obschon er ihn unter einem anderen Regisseur anders zu spielen gewohnt gewesen war, stimmte er sich mit der ihn kennzeichnenden musischen Musikalität alsbald auf den angestrebten Ton völliger Verinnerlichung ein. Damit widerlegte er den ihm zuweilen gemachten Vorwurf, dem Äußerlichen zu erliegen, bevor er noch gemacht werden konnte. Seine Gaben sind verschwenderisch. Nicht nur die bildhafte Erscheinung atmet Kraft und Feuer, auch die Stimme tut es. Die Vehemenz des Ungebändigten eignet ihm ebenso wie die Zartheit; das Denken spielt er so plastisch, daß man es sieht; die Schatten beschwört er so zwingend aus dem Hellen, daß ihr Zusammengehören unentrinnbar wird: Das Schuldigwerden wächst bei ihm aus dem Lebendigsein. So wurde er der Salzburger ›Jedermann‹, der nicht nur das ›Sterben des reichen Mannes‹, vielmehr sein verfehltes Leben vor Augen und die Gestalt damit auf ihren tragenden Boden der Gültigkeit stellte. Aber er war in Salzburg auch der erynniengejagte Orest, der aufrührerische Ferdinand, der irdisch-jenseitige Egmont, der zwielichtige Lüstling Guastalla, und er gab ihnen allen, was er so großartig zu geben weiß: die Macht der Ohnmacht. Er spielt das ›Heldenfach‹ und die ›Liebhaber‹, und er spielt die einen abgrundnah, die andern schamhaft. Er spielt das Allzugerade spröde und das Gefühlsselige herb. Er steht vor dem Vergangenen gegenwärtig. Reinhardt pflegte von Darstellern solcher blendenden äußeren und inneren Vielfalt bewundernd zu sagen: ›Ein schöner Schauspieler!‹ Das ist Quadflieg durchaus, und das gibt ihm in Salzburg Heimatrecht. Denn seine Schönheit ist die des Ästhetischen, das den Weg zum Ethischen findet und den Klang des Gesagten unter das Gesetz der Aussage beugt.«

Heimatrecht in Salzburg – man gestand es mir wirklich zu, und es machte mich glücklich. Anders als das doch von Grund auf nüchterne Zürich, das sich gute Kunst zur Pflicht gemacht hatte, feierte Salzburg die Künste. Verinnerlichung war damals noch der Geist des Ortes. Auch der schöne Aufwand, der zu den Festspielen unverwechselbar gehörte, war paradoxer und schlüssiger Weise Zeichen dieser inneren Bereitschaft, dieses Mutes zur Innerlichkeit. Lothar hatte darin recht, daß ich immer auch versuchte, den Widerspruch in den Rollen zu entdecken. Erst diese Widersprüche ergeben das Leben, das in Figuren und Tragödien waltet und aus »Helden« dann Menschen machen kann. Ich war glücklich in Salzburg, weil Salzburg mir erlaubte, eine neue Wahrheit meiner Rollen zu finden. Vielleicht gelang es mir wirklich zuweilen, im Ästhetischen das Ethische sinnfällig zu machen. Die Epoche, die nur dem Häßlichen Wahrheit zubilligt, war noch nicht gekommen. Die Heiterkeit Salzburgs, seine Musikalität, seine Spielfreude machen seinen spezifischen Reiz aus, damals wie heute. Wenn da in der Probezeit alles übt, wenn aus jedem Proberaum und jedem zweiten Haus Melodien und Gesang klingen, bereiten sich wesentliche Dinge vor, denn die Kunst ist in Salzburg ein Fest großer Namen.

Als der Krieg zu Ende gegangen war, war ich gerade dreißig Jahre alt. Ich hatte also, wie man so sagt, meine beste Zeit noch vor mir. Ich hätte den Erfolg, der mir im Ausland zufiel, ausbauen und in der Schweiz und in Österreich bleiben können. Aber es drängte mich nach Deutschland zurück. Ich wollte mit dabei sein, beim Neubeginn, wollte helfen, das Theater auf den mir wesentlich scheinenden Weg zu bringen. Ich entschloß mich zur dauernden Rückkehr.

Als erstes spielte ich in Hamburg am ›Schauspielhaus‹ Ibsens ›Gespenster‹. Hermine Körner war die Helene Alving, ich der Osvald. Wir spielten nicht nur die bürgerliche Tragödie aus dem 19. Jahrhundert. Obwohl wir das Stück sehr wörtlich nahmen, stand hinter der Lebenslüge vergangener Tage die Lüge der jüngsten Zeit: das Als-ob von Recht und Ordnung, hinter dem Verruchtheit und Haltlosigkeit ihr Wesen trieben. Dies war eine sich neu ergebende Aktualität, und Hermine Körner mit ihrer Alterskraft und ihrer reichen Erfahrung verfügte über Konzentration, die ich vom Theater der Nachkriegszeit erhofft hatte und die ich auf unseren Bühnen allzu oft vermißte. Für die bedeutenden Schauspieler der älteren Generation hatte die große Fähigkeit zur Sammlung ihre besondere Ausstrahlung bewirkt. Meine Aufgabe sah ich darin, ihnen nachzueifern und den Begriff vom großen Theater weiterzureichen, vom Theater als festlichem Ereignis, den ich in Berlin gewonnen hatte.

Als Albert Lippert, Hellmers Nachfolger, das ›Staatliche Schauspielhaus‹ in Hamburg leitete, arbeitete ich mit Heinrich Koch und Ida Maximowna zusammen an nüchtern durchdachten Inszenierungen von Calderóns ›Das Leben ein Traum‹, Shakespeares ›Macbeth‹ und Ibsens ›Peer Gynt‹. Ich denke mit Befriedigung an diese Zeit, die durch den Glanz der ihr folgenden Gründgens-Ära unverdient schnell in den Schatten gerückt wurde. Die Kreisidee, von der Heinrich Koch so sehr erfüllt war, daß er sie zum räumlichen Grundkonzept seiner Inszenierungen machte, die man auch gern pseudowitzig »Kochplatte« nannte, erwies sich in und an diesen Stücken als äußerst fruchtbar für klare Zeichensetzung. Der Teufelskreis, den die Hexen zu Beginn des ›Macbeth‹ zogen, hielt den Titelhelden unentrinnbar im Bann der mörderischen Eskalationen seines eigenen Machtehrgeizes fest. Im ›Peer Gynt‹ wurde der Kreis sofort zum erhellenden Signal und Ausdruck der Trollweisheit: »Geh außen herum«. Folgerichtig durchlief Peer Gynt die Stationen seines Lebens an der Peripherie dieses Kreises und seiner eigenen Existenz, nicht begreifend, alternd und immer atemloser – bis er endlich, endlich, nicht »außenherum«, sondern mitten hindurchging – und so im Tode zu sich selbst und zu Solveig fand. Im ›Leben ein Traum‹ war der Kreis zur aufwärtssteigenden Spirale abgewandelt, diesem Symbol aller menschlichen Entwicklungen, und die Drehbühne zeigte uns durch kurze Verschiebungen mühelos alle Spielorte. Wir sahen Sigismund zunächst tief unten im Kerker in Ketten und zuletzt als Sieger im Krieg gegen den Vater auf dem höchsten Punkt der Bühne.

Freiwillig schritt er dann in einem langen Gang zu dem unten wartenden gefangenen Vater hinunter, um sich ihm erkennend zu unterwerfen.

Diese Arbeiten hatten zu ihrem Zeitpunkt, das steht für mich fest, einen hohen, künstlerisch exakten Stellenwert. Es ist bedauerlich, daß die Entwicklung des Fernsehens damals noch nicht soweit war, sie als Aufzeichnung einem größeren Kreis sichtbar zu machen.

Bei Arthur Hellmer wie bei Albert Lippert spielte ich große Rollen. Den Eindruck, den ich mit ihnen vermittelte, hat der Hamburger Theaterkritiker René Drommert später so zusammengefaßt:

»In ihm ist ein unaufhebbares Ungenügen, und er ist, bei allem Maß, bei aller geistigen Zucht und Gesittung ein Stürmer und Dränger. Vielleicht macht diese Spannung zwischen den Extremen einen Teil seiner Elastizität und Jugendlichkeit aus. Denn obwohl er die Vierzig überschritten hat, kann er mühelos einen Jüngling »mimen«. Im Gegenteil, es bedarf bei ihm geradezu verschiedener Hilfsmittel und Tricks, um, will er reife Männer darstellen, die Jugendlichkeit seiner Erscheinung vergessen zu machen. Überschaue ich die zahlreichen Rollen, die er nach dem Kriege gespielt hat und die seinen Ruhm und Rang als einen der ersten deutschen Schauspieler festigten, etwa den Hamlet, den Mesa in Paul Claudels ›Mittagswende‹, den Peer Gynt, den Tasso, den Heinrich in Shakespeares ›Heinrich IV.‹, den Benedikt in ›Viel Lärm um Nichts‹, den Macbeth, ja den Faust – ich würde keiner Gestalt die Palme geben –, sondern Eugene in Thomas Wolfes ›Herrenhaus‹.«

René Drommert fügte hinzu:

»Quadflieg liebt die Kunst nicht um des schönen Scheins willen. Er liebt sie wegen ihrer Kraft, etwas zu bewirken, den Menschen zu verwandeln, ihm ein klareres Bewußtsein seiner sittlichen Aufgabe zu ermöglichen, ihm die Freude zu geben am wertvolleren Leben und zugleich den Mut, es selber nachzuleben. Das Theater wie das Rezitationspodium sind ihm solchermaßen nicht das Forum verspielter Schönheit, sondern die Stätte der Erprobung und Erhärtung eines besseren Menschentums.«

Ich glaube, dies zitieren zu dürfen.

Die Rolle des Eugene in Thomas Wolfes ›Herrenhaus‹ war in der Tat eine wichtige Station meiner Arbeit: Sie ist bisher meine geliebteste Rolle geblieben. Gründgens war Intendant des ›Deutschen Schauspielhauses‹ geworden, wir waren uns einig über meine Mitwirkung, und wir standen zum erstenmal zusammen auf der Bühne. In diesem Stück schlossen wir unser Bündnis – ein künstlerisches Bündnis, an das ich fünfzehn Jahre vorher in Berlin nicht geglaubt hätte und das nun so wichtig für mich wurde. Ich hatte den Intendanten und Regisseur Gründgens immer bewundert und verehrt. Dem Schauspieler Gründgens stand ich in vielen Rollen ratlos und ablehnend gegenüber.

Da war zum Beispiel Goethes ›Iphigenie‹ im Staatstheater, in der Gründgens den Orest gespielt hatte. Die für meine Begriffe sehr äußerliche, ungemein manierierte und glatte Form, die er dieser Figur gab, hatte heftige Aversion in mir hervorgerufen. Schon sein Auftritt mit Pylades, den Hans-Georg Laubenthal spielte, hatte mich nervös und skeptisch gemacht. Laubenthal war in graublaues Tuch gekleidet. Gründgens trug so etwas wie ein chiton-ähnliches Gewand, ein knöchellanges, plissiertes schwarzes Abendkleid mit einem schmalen roten Gürtel. Den Kopf, den er zur Seite geneigt hielt, schmückte eine rötlich-blonde Lockenperücke. Er hatte die Hände von hinten auf Laubenthals Schultern gelegt und schob ihn mit ausgestreckten Armen vor sich her. Es dauerte eine Ewigkeit, bis die beiden in Rampennähe gelangten und Gründgens seine ersten Sätze erklingen ließ:

»Es ist der Weg des Todes, den wir treten:
Mit jedem Schritt wird meine Seele stiller.«

Alles schien mir so quälend peinlich, daß ich mich am Arm meines Freundes Carl-Franz festklammerte und im Begriff war, das Haus sofort zu verlassen, was mein Begleiter, der das mit Recht als bösen Affront empfand, Gott sei Dank verhinderte.

Wenig beeindruckt hatte mich auch Gründgens' Hamlet im Staatstheater. Schon während des ersten Auftritts ging ich in Opposition. Der Prinz saß an einem geneigten Lacktisch, so daß sein starres Bild sich, für Parkett und Ränge sichtbar, in der Tischplatte spiegelte. Das war raffiniert und klug – doch eben etwas zu klug und ausgedacht. So war die ganze Rolle angelegt. Seine manierierte Sprachmelodie, sein singender Tonfall irritierten mein sprachempfindliches Ohr zusätzlich. Ich saß verzweifelt und ratlos im Parkett. Da war für mein Gefühl nichts Ursprüngliches, Einfaches, Direktes, sondern nur Künstlichkeit.

Als Hamlet die Schauspieler traf, erwies sich endgültig, daß mein Gefühl nicht falsch sein konnte. Hamlet bittet den ersten Schauspieler, die ungemein anspielungsreiche Rede des Aeneas an Dido zu sprechen. Eine Rede, die – wie der Prinz sagt – mit ebensoviel »Bescheidenheit als Verstand« »ungleich mehr schön als geschmückt« abgefaßt sei. Geschmückt in Geste und Rede aber gab sich ausgerechnet Hamlet, und der Schauspieler widerlegte ihn gründlich.

Diesen Ersten Schauspieler spielte der wunderbare Paul Bildt. Er begann mit einem gewaltigen Pathos, charakterisierte Pyrrhus, Priamus und Hekuba mit überdimensionalen Gesten und ließ dadurch zugleich die Schauspieler-Tradition und den Sprachstil früherer Jahrhunderte auferstehen. Er spielte die Vorgänge, die er in seiner Rede beschreibt, buchstäblich mit Schweiß und Tränen, war zugleich ungeheuer realistisch und kraftvoll und wirkte dabei natürlicher und glaubhafter als der Hamlet von Gustaf Gründgens. Ich wollte diesen Hamlet liebend gern so gut finden wie die Kritik, damals »Kunstbetrachtung« genannt, aber es war mir nicht möglich.

Ich will nicht ungerecht sein. Gründgens war in dieser Phase seiner Entwicklung an einem gefährlichen Punkt angelangt. Seine ausgekühlte »Formalität«, das Ausgedachte auch in der Gestaltung sehr emotional gestimmter Figuren wie Orest überzeugten mich nicht und waren mir nicht glaubhaft. Dieser Stil enthüllte – wie ich meinte – einen Mangel an spontaner Gefühlskraft. Wenn man den ganz und gar gebändigten Ausdruck sucht, muß im Inneren ein starkes Gefühl als Basis und Ausgangspunkt vorhanden sein. Man muß »viel im Laden haben«, um es sich leisten zu können, »wenig im Schaufenster zu zeigen«! Das vermißte ich beim Hamlet, der – wie mir scheinen will – mit dem Herzen denkt und mit dem Kopf fühlt – und dessen Fühlen deshalb so klug und dessen Denken deshalb so leidvoll und gefühlsbestimmt ist. – Gründgens hatte eine Last auf sich geladen, die für einen einzelnen kaum zu tragen war. Die dauernde Hochspannung und der politische Druck mochten ihn in diese Überkontrolle getrieben haben. Damals dachte ich nicht so weit. Seine Art war mir einfach fremd.

Heinrich George mit seiner handfesten Szenen- und Rollenphantasie lebte mir einen anderen Theaterbegriff vor. Im ›Schiller-Theater‹ flüchteten wir nicht in den Stil. Dort suchten wir direkte Lösungen. Das war für meine Entwicklung gut und richtig.

Daß Gründgens ein bedeutender Schauspieler war, sah ich in anderen Rollen, am Mephisto zum Beispiel und an seinem Don Juan in Grabbes ›Don Juan und Faust‹. Das Bühnenbild von Rochus Gliese zeigte eine Landschaft mit kubisch gestutzten Bäumen und mutete sehr abstrakt an. Diesmal stimmte das Konzept. Es gehörte zum Thema, war der Stil der ganzen hochgepeitschten und überhitzten Grabbe-Welt. In dieser Rolle war

Gründgens unübertrefflich eiskalt, überlegen, beherrschend mit einem bösen Charme. Eine bestechende Einheit, die ganze Inszenierung. Als ich diese Rolle dann in Hamburg unter Gründgens' Regie spielte, habe ich mich in der Erinnerung bemüht, etwas von seiner kalten Rasanz hineinzubringen.

Ich will mit diesen Andeutungen das große Theaterphänomen Gründgens nicht im geringsten posthum kritisieren, sondern nur zeigen, wie weit wir ursprünglich voneinander entfernt waren. In der Abgrenzung gegen den großen, in seinem Zenit stehenden Theatermann Gründgens fand der junge Schauspieler Quadflieg sich selbst, ohne recht genau zu wissen, was er wollte, lernte er an ihm schneller, was er nicht wollte, ähnlich wie ein Bildhauer im Wegnehmen die dann stehenbleibende Form findet. Deshalb war dann unsere späte Begegnung, in der so viele Schlacken seiner und meiner Entwicklung schon abgetan und eliminiert waren, so ergiebig und beglückend. Wir hätten uns gar nicht früher mit solchem Sinn und Gewinn begegnen dürfen. Das ist mir heute klar.

Als wir uns Anfang 1956 im ›Deutschen Schauspielhaus‹ kennenlernten und Thomas Wolfes ›Herrenhaus‹ spielten, verstanden wir uns sofort. Dieses Stück, das lange für unspielbar gehalten worden war, hatte Gründgens schon in Düsseldorf mit Erfolg herausgebracht. Es sprach die Erfahrungen der dreißiger und vierziger Jahre an. Diese Erfahrungen hatte Gründgens ausgelotet. Solange es sich irgend machen ließ, hatte er während der Hitler-Zeit alle politischen Ansinnen mit dem Theater um des Theaters willen übertrumpft. Er hatte danach auch das russische Lager durchgestanden. Nicht zuletzt hatte ihn dabei, so erzählte er es nach seiner Entlassung Paul Wegener, während er Hunger litt und ihm buchstäblich der Tod im Dreck drohte, der Gedanke getragen, unbedingt erfahren zu wollen, wie man es nach solcher Schmach und Erniedrigung überhaupt fertigbringen kann, weiterzuleben. Es war der »General« in seinem Titel Generalintendant, der ihn den Russen so verdächtig machte. Viele angesehene Kollegen hatten sich für ihn eingesetzt, und als die Russen ihn schließlich entließen, hatte er versucht, in Berlin neu anzufangen. Doch der Schock des Jahres 1945 hatte ihn nachhaltig irritiert.

So war Gründgens nach Düsseldorf gegangen, und von dort war er nun nach Hamburg gekommen. Hamburg, die Stadt, die angeblich den Künsten wenig wohlgesonnen ist, hatte das Glück, diesen Theatermann zu gewinnen, und akzeptierte ihn sofort begeistert.

Seine erste Inszenierung, also Thomas Wolfes ›Herrenhaus‹, meint den Wohnsitz eines Südstaaten-Aristokraten in Georgia. Das Haus des Generals Ramsey nimmt der Autor als ›Symbol des wechselnden Glücks einer Familie‹. Im ersten Akt zieht der General mit seinen Söhnen Eugene und Ralph in den Krieg gegen die Nordstaaten. Ralph Ramsey kommt um, der General und Eugene kehren geschlagen zurück. Ihr Haus ist verkommen, ihre Sklaven sind davongelaufen, ihre Finanzen sind zerrüttet. Der Besitz geht in die Hände des Holzhändlers Porter über. Der General stirbt, wie er gelebt hat, »mit einer großen Geste«.

Im letzten Akt arbeitet Eugene als Tagelöhner am Abbruch des Ramsey-Hauses mit. Als Porter ihm befiehlt, den Stuhl des Generals zu zerschlagen, kommt es zur Auseinandersetzung. Porter und der letzte Getreue der Ramseys, der Sklave Todd, sterben. In der Pose Samsons reißt Eugene die tragende Mittelsäule des Hauses ein. Die Trümmer erschlagen ihn.

Das Stück heißt im Original »Mannerhouse«. Nicht nur irgendein Herrensitz (*manor-house*) wird also gezeigt. Es geht vielmehr um die Haltung (*manner*) der Bewohner. Das Glaubensbekenntnis des Generals lautet:

»Ich glaube an Gott, an Himmel und Hölle. Und an mein Haus. An eine große Stufenleiter von Dingen, auf denen es ruht. Ich glaube an Herren und Knechte.«

Eugene hat diesen Glauben nicht. Er denkt unverkennbar nihilistisch. Er sagt:

»Ich glaube nicht an Reformen, mich kümmert der Fortschritt nicht. Ich glaube nur an das Ende.«

Der Krieg ist, wie Eugene glaubt, eine Form des Endes. Das geschäftemachende Säkulum, das nun mit dem Holzhändler Porter heraufzieht, ist ebenfalls Vollzug des Endes. Ich glaube, in meiner Gestaltung den wilden Ekel, den wütenden Zorn und den rebellischen Zynismus in Eugenes Wesen nicht unterschlagen zu haben. Darüber hinaus aber kam es mir darauf an, Eugene als anderen Hamlet zu zeigen. Seiner Mutter und dem geliebten Mädchen gegenüber fiel Eugene ohnehin in diese Pose. Mir ging es aber auch darum, Eugenes Zweifel und seinen Haß auf die verlogene Umwelt zu spielen; nicht nur die Haltung eines aus seiner Tradition gefallenen Menschen zu zeigen, sondern auch die Sache selbst anzugehen, den Krieg, von dem wir alle wußten, daß er als Ende ungenügend definiert war. Das verstand auch das Publikum, das jeden Abend Eugenes wütenden Ausbruch gegen den Krieg und die böse Torheit der alten Männer, die ihn beginnen, mit Szenenapplaus quittierte. Wir nahmen Thomas Wolfe so ernst, daß wir sein Stück werkgetreu spielten und zugleich auch unsere Erfahrung mit dem Zweiten Weltkrieg einbrachten. Wir verwirklichten dadurch, meine ich, einen sehr anspruchsvollen, sich direkt übertragenden Begriff von Aktualität, spielten also werkgetreu *und* zeitnah Theater.

Dies wurde zur Grundlage unserer Arbeit. Dem Ziel, das Gründgens sich beim ›Herrenhaus‹ gesetzt hatte, blieb er treu, solange er das ›Deutsche Schauspielhaus‹ leitete. Im ›Faust‹ und im ›Carlos‹ kam er ihm, so meine ich, besonders nahe. Er war klug und genial genug, um ein Stück richtig lesen und ohne Mätzchen zeitnah inszenieren zu können.

Über seine ›Begegnung mit Faust‹ hat Gründgens genaue Rechenschaft gegeben. Als Achtzehnjähriger hatte er im Saarbrückener Saalbau den Schüler gespielt. Danach hatte ihn Mephistos

Gestalt nicht mehr losgelassen. Nach einem ersten Versuch im Jahre 1922 in Kiel spielte er diese Rolle, als Lothar Müthel 1932 im Schauspielhaus am Berliner Gendarmenmarkt den ersten Teil der Tragödie inszenierte, und zwar mit sensationellem Erfolg. Der zweite Teil hatte unter der Regie von Gustav Lindemann am 21. Januar 1933 Premiere. Gründgens notierte:

»Für mich war diese Aufführung die glühend erwartete Gelegenheit, mich in Berlin in einer großen klassischen Rolle durchzusetzen, nachdem bis dahin lediglich meine Begabung im Konversationsstück ausgenutzt war.«

Doch Gründgens konstatierte auch »gelegentliches Befremden«, in das ihn der ›Faust‹ mit seiner Fülle von Figuren, Aufwendigkeiten und Chören versetzt hatte. Abermals zehn Jahre später zog er daraus die Konsequenz:

»Aus meiner angeborenen und durch die äußeren Umstände höchst gesteigerten Animosität gegen alles Verquollene, ›Titanische‹, gegen jenes exhibitionistische Wühlen in der eigenen Seele, gegen die Sucht, das Dunkle noch dunkler zu machen, einen Gedanken, statt ihn durch Sprache zu klären, mit Gefühl bis zur Unverständlichkeit zu belasten, besetzte ich den Faust mit dem männlichsten Darsteller des deutschen Theaters, mit Paul Hartmann, der auf Grund seines Naturells nicht in die Versuchung geraten konnte, die großen Monologe gedanklich zu überlasten, der nicht – tragischer Irrtum aller Faust-Darsteller – jeder Zeile des Dichters ängstlich gerecht zu werden bemüht war, sondern der sich tapfer und zornig durch die Monologe schlug. Und auf einmal war etwas erreicht, was mir für eine ›Faust‹-Aufführung überhaupt wesentlich erscheint: Wir hörten keine Selbstgespräche, in denen geniale Zwerge einen genialen Riesen auszudeuten bemüht waren, sondern wir erlebten Aktion von Zeile zu Zeile, Handlung von Schritt zu Schritt – Drama.«

Ich denke, in diesen wenigen Zeilen steckt ein ganzer Katechismus der Schauspielkunst. Besonders in unserer Zeit, in der man dauernd erlebt, wie genialische Regie-Zwerge geniale Dichter-Riesen eilfertig eitel, und wie sie behaupten, zeitnah ausdeuten. Gründgens erhob rechtens zum Prinzip, was er aus der praktischen Arbeit an Einsicht gewonnen hatte, und an dieses Prinzip hielt er sich in letzter Konsequenz bei unserem ›Faust‹ in den Jahren 1957 und 1958. Diesen Schritt hatte er in den frühen vierziger Jahren in Berlin noch nicht getan. Er trennte sich im ›Faust I‹ noch nicht vom Milieu. Er ließ noch eine Fülle von Pappe und Sperrholz und Prospekten mitspielen. In Berlin waren noch bei Mephistos Kampf um Fausts Seele Lichtpunkte auf Schleiern als Engel gemeint – in Hamburg war Mephisto allein im nachtschwarzen Raum, die Engelchöre kamen vom Tonband, und unsere Phantasie ging mühelos mit, wenn Mephisto diese Engel ansprach.

Die Lösung der Frage, wie die Tragödie radikal vom äußerlichen Aufwand zu befreien war, fiel ihm nach einer weiteren Inszenierung in Düsseldorf erst in Hamburg ein. Und auch da räumte er von Probe zu Probe immer mehr »Materie« von der Bühne. Ich erinnere mich an einen Probentag, als Gretchens Stube mit dem Faust-Monolog auf dem Programm stand.

»Willkommen süßer Dämmerschein,
Der du dies Heiligtum durchwebst,
Ergreif mein Herz, du süße Liebespein,
Die du vom Tau der Hoffnung schmachtend lebst.«

Gründgens deutete kurz an: »Sie gehen also die zwei Stufen auf das Podium hinauf und beginnen.« Ich, einigermaßen ratlos, wie ich auf diesem leergeräumten Podium den süßen Dämmerschein des Zimmers ansprechen sollte, fragte: »Können Sie mir das nicht einmal vorspielen oder andeuten?« Er erwiderte: »Nein, nein, mein Lieber. Im Krieg sollte ich einmal ein Stück von Blunck

›Land in der Dämmerung‹ inszenieren. Ich gab es Fehling, der es mir am nächsten Tag mit der lakonischen Bemerkung zurückgab, daß dies nichts für ihn wäre, und noch hinzufügte, ich sollte das machen. Da sagte ich ihm: »Nein, lieber Fehling, vor diesen Stücken schützt mich mein Mangel an Tiefe.«

Nach der Lektüre des ›Vorspiels auf dem Theater‹, auf das er zuvor immer verzichtet hatte, kam Gründgens auf den Gedanken, das Stück von daher zu inszenieren. Er notierte:

»Ich setzte mich mit Teo Otto zusammen, und indem wir unseren Dichter von Zeile zu Zeile wie Schuljungen wörtlich nahmen, kamen wir zu unserer Lösung, die mir heute so selbstverständlich erscheint, daß es mir als eine Fälschung vorkommen will, wenn man den ›Faust‹ ohne das ›Vorspiel auf dem Theater‹ spielt. Denn in diesem Vorspiel und mit diesem Vorspiel enthebt uns Goethe ein für allemal der Verpflichtung, den Zuschauer glauben zu machen, sein Himmel sei *der* Himmel, seine Kaiserpfalz sei *die* Kaiserpfalz, sein Griechenland sei *das* Griechenland. Nein, es ist alles, der Himmel, die Hölle, die kleine, die große Welt: die Welt des Theaters.«

Den jähen Wechsel von der heiligen Messe im Dom zur Schwarzen Messe hatte Gründgens schon in Berlin praktiziert. Ich erinnerte ihn im Gespräch an den großen Eindruck, den dieser rasante Übergang mir in Berlin gemacht hatte. Jetzt suchte er für ihn einen neuen Ausdruck, und er fand ihn im Rock 'n' Roll: »in der schweißtreibenden Hingegebenheit an den simpelsten Rhythmus«.

Diese Aktualität hatte ihre Ansätze schon in unserer ersten Diskussion über einen modernen ›Faust‹ gefunden. Bevor noch jemand etwas von seinem Plan wußte, das Stück wieder aufzugreifen, war Gründgens eines Abends zu mir in die Garderobe gekommen und hatte mir gesagt: »Ich überlege, ob ich den ›Faust‹ nochmals machen soll. Hätten Sie Lust, den Faust zu spielen?

Dann mache ich es.« Meine Antwort kam spontan: »Mit größtem Vergnügen, wenn ich ihn als absolut zeitgemäßen Typ spielen kann, also ganz ohne Bart, als Wissenschaftler von heute, als Atomforscher, wenn Sie wollen, etwa mit dem Kopf von Oppenheimer, wenn er zum Beispiel einen alten Pullover wie Einstein trägt und wenn die ›einzige Phiole‹ ein Reagenzglas ist.«

Gründgens überlegte kurz. Dann sagte er: »Gut; Oppenheimer – das ist gut – so machen wir es.«

Es ging mir um mehr als um die generelle Forderung, in einem Klassiker Antworten auf die eigene Zeit und die eigenen Probleme zu finden. Das verstand sich von selbst. Es ging mir darum, meine persönliche Aversion gegen den Faust als Figur – besonders gegen den jungen Faust, künstlerisch auszuwerten. Diese Aversion war nur durch eine Gestaltung zu überwinden, die deutlich machte, daß dieser in der Hexenküche mit teuflischen Säften verjüngte alte Mann seinen Trieben so ausgeliefert ist, daß seine nackte »Brunst« (»Ich soll sie sehen, sie haben«) sich Gretchen gegenüber mit tückischer »Inbrunst« äußert. Ich wollte spielen – es ist mir nicht gelungen –, daß jedes Wort, das er in der Gretchen-Welt oder zu Gretchen spricht, seine Gespaltenheit offenbart, daß seine mehr oder weniger getarnte Geilheit nur begehren und nicht lieben kann. Ich wollte zum Ausdruck bringen, daß all die schönen Liebesworte und sogar die Texte, mit denen er Gretchen seinen Gottesbegriff erläutern will, nichts als versetzte Sinnlichkeit sind. Unter diesem Aspekt wurde die Definition seiner Gottesvorstellung, die ihm Gretchen abnötigt, die mir immer so verlegen in einem vagen Pantheismus ausweichend geschienen hatte: »Der Allumfasser, der Allerhalter ...« bis zu dem berühmten Satz »Gefühl ist alles! Name Schall und Rauch, umnebelnd Himmelsglut« für mich faßbarer, und ich fand den Ansatzpunkt zu meiner Gestaltung. Er hat den Teufels-Hexentrank im Leibe und ist daher unfähig, ein echtes Liebesgefühl zu empfinden. Er spürt diese innere Spaltung der zwei Seelen in seiner Brust auch selbst und fragt sich: »Und du, was hat dich hergeführt?« Und später: »Sie, ihren Frieden mußte ich untergraben / Du Hölle mußtest dieses Opfer haben.«

Er ist gespalten in einen hexensaftgeilen Mannskerl und einen begreifenden, fühlenden Menschen und spürt genau wie sehr Mephistos schneidender Hohn berechtigt ist. »Der übersinnliche, sinnliche Freier« tobt verzweifelt gegen die »Spottgeburt aus Dreck und Feuer«, die ihn so dämonisch »durchtränkt« und sein Ich zerstörend in den Klauen hat. Ich hätte gern die falsche, sinnliche Verschmustheit in den so schön und glatt daherkommenden Liebesworten zu Gretchen herausgearbeitet. Das widerlich Verführerische, Luziferische, das jeder schöne Mannskerl für ein argloses Mädchen bedeutet, wollte ich darstellen und verkörpern. Leider hat mich mein Regisseur Gründgens da nicht genau verstanden – oder verstehen wollen. So blieb ich in der Konvention stecken, versuchte es einmal mit übertrieben aufgerissenen Augen anzudeuten, konnte aber meine Abneigung gegen Heinrich Faust nicht charakterisieren und nach meinem Sinn auswerten. Hier aber liegt, so meine ich, der Schlüssel zu einer Verkörperung dieser Figur, die dauernd daran erinnern sollte, daß Faust den Pakt mit dem Teufel geschlossen hat, daß er, ob er will oder nicht, nun dessen dämonischen Ich-zersetzenden Kräften ausgeliefert ist. Die Parallele zu unserer Zeit liegt auf der Hand. Mir scheint, daß es immer sichtbarer in Erscheinung tritt, wie sehr wir alle »des Teufels sind«, auch wenn die Wenigsten spüren, wie sehr er sie beim Kragen hält.

Grundsätzlich hatte mich Fausts schon allzu deutsche Bedeutsamkeit und Tiefgründigkeit, die mit solcher Rücksichtslosigkeit des Strebens vereint auftritt, immer abgestoßen. Die tausendfach als Zitate herausgerissenen Einzelsätze mögen ein gut Teil Schuld an dieser Aversion haben. Ich halte es mit Weizsäcker, der gesagt hat: »Wenn uns die Erkenntnis an der Liebe hindert, müssen wir die Erkenntnis zurücklassen.« Faust tut bekanntlich das Gegenteil. Er forscht auf Tod und Leben. Er stellt die Erkenntnis über Liebe, Leben und Welt. Faust ist ein überdimensionaler Egoist, der sich über die Gebote der Menschlichkeit hinwegsetzt. In allen Varianten ist die Welt heute voll von Egoisten, die sich ähnlich gebärden. Ich bedaure es, daß es mir nie gelang, ihn so unsympathisch und humorlos auf die Bühne zu stellen, wie er mir oft erscheint. Das hätte all den Faustrollengestaltungen eine neue eigene Spielart hinzufügen können: eine zeitbezogene.

Was mich mit dieser Figur etwas versöhnt, ist ihr unerbittlicher Versuch der Selbsterkenntnis. Angesichts von Gretchens Tragödie und Wahnsinn gewinnt er sie, als er im Kerker begreift, was er anrichtete und schreit: »O wär ich nie geboren!« Auch im ›Wald- und Höhle‹-Monolog hatte ich festen Boden unter den Füßen:

»Du gabst [. . .]

Mir den Gefährten, den ich schon nicht mehr
Entbehren kann, wenn er gleich, kalt und frech,
Mich vor mir selbst erniedrigt [. . .]
Er facht in meiner Brust ein
  wildes Feuer
Nach jenem schönen Bild geschäftig an.
So tauml ich von Begierde zu Genuß,
Und im Genuß verschmacht ich nach Begierde.«

Da ist Faust seiner eigenen unseligen Natur selbsterkennend auf die Spur gekommen. Da ist er ehrlich aus Einsicht und Verzweiflung. Da konnte ich mich in einer Weise mit ihm identifizieren, wie erst wieder am Schluß des Faust II in den letzten Szenen des Uralten, in denen seine Blindheit und Illusionsverfallenheit ihn groß, einsam und tragisch erscheinen lassen.

Die »Widerwärtigkeit« seines Faust hat Goethe selbst im Alter erkannt.

Nach dem ›Urfaust‹ im ›Schiller-Theater‹, der allerersten Skizze, in der ich ja abwechselnd der Faust und der Mephisto war, hatte ich beide Teile der Tragödie 1949–50 unter Leonard Steckels Regie in Zürich gespielt. Als ich in der Gründgens-Inszenierung des ›Faust‹ spielte und wir die Verfilmung hinter uns hatten und vor dem Gastspiel in New York standen, fragte Leopold Lindtberg an, ob ich bei ihm in Salzburg den Mephisto spielen wollte. Ich ging nach Salzburg, und später gab es von dieser Aufführung ein Remake am ›Burgtheater‹ in Wien. Mein Zusammenspiel mit Gründgens aber wurde und blieb meine wichtigste Arbeit am ›Faust‹. Sie war meine Sternstunde des Theaters. Wir hielten uns an die Verabredung, soviel zeitgerechte Nüchternheit wie möglich ins Spiel zu bringen, und wir erreichten sie, indem wir darauf beharrten, die Welt des Faust sei eine Theaterwelt. Nach dem ›Vorspiel auf dem Theater‹ durfte und mußte auch der ›Prolog im Himmel‹ theaterhaft bleiben. Plötzlich war es nicht mehr absurd, Hermann Schomberg als Herrgott mit Rauschebart und monströsem Heiligenschein auf eine Art Kanzel zu stellen. Die Engel durften pittoreske Flügel spreizen. Mephistos Versuch, mit Gott über den Fall Faust wieder ins Gespräch zu kommen, wirkte darum nur um so ernsthafter. Der Herr selbst segnete nicht nur diese theologische Versuchung des Faust durch den Teufel, er segnete auch den Theaterversuch. Das Bretterbühnchen auf der großen Bühne des ›Deutschen Schauspielhauses‹, auf das sich dann das Spiel konzentrierte, war ein zeit- und theatergerechter Platz. Es war zeitgerecht, weil es theatergerecht war.

Gefreut hat mich dann Gründgens' Kompliment, mein alter Faust habe meinen jungen Faust überstrahlt. Der junge Faust habe mir von meiner Natur her eigentlich leichter fallen müssen, aber ich sei am Widerstand gewachsen, den mir die Rolle in ihren späteren Phasen theoretisch entgegengesetzt habe. Er wußte es nicht, aber ich wußte, warum mein junger Faust ein so langweiliges Fragment geblieben war. Ich nahm dieses Lob als Bestätigung dafür, daß mir wenigstens der große Bogen der Figur nicht entgangen war, trauerte aber meinem jungen Faust nach.

Wenn man Faust und Mephisto in beiden ›Faust‹-Teilen in verschiedenen Inszenierungen im Abstand vieler Jahre gespielt hat, kann man vielleicht aus der Schauspielerpraxis an den Interpretationen der Philologen einiges ergänzend und bestätigend, vielleicht auch widersprechend, hinzufügen. Man gewahrt den Janus-Kopf des Goethischen Wesens (»Und so spalt ich mich, Ihr Lieben, und bin immerfort der Eine«) nicht nur intellektuell, sondern leibhaftig. Man erlebt, wie sehr im zweiten Teil Mephisto immer entschiedener faustische Züge bekommt, wie er, den Menschen erforschend, weiser und resignierter wird. Man erlebt umgekehrt, wie Faust immer mephistophelischer reagiert, rücksichtslos die Hütte Philemons und Baucis' verbrennen läßt und dann den Anstoß zu dieser Untat verleugnet. Der Mensch wird teuflischer, der Teufel menschlicher. Es wäre einer Auslassung, die nicht hierher gehört, würdig, dies im Detail auszuführen. Am Schluß ist der Teufel, der ja im Auftrag des Göttlichen den Menschen Faust testete, der Geprellte. Denn das Prinzip der Gnade ist jenseits der Ratio und hier eine Art göttlichen Tricks.

Ich hatte Lindtbergs Vorschlag, in Salzburg den Mephisto zu spielen, gern akzeptiert. Über Gründgens' Reaktion hatte ich mir keine Sorgen gemacht. Um so mehr bekümmerte mich nun ein Brief von ihm in dieser Angelegenheit. Er gratulierte mir bissig zu »diesem interessanten Experiment« und teilte mir gleichzeitig mit, daß es ihm nun nicht mehr geraten scheine, mich zum »Faust«-Gastspiel mit nach New York zu nehmen. Das war mir um so ärgerlicher, als ich aus Zeitnot und wegen einer Tournee-Verpflichtung schon das Moskauer Gastspiel verpaßt hatte, das mir noch wichtiger gewesen war als jetzt die Reise nach Amerika.

Gründgens' Hauptargument war, Lindtberg und er seien zu profilierte Regisseure und ihre Auffassungen seien prinzipiell zu verschieden, als daß ein Schauspieler in der einen Inszenierung den Faust und in der anderen den Mephisto spielen könne. Es könne auch kein Sänger in der Inszenierung völlig verschieden profilierter Regisseure den Don Giovanni singen. Damit gab er mir ein gutes Gegenargument in die Hand. Nachdem ich meine erste Verblüffung überwunden hatte, schrieb ich postwendend diesen Brief:

»Lieber, verehrter Herr Gründgens,

aus Ihrem Brief vom 10. Oktober ersehe ich, daß Sie endgültig umdisponiert haben, ohne mir Gelegenheit zu geben, näher auf das Problem einzugehen und mein Vorhaben eventuell zu korrigieren. Das schöne Ressentiment von der Ersetzbarkeit und der leichten Austauschbarkeit meiner Person in dieser Rolle kann ich gern in mir verschließen. Bei der Aufführung in Berlin haben wir in dieser Angelegenheit aneinander vorbeigeredet. Leider habe ich von dem ausweichenden Charakter Ihrer Antwort nichts gemerkt, da ich meine Mitwirkung beim New Yorker Gastspiel für fest beschlossen hielt und somit nur nach dem genaueren Datum fragte. Wenn Sie den Salzburger Plan und meinen Hamburger Faust für unvereinbar hielten, was mir damals wie heute nicht einleuchten will, so hätte doch ein Hinweis von Ihrer Seite sehr schnell Klarheit schaffen können, und wir hätten uns mit wenig Worten verständigt. So sehr ich mich darüber freue, daß Sie meinen Gedanken, den Mephisto zu spielen, verstehen und billigen, so wenig überzeugt mich der Vergleich mit einem Sänger, der in zwei verschiedenen Inszenierungen den Don Giovanni singt. Ich spiele ja nicht mit der Idee, so bald nach meiner Mitwirkung in Ihrer einmaligen, unwiederholbaren Inszenierung erneut den Faust zu spielen, sondern den Mephisto. Aus eigenster Erfahrung weiß ich, wie völlig verschieden der innere Ansatz- und Ausgangspunkt zu diesen beiden Rollen ist, spielte ich doch 1944 unter Georges Regie im ›Urfaust‹ beide Rollen von Abend zu Abend wechselnd. Es kann doch kein objektiv denkender Mensch etwas dabei finden, wenn ein reifer Schauspieler in einer Aufführung den Faust und in einer anderen den Mephisto spielt, gerade wenn, wie Sie so richtig schreiben, ›so völlig verschieden profilierte‹ Männer inszenieren . . .«

Terminfragen, die Gründgens auch erwähnt hatte, waren meiner Meinung nach ohne weiteres zu meistern. Ich sagte am Ende meines Briefes rundheraus, die beiden Teile des ›Faust‹ seien für mich »der eigentliche Kern und Sinn meines Engagements am Schauspielhaus gewesen«, und äußerte mich kühl zu dem Vorschlag, statt den Faust in New York, den Anouilhschen ›Becket‹ in Hamburg zu spielen, den Gründgens mir im selben Brief angetragen hatte. Seine Reaktion ließ nicht lange auf sich warten. Er schrieb mir ungemein fair:

»Ohne meine prinzipielle Stellungnahme über die künstlerische Zulässigkeit, zu gleicher Zeit in zwei grundsätzlich verschiedenen Inszenierungen zu spielen – denn der Schauspieler steht ja nicht für sich allein, sondern für die Gesamtaufführung –, ändern zu können, werden meine Bedenken, ob ich berechtigt bin, diese künstlerische Überzeugung so demonstrativ zu äußern, immer größer. Ich hatte mich natürlich zuerst zu prüfen, ob es nicht Resignation ist, die mich einer unbequemen Entscheidung ausweichen läßt. Aber da ich weder meiner Gesamtinszenierung schaden, noch Sie persönlich zu sehr verletzen will, sollten die praktischen Erwägungen über künstlerische Prinzipien den Sieg davontragen. Wir wollen also gemeinsam nach New York fahren und das Bestmögliche daraus machen.«

Wir machten das Bestmögliche daraus. Leicht wurde es nicht für mich. Doch das hatte nichts mit unserer Aufführung zu tun. Es lag daran, daß ich auf dem Flug nach New York Halsschmerzen bekam. Über New York tobte ein Schneesturm, und wir wurden nach Montreal umgeleitet. Ich hatte dort schon bei der Landung erhebliche Schluckbeschwerden. Das Hotel, in dem wir untergebracht wurden, war durch die Katastrophensituation auf den Flughäfen überfüllt. Sogar in der Halle mußten Reisende nächtigen. Es war Sonntag. Einen Arzt konnte das Hotel nicht auftreiben. Also hielt ich durch und stieg am andern Morgen mit den Kollegen in die Maschine, die uns im zweiten Anlauf nach New York bringen sollte. Wir kamen dort auf einer freigemachten Landepiste tatsächlich hinunter, nachdem wir stundenlang in Warteschleifen gekurvt waren. Der Himmel hatte sich beruhigt, aber die Straßen lagen hoch voller Schnee. Nur die Hauptverkehrswege waren mühsam freigeräumt. Fahren durften nur Autos mit besonderen Genehmigungen.

Im Hotel erklärte ich, daß meine Halsschmerzen nun nicht mehr zu ertragen seien. Man telefonierte herum und erreichte einen bekannten Hals-, Nasen- und Ohrenspezialisten, der die Sänger der Met betreute. Er war in Wien ein angesehener Spezialist gewesen und dann in die USA emigriert. Jetzt hatte ihm unser Konsulat die Erlaubnis verschafft, die Straße zu passieren. Er kam, sah mir in den Hals und sagte zu Gründgens und mir: »Es ist ein Mandelabszeß. Das sieht schlimm aus. Am besten schneide ich sofort. Nur leider kann ich Sie nicht betäuben. Dafür habe ich keine Mittel bei mir, denn damit habe ich nicht rechnen können. Ich habe hier kein rechtes Licht.« Er nahm die Nachttischlampe, schraubte den Schirm ab, führte mich ins Badezimmer, sagte mir, ich solle mich mit der einen Hand an der Tür festklammern und mit der anderen die Lampe halten, damit er mir in den Rachen sehen und operieren könne. Zu Gründgens meinte der Arzt noch: »Wenn Sie jemand laut schreien hören, dann hat es angefangen.« Mein Intendant empfahl sich still und bleich. Für Szenen dieser Art war er durchaus nicht zu haben.

Ich tat also wie befohlen und hörte mit Entsetzen, wie er noch sagte: »Es wird sehr, sehr weh tun, das sage ich Ihnen gleich – und Sie müssen ganz still halten.« Es war gut, daß der Doktor mich so nachdrücklich warnte. Hätte mich dieser Schmerz unvorbereitet getroffen, hätte ich bestimmt seine Hand zurückgerissen oder das Messer abgebissen. So hielt ich meinen Mund krampfhaft weit offen, und ein dicker Strahl aus Blut und Eiter ergoß sich über den entschlossenen Operateur. Er sah mich verblüfft an, reinigte seinen Anzug und sagte trocken: »Ein Glück, daß ich sofort geschnitten habe. Morgen früh wären Sie ein toter Mann gewesen.« Dann schaffte er mich aufs Bett, drückte mir Tampons in die Hand, mit denen ich das Blut abtupfen sollte, spritzte Penicillin und Schmerzmittel und überließ mich meinem Schicksal. Ich war die ganze Nacht mit meiner stark blutenden Halswunde beschäftigt. Gründgens hatte den Gedanken wohl aufgegeben, daß ich am nächsten Abend spielen könnte. Er hatte telegraphisch Werner Hinz, der den Faust auch gespielt hatte, von Hamburg nach New York beordert. Hinz traf kurz vor der Vorstellung ein und erklärte kategorisch, er sei außerstande, nach diesem Flug die Rolle zu übernehmen. Also ging ich auf die Bühne und spielte. Es war das Lincoln-Center, ein riesiges Theater, und ich konnte den Mund nur wenig öffnen, aber ich lutschte Penicillin-Tabletten und stand das Martyrium durch. Wie es mir gelang, meinen Text in diesem 2000 Menschen fassenden Theater einigermaßen verständlich zu sprechen, ist mir heute noch ein Rätsel, aber es gelang mir zum Glück, trotz meiner Schmerzen. Das Echo bewies es. Auch mein Anteil an der Aufführung wurde gelobt. Wir hatten es sogar fertiggebracht, den schauderhaften Kurztext zu überspielen, den die Übersetzungsanlage den Leuten ins Ohr träufelte, die des Deutschen nicht mächtig waren. Das klang, wie mir Maximilian Schell nachher erzählte, etwa so: »Now Faust is depressed. He wishes to die. No! no! he wishes to die no more! Faust appears and confesses he's fallen in love for Gretchen«, etc. etc.

Unsere letzte Arbeit galt Schillers ›Don Carlos‹. Wer an ›Don Carlos‹ denkt, hat wohl zuerst die Forderung nach Gedankenfreiheit im Sinn. Dieser seit bald zweihundert Jahren von Beifall umrauschte Satz reduziert die Botschaft des Stückes auf todesmutige Rebellion namens einer Sache, die problematisch genug ist. Denn wessen Angelegenheit ist wohl diese berühmte Gedankenfreiheit?

Absolute Herrscher und Diktatoren können dem Volk den Wunsch, frei zu denken, auszutreiben versuchen. Die Verfahren haben sich immer mehr verfeinert und sind immer wirksamer geworden. Trotzdem hängt alles an dem Entschluß des Bürgers, sich das freie Denken nicht nehmen zu lassen, und Geschichte wie Literatur strotzen von Beweisen, daß es auch unter härtestem Zwang gelingen kann.

Der Marquis von Posa führt es vor Augen, als er zu König Philipp sagt:

»Ich höre, Sire, wie klein,
Wie niedrig Sie von Menschenwürde denken,
Selbst in des freien Mannes Sprache nur
Den Kunstgriff eines Schmeichlers sehen, und
Mir deucht, ich weiß, wer Sie dazu berechtigt.
Die Menschen zwangen Sie dazu; *die* haben
Freiwillig ihres Adels sich begeben,
Freiwillig sich auf diese niedre Stufe
Herabgestellt. Erschrocken fliehen sie
Vor dem Gespenste ihrer innern Größe,
Gefallen sich in ihrer Armut, schmücken
Mit feiger Weisheit ihre Ketten aus,
Und Tugend nennt man, sie mit Anstand tragen.«

Posa denkt nicht nur selber frei und begnügt sich nicht damit, seine Gedanken vor dem König auszusprechen, er erkennt den tieferen Grund der Unfreiheit in der Feigheit der Untertanen im Mangel an Zivilcourage, diesem zu allen Zeiten wiederkehrenden Mangel. Für sich selber nimmt er in Anspruch, nicht Fürstendiener sein zu können.

Der Philipp war die letzte Rolle, die Gründgens gespielt hat. Als er mir den Marquis Posa antrug, sprachen wir zuerst über die entscheidende Szene im Kabinett des Königs. Ich sagte: »Es wäre schön, diese Szene wirklich im Kabinett zu spielen, wie Schiller es vorschreibt. Dann könnte man leise sprechen, leise sein, denn ich möchte unter allen Umständen das große Pathos vermeiden, das ich von meinen Vorgängern im Ohr habe, und nie vergessen, daß es ein stiller Dialog zwischen zwei Menschen ist, die sich respektieren und einander gespannt zuhören. Wenn ich diese welterschütternden Sätze auf Applaus zielend herausschreie, wie ich es immer erlebt habe, verpasse ich die eigentliche Wahrheit der Figur und der Situation. Es dürfte nach der Gedankenfreiheits-Forderung kein Applaus kommen.«

Gründgens dachte genauso und sagte nur noch: »Die Striche für diese Szene machen Sie selbst.« Entsprechend haben wir die Szene angelegt. Wir betonten das innere Drama zwischen dem Marquis und dem König. Es war das Gespräch zweier sehr einsamer Menschen. Die Leute dachten mit und brachen nicht ins Emotionelle aus. Nicht nur Posa mit seiner Humanität, seinem Mut und seinem Anstand sollte ein ganzer Mensch sein, auch der König mußte als Gefangener der eigenen Macht in seiner Menschlichkeit verstanden werden. Das Publikum sollte auch mit ihm fühlen, ihn begreifen, damit sich die Wahrheit des Stückes ganz erschloß und das Tragische, Unausweichliche zwangsläufig herauskam.

Einen anderen Philipp hätte Gründgens nie gespielt. Er hatte den Dichter genau gelesen und hatte von den Geheimnissen der

Darstellungskunst einen zu klaren Begriff, als daß er diesen spanischen König als Despoten hätte sehen können.

Der Marquis von Posa beschließt, bevor er zum König geht, eine »Feuerflocke Wahrheit« in Philipps Seele zu werfen. Er handelt in dem Glauben, das Schicksal habe ihm einen Zufall zugespielt, den er nun »zum Zwecke gestalten« müsse. Er hat hohe Politik im Sinn und ahnt nicht, daß der König ihn bestellt hat, weil er mit einem Menschen sprechen will, der entweder »den ungewöhnlichsten Charakter oder keinen« besitzt. Die Neugier des Herrschers auf diesen Untertan ist aus innerer Not geboren. Philipp hat gebetet:

> »Jetzt gib mir einen Menschen, gute Vorsicht
> Du hast mir viel gegeben. Schenke mir
> Jetzt einen Menschen. Du – du bist allein
> Denn deine Augen prüfen das Verborgne
> Ich bitte Dich um einen Freund; denn ich
> Bin nicht wie Du allwissend . . .«

Und weiter:

> »Ich brauche Wahrheit . . . Gib mir
> Den seltnen Mann mit reinem, offnem Herzen,
> Mit hellem Geist und unbefangnen Augen,
> Der mir sie finden helfen kann – ich schütte
> Die . . . auf; laß unter Tausenden,
> Die um der Hoheit Sonnenscheibe flattern,
> Den einzigen mich finden . . .«

Als Gründgens während einer Hauptprobe diese Sätze sprach, saß ich im Zuschauerraum. Ich hörte ihm so gebannt zu wie nie zuvor. Hier war für Sekunden die unerhörte Übereinstimmung zwischen Darsteller und Rolle da, die Theater so bewegend, so tief erregend machen kann, die Einsamkeitsaura also um Philipp, um Gründgens. Das waren nicht nur Philipps Worte. In diesen Worten wurde auch die Isolierung des Menschen, der sie sprach, lebendig. So tief hatten mich diese wenigen Zeilen noch nie bewegt, und so tief hatte mich auch dieser große Schauspieler noch nie ergriffen. Fast schien es mir indiskret, dem Menschen dort oben auf der Bühne zuzuhören. Ich hatte Tränen in den Augen, als ich zu meinem nächsten Auftritt auf die Bühne ging. Nach diesem Monolog mußte unser Dialog, Philipp – Posa, noch mehr auf die innere geistige Spannung zurückgenommen werden. Wir mußten nach dem Geheimnis des anderen tasten. Es war zunächst wichtiger, dieses Geheimnis zu erraten, als die eigene Ansicht zu verkünden. Weil uns dies gelang, konnte Gründgens sich und mir nach der Premiere mit gutem Gewissen das Kompliment aussprechen: »Ich glaube, was wir beide da machen, ist das Beste, was es im Augenblick auf einer deutschen Bühne zu sehen gibt . . .«

Dies Kompliment war für mich eine völlig unverhoffte Auszeichnung. Gründgens war sonst der letzte, der ein Selbstlob formulierte, und auch mit dem Lob an die Adresse seiner Mitarbeiter hielt er sehr zurück. Diesmal hatte er gespürt, daß wir Ungewöhnliches erreicht hatten. Ich wußte es auch und ging allabendlich mit höchster Konzentration ans Werk. Einmal sagte ich vor diesem Auftritt zu Paul Hartmann, der den Alba spielte auf dessen Frage, warum ich vor dieser Szene immer so überernst und unansprechbar sei: »Ich weiß es nicht, aber ich habe das Gefühl, daß wir das nicht mehr oft erleben.«

Gustaf Gründgens, der bedeutende Schauspieler und große Regisseur, ist auch als hervorragender Intendant in die Theatergeschichte eingegangen. Seine Leistung auf diesem Gebiet während der Hitler-Zeit in Berlin und die richtungweisende Reform, die er für das Düsseldorfer Schauspielhaus durchsetzte, waren nicht nur politische und verwaltungstechnische Glanzstücke. Sie müssen im

Zusammenhang mit seiner Fähigkeit gesehen werden, Menschen für die Kunst zu gewinnen und bei ihr zu halten. Als Gustaf Gründgens das Hamburger Schauspielhaus leitete, war das Theater im allgemeinen nicht mehr begünstigt als zu anderen Zeiten, die man als Krisen verschrien hat. Als erstes reduzierte er die Menge der Nachmittagsvorstellungen. In den Monaten, wo auch das Weihnachtsmärchen lief, wurden manchmal vier oder fünf Vorstellungen am Tag gespielt. Er meinte dazu in seiner Antrittsrede: »Bei vier oder fünf Vorstellungen am Tag will selbst der Bühnenboden nicht mehr mitspielen.« Diese Bühne war nicht irgendein Apparat, der funktionierte, weil er klug geleitet wurde. Das wäre zu wenig gesagt. Wir arbeiteten in einem Hause, in dem jeder bei der Sache war und für die Sache lebte. Es herrschte – bei allen Komplikationen, die ein Theaterbetrieb immer mit sich bringt – ein großes Einverständnis. Auf ihm baute jeder auf.

Die Freude jedes Bühnentechnikers nach einer erfolgreichen Premiere war einzigartig, und ich fürchte, wir werden solche Zeiten nicht mehr erleben. Die hochgespannte Arbeit am Theater läßt bei keinem Beteiligten – ob Bühnenarbeiter, Friseur oder Beleuchter – den bloßen Arbeitnehmerstandpunkt zu. Ein Theater ist keine Fabrik. Das meine ich betonen zu müssen. Da genügt es nicht, daß jeder sein Werkstück sauber und ordentlich abliefert und seine Arbeitsstunden einhält und auf Heller und Pfennig seinen Lohn bekommt. Wer am Theater arbeitet – nicht nur die Schauspieler, Regisseure und Bühnenbildner, auch die Techniker, Garderobiere, Handwerker und Verwaltungsleute – braucht Enthusiasmus. Er muß zur Sache, zur gemeinsamen Leistung stehen. Wenn er statt dessen nur seine Gehaltstüte und seine Vierzig-Stunden-Woche im Kopf hat, fehlt ganz gewiß etwas. Von dieser Seite her gesehen, widersprechen sich die Interessen zu offenkundig. Was soll denn einen Arbeiter, einen Friseur und einen Schauspieler verbinden, wenn nicht die gemeinsame Überzeugung, daß Kunst und Theater außerordentliche Dinge seien, für die sich ein außerordentlicher persönlicher Einsatz lohnt.

Zur Zeit von Gustaf Gründgens gab es im ›Deutschen Schauspielhaus‹ diese Überzeugung. In diesem gemeinsamen Glauben an die Sache des Theaters schafften wir unserer Bühne Rang und Ansehen. Gründgens hätte niemanden akzeptiert, der da nicht mitgemacht hätte, und wer es noch nicht wußte, lernte schnell bei ihm, worauf es ankam, oder ging seiner Wege.

Ich will nicht behaupten, jede Aufführung, die während der Ära Gründgens herauskam, sei ein Glanzstück gewesen. Das war absolut nicht der Fall. Er war oft krank oder abwesend, und dann kamen nicht nur Großtaten zur Premiere. Viel wichtiger war, daß die Leute unsere Leistungen grundsätzlich respektierten und sich immer für das interessierten, was wir zustande brachten. Dies – die innere Bindung eines Publikums an ein Theater – ist bedeutsamer als eine noch so positive Bilanz von seiten der Kritik. Wir haben es danach erlebt, wie schnell man ein Publikum aus dem Theater treiben und ihm ein Haus total entfremden kann.

Was für ein Intendant war Gustaf Gründgens? Von einem selbstgewissen Fürsten, wie manche meinten, hatte er nichts. Er legte großen Wert auf die Meinung erfahrener Kollegen und guter Freunde. Manchmal schien er lange zu zögern, als sollten sie ihm mit ihren Ratschlägen die Entscheidung abnehmen. Doch es ist nicht die schlechteste Methode, die Ansichten anderer zu erkunden, um herauszufinden, was man dann selber will. Andererseits war Gründgens sehr zurückhaltend und wahrte Distanz in persönlichen Dingen. Damit sicherte er sich die Möglichkeit, gelegentlich den Chef herauszukehren. Vor allem, wenn er auf der Hauptprobe der Inszenierungen anderer Regisseure erschien und bisweilen sehr entscheidend in die Szenengestaltung eingriff, gab es keinen Zweifel, wer der Herr im Hause war. Er wahrte aber stets die Form und setzte sich kraft seiner Persönlichkeit und seiner Argumente durch. Er brachte das Ensemble und alle anderen Mitarbeiter des Hauses dazu, ihm mit selbstverständlichem Respekt zu begegnen und untereinander wirklich kollegial zu sein. Immer wieder ermahnte er uns, nicht ins Parkett hinunter zu spielen, sondern das Publikum »heraufkommen« zu lassen.

Das bremste allzu pointenfreudige Kollegen und geschah fraglos zum Vorteil der Kunst. Ich erinnere mich an die Inszenierung von Hamsuns ›Vom Teufel geholt‹. Gründgens war plötzlich krank geworden und nach Madeira geflogen, wo er sein Refugium hatte. Vor der Reise hatte er Ulrich Erfurth das Regiebuch in die Hand gedrückt. Der arme Erfurth, seit Jahren Gründgens' Oberspielleiter, konnte mit dem Buch wenig anfangen, da ihm die Zeit fehlte, sich gründlich mit dem Stück vertraut zu machen. Aber Gründgens spendierte ihm eine glänzende Besetzung: u. a. Flickenschildt, Haupt, Eckart, Münch, Marks und mich. Also tat Erfurth das Klügste und Ehrlichste, was er machen konnte. Er kam auf die Probe und erklärte: »Kinder, ich habe keine Ahnung. Fangen wir einfach mal an . . .« Wir nahmen das Stück gemeinsam in die Hand und verfuhren zunächst nach dem alten Burgtheater-Grundsatz: Regie? Was heißt Regie? Wo ich stehe, kannst du nicht stehen; wenn du redest, kann ich nicht reden. Man sagt, 70 oder 80 Prozent der Regie sei die Besetzung. Weil diese sehr genau stimmte, brachten wir nach vier Wochen eine besonders anständige Aufführung heraus.

So konnte es also auch laufen. Aber immer, wenn Gründgens dabei war, wenn er mitspielte oder Regie führte, war plötzlich das Außergewöhnliche da, ohne daß jemand genau hätte sagen können, woher es kam. Das Geheimnis der Persönlichkeit ist eben schwer definierbar. Gründgens glaubte an das Geheimnis der künstlerischen Arbeit. Wir taten es auch und nahmen die Arbeit ebenso ernst wie er.

Nach der Premiere von ›Faust II‹ hat Gründgens seinen Baseler Freunden Alice und Christoph Bernoulli nachts einen kurzen Brief geschrieben. Er lautete:

»Liebe Alice, lieber Christoph,
Ihr liegt jetzt in den Betten der Pension Prem und schlaft hoffentlich. In mir geistern die Abenteuer des Faust weiter; was kann ich besseres tun, als an Euch zu denken, mich über Euch zu freuen und Euch zu danken, daß Ihr hier seid. Es gehört zum Schönsten, Euch zu Freunden zu haben, und ich bin friedlich und freundlich und in die wünschenswerte Dimension erhöht, wenn ich daran denke. Diese Aufführung noch geschafft zu haben, hat mir viel bedeutet, und ich sage ohne Nebengeräusche: das war der Anfang vom Ende des Lebens, das ich so gerne anständig gelebt haben möchte, und Ihr gehört dazu – als Regulativ neben allem anderen.«

Als ich diesen Brief zum erstenmal las, freute mich seine Herzlichkeit. Es war gut, daß er in einem Band mit anderen Briefen, mit Aufsätzen und Reden veröffentlicht worden war. Zeigte er doch, daß Gründgens, dem schon traditionsgemäß Distanziertheit nachgesagt worden war, in seinem persönlichen Bereich sehr offen, herzlich und intim sein konnte.

Es wurde nach dem ›Faust II‹ kein Vorhang gezogen. Beim Abschiedshändedruck sagte er mir leise mit einem scheuen Lächeln: »Das war mein Requiem.« Dies war keine Floskel. Wir schauten uns – bleich, verschwitzt und total erschöpft – nach diesem Satz sekundenlang an, und mir verschlug es die übliche beschönigende Antwort. Nach einem so bewegenden Ereignis, wie es die Premiere von ›Faust II‹ für den Regisseur des Abends und den Darsteller des Mephisto gewesen sein mußte, verboten sich auch Allerweltsfloskeln und die übliche Premierenfeier.

Und der Hinweis auf den »Anfang vom Ende«? Ich rekapituliere die Daten. ›Faust II‹ hatte im Mai 1958 Premiere gehabt. Vor

Gründgens hatten noch einige Jahre Arbeit gelegen, aber er hatte vorausgespürt, daß der Bogen seines Lebens sich neigte, und alle Zukunftspläne (er unterschrieb mir einen Vertrag für eine Tournee mit Bahrs ›Konzert‹) mit halbem Herzen gefaßt. Nachdem er die Intendanz abgegeben hatte, lebte er nur noch ein halbes Jahr. Sein Zweifel und seine Frage in einem anderen Brief, ob er noch lernen werde, wie man als Privatmensch seine Tage verbringt, waren berechtigt gewesen.

Es muß Gründgens an jenem Tag in gesteigertem Maße so ergangen sein, wie es einem ernsthaften Theatermenschen nach einer wichtigen Premiere zu gehen pflegt: Man ist aufgewühlt, die große Spannung, unter der man stand, läßt nur allmählich nach. All die Regungen und Gedanken, auf die man konzentriert war, verklingen. Man ist sehr allein. Wer darauf verzichtete, sich in der Premierenfeier gelobt zu hören, sucht sich selbst. Er macht nicht nur die Bilanz dieses Abends, sondern – wenn die Aufgabe sehr groß war – die Bilanz seiner Existenz. Da tauchen Gedanken auf, wie Gründgens sie an seine Freunde adressierte, und es ist ein großes Glück, dann Freunde zu haben, denen man sich anvertrauen kann.

Es fällt mir, scheint es, leichter, etwas hoffentlich Zutreffendes über andere zu sagen als über mich selbst. Dabei – so denke ich – wird auch etwas über mich ans Licht kommen. Meine Stellung zu Menschen und meine Sicht der Dinge gründet sich auf meine persönlichen Eigenarten und Erfahrungen. Ich maße mir darum kein objektives Urteil an. Ich bin nur Zeuge, beteiligter Zeuge. Zeuge in eigener Sache zu sein, ist schwer. Hier müssen die innere und die äußere Biographie zur Deckung gebracht werden. Das kann nur mit Hilfe objektiver Zeitgenossen zu genaueren Ergebnissen führen.

In seinem Buch ›Theater der Gegenwart‹ hat sich Siegfried

Melchinger unter anderen auch mit mir beschäftigt. Er schrieb 1956:

»Was die Schauspieler-Erfolge betrifft, so verzeichnen wir zwei Symptome, die dafür sprechen, daß vom Publikum her der verdrängte und verschrobene Eros auf dem Theater wieder in eine freundlichere und ausgeglichenere Atmosphäre gelangen wird: Es gibt schon wieder Lieblinge, und ihre Qualitäten sind vorwiegend erotischer Art. Frankreich hat Gérard Philipe, Deutschland Will Quadflieg, England Richard Burton. Das sind Künstler, deren Ambition nicht mit der Filmstar-Popularität erschöpft ist. Auch das gehört zur Situation: Der Enthusiasmus, der ihnen zuteil wird, läßt sich auf das Künstlerische ausreden. Er ist auch (was man als erfreulich auffassen darf) im Endeffekt nicht so primitiv wie sein wahrer Ursprung. Aber vermeiden wir doch dieses despektierliche Wort. Weigern wir uns, etwas Primitives dabei zu finden, wenn ein Schauspieler vom Publikum ausgezeichnet wird, weil er die so lange außer Kurs gesetzten Tugenden des Charmes, des Adels, der Faszination wieder zu Ehren bringt. Gewiß, das ist nicht auf das Körperliche beschränkt. Es drückt sich auch in Geste und Mimik, in Sprache und Haltung aus.«

Melchinger nannte den elementaren Kontakt zwischen Schauspieler und Publikum erotisch und den Eros einen urmenschlichen Impuls. Er fügte hinzu:

»Der Eros, den der erste frühe Kontakt in ihm (dem Zuschauer) wachruft, öffnet sich zugleich nach der Tiefe der Ursprünglichkeit, wo die Kollektivseele zu Hause ist, und nach der Höhe der Menschlichkeit, wo die nur den Einzelnen erreichbaren Himmel der Liebe leuchten. Es ist die einzigartige Situation des Menschen im Theater, daß er, von der Illusion an, mit seiner Einbildungskraft gleich tief zu dringen und hoch zu steigen vermag, obwohl sich in seiner Realität nichts verändert.«

Diese Formulierung klingt für mich überzeugend, weil sie nah an das Geheimnis in der Begegnung Schauspieler–Zuschauer herankommt. Als ich vor fast zwanzig Jahren Melchingers Buch las, half es mir bei meinem Selbstklärungsprozeß. Was immer mich sonst von Philipe und Burton unterscheiden mochte, ich spürte bei ihnen die Ausstrahlung, die angeboren und unerlernbar ist, die man als Eros einstufen kann, wie ihn Plato verstand und im ›Gastmahl‹ umschreibt. Wie anders soll man die Kräfte benennen, die uns Höhen und Tiefen des Menschlichen erleiden, empfinden, begreifen und gestalten lassen. Ich habe über die Sprache, über die Dichterworte zum Theater gefunden. Ich halte das Wort in respektvoller Hut und diene ihm in meinen Rezitationen unmittelbar. Auf dem Theater aber geht es um Wort *und* Körper. Wir »verkörpern« die Figuren der Dichter – und auch unsere Körper sprechen. Wie kann Körpersprache ohne Körper sein!

Irgendwann – und dies ist eine frühe, sehr frühe Stufe im Reifeprozeß eines Menschen – begreift man ja, daß Eros etwas völlig anderes ist als Sex. Ich würde mich schwerlich dazu bringen lassen, auf der Bühne oder vor der Kamera mit oder ohne Lendenschurz die Malaisen des zweiten Frühlings zu demonstrieren. Doch alles, was mit der Lebenskraft, der Grundvitalität eines Menschen zu tun hat, ist auf dem Theater im Spiel, und viktorianische Ängstlichkeit in diesen Dingen verbietet sich längst. Die Idolisierung, die sich daraus womöglich ergibt, in allen Abarten bis zur albernsten Anhimmelei, steht auf einem anderen Blatt. Der Schauspieler bringt bestenfalls die Voraussetzungen mit; zum Idol macht ihn das Publikum. Wie er damit fertig wird, ist seiner Einsicht und Skepsis überlassen.

In Gera habe ich es mit dem Carlos zum erstenmal erlebt, wie es ist: wenn plötzlich das geheimnisvolle Interesse an der Person da ist und sich auswirkt. Mein gutes Aussehen hatte daran seinen gewichtigen Anteil. Schillers Carlos muß ja nicht häßlich sein. Es ist ein Vorteil, wenn er gut aussieht. Wie gern leidet das Publikum mit einem hübschen Menschen. Entscheidend für mich aber war, daß ich die Rolle meisterte, daß ich in Einklang mit mir selbst und mit ihr kam. Mein Aussehen vermerkte ich nur am Rande. Das empfand ich als Gabe und nicht als Leistung.

Auch in Berlin habe ich dann vor allem Rollen gespielt, in denen mir meine äußeren Mittel, mein Gesicht und meine Figur halfen. Der kümmerliche August Keil in der ›Rose Bernd‹ war mir darum so lieb, weil sich an ihm beweisen ließ, daß ich auf ein glänzendes Äußeres verzichten konnte. Natürlich erhoffte ich mir daraus auch eine Rückwirkung auf die Rollen, in denen sich der Verdacht einstellen konnte, ich sei darauf angewiesen, ein hübscher Kerl zu sein. Ich fürchtete das Verdikt: zu schön, um wahr zu sein, und tatsächlich ist es mir damals und auch in späteren Jahren nicht erspart geblieben. Mein jahrelanger kritischer Verfolger Willy Haas hatte die Freundlichkeit, meinen Hamburger Othello so einzustufen und abzuwerten. Meine ganze Hingabe und Arbeit an diesem, meinem Othello war in seinen Augen verfehlt und unglaubwürdig, denn ich war für ihn: »zu schön, um wahr zu sein«. Solch pauschales Abtun ernster Bemühung ist wenig hilfreich. Es ist fatal und deprimierend, in diesem Sinne schuldlos schuldig zu sein. Othello ist – laut Shakespeare – kein primitiver Bantuneger, sondern aus Mauretanien, ein »Berber aus königlichem Stamm«. So schön kann kein Mensch sein, daß er zu schön ist, um wahr zu sein. Da enthüllt sich – wie so oft – ein Stückchen Psychogramm des Schreibers solcher Kritik; aber »zu häßlich, um wahr zu sein« halte ich ebensowenig für ein Argument. Doch da wird einem Schauspieler ein Etikett angeklebt, ein paar Merkmale werden festgeschrieben, die andere jahrelang nachschreiben. Unter Umständen haben wir ein Leben lang damit zu tun, den Beweis zu erbringen, daß wir mehr können, um endlich, endlich eines Tages dieses Etikett abzustreifen. Jetzt – im Alter – habe ich es in dieser Hinsicht nun entschieden leichter.

Als ich 1968 im Berliner ›Renaissance-Theater‹ mit Leonard Steckel ›Unter der Treppe‹ von Charles Dyer spielte, habe ich deutlich gespürt, daß dieses Publikum, das mich lange Jahre nicht gesehen hatte, noch immer auf den jüngeren, »strahlenden« Helden Will Quadflieg der ›Schiller-Theater‹-Jahre eingestellt war: Steckel und ich haben diese sehr traurig-tragische Ehegeschichte zweier Homosexueller, meine ich, sehr menschlich gezeigt. Nicht nur die Presse bestätigte es. Auch die Kollegen lobten uns mit seltener Einhelligkeit. Einer von ihnen, Hubert von Meyerinck, der sich vom Thema betroffen fühlte, gestand mir: »Ich wollte es mir nicht ansehen. Ich dachte, das ist sicher etwas Fürchterliches. Dann hab' ich mich doch hineingetraut und bin euch sehr dankbar. Die beiden armen Kerle, die ihr da gezeigt habt, und ihre einsame Ausgesetztheit haben mich tief ergriffen.«

Viele Berliner Theatergänger aber reagierten kühl. Sie wollten mich in solch einer Rolle offenbar nicht sehen und waren befremdet. Das Stück, ein sehr gut gebautes Stück, kam an, ich selbst aber beim breiten Publikum nicht so recht. Die »Gemeinde« war verstört. Viele trauerten ihrem Idol nach und konnten und wollten mit meiner Gestaltung nichts anfangen.

Dann gingen wir mit der Inszenierung für einige Nachtvorstellungen nach Hamburg, und dort lief es ganz anders. Die Leute waren begeistert. Ich kann mir diese unterschiedliche Reaktion nur damit erklären, daß die Hamburger erlebt hatten, wie ich mich vom Liebhaber und Helden zum Charakterspieler entwickelt hatte. Ihnen war kein falsches Quadflieg-Bild im Wege, kein Jugend-Image war gefährdet. Sie nahmen das Stück, wie es war, als die Geschichte zweier Männer, deren sogenannte »Abartigkeit« sie zu Außenseitern macht und die auf komische und tragische Weise mit ihrer Isolierung fertigwerden. Ich freue mich, dieses Stück erneut zu spielen, diesmal mit Klaus Schwarzkopf.

Ich bin sehr dankbar, und es macht mich glücklich, daß die Menschen ins Theater kommen, wenn ich spiele. Doch ich war nie versessen auf Erfolg. Ich war immer mit den Gestaltungsproblemen zu sehr beschäftigt, um die Auswirkung auf das Publikum schnell und bewußt zu registrieren. Aber hier erhebt sich das Grundproblem des homo ludens schauspielerischer Prägung, hier muß ich abermals mein Hauptthema variieren. Wer immerfort in andere Gestalten schlüpft und fremde Schicksale abhandelt, spürt früher oder später, daß sein eigener Charakter berührt und anfangs unmerklich dann immer deutlicher verändert wird und daß sein eigenes Leben zu kurz kommt. Der Prozeß der Selbstfindung in den Rollen, und ich muß jedenfalls etwas von mir in der Rolle finden, wenn ich sie wesentlicher erfassen will, birgt geheimnisvolle Irritationsgefahren. Ich meine nicht den Schauspieler, der sich in irgendeiner Weise mit seiner Rolle verwechselt, der wähnt er sei selbst so etwas wie Hamlet, Tasso oder der Prinz von Homburg. Ich habe diese Sphäre gestreift und den Unsinn schnell erkannt. Vielleicht wird er, wie Sartres Kean, in einem späten Stadium des Sich-Verlierens gewahr, was mit ihm geschehen ist. Dann versucht er womöglich, sich selbst wiederzufinden, sich wieder in die Gewalt zu bekommen, und beschließt, nur noch ganz einfach zu sprechen und alle auffälligen Gesten zu vermeiden. Sartres Kean zeigt bei solcher Bemühung entschieden tragikomische Züge. Das sind die Punkte, um deretwillen ich diese Rolle mag. Der Satz: »Ich werde das Natürliche so lange nachahmen, bis es zur zweiten Natur wird« berührt und rührt mich, weil er die Tragödie eines bestimmten Schauspielertyps enthüllt. Aber sind die einfache Sprache und die unauffälligen Gesten dann wirklich *seine* Sprache und *seine* Gesten? Spielt er nicht auch sie? *Mimt* er nicht den einfachen Menschen, statt einfach zu *sein*? Wieviel Puppen sind in der Puppe? Wieviel Selbstbespiegelungsreflexe zittern da noch nach?

Ein anderes Problem. Wer nicht von Haus aus selbstsicher und selbstgewiß ist, wem das »Hoppla, jetzt komm' ich«, frei nach Hans Albers, versagt ist, weiß sehr wohl, daß er nicht in jeder Vorstellung auf der Höhe seiner Möglichkeiten sein kann. Allzu oft gibt es auch für Schauspieler die tristen, die unergiebigen, die unschöpferischen Tage. Der eigenschöpferische Maler oder Schriftsteller wird in solchen Phasen den Federhalter oder den Pinsel beiseite legen. Er wird sich einfach sagen: heute geht es nicht. Oder wenn er tatsächlich weiterschreibt oder weitermalt, kann er das Produkt seiner Mühen am nächsten Tag fortwerfen. Der Schauspieler kann dies nicht. Es gibt keinen Papierkorb, in den er seine Rolle werfen kann, wenn sie ihm mißraten ist. Er kann sich nicht entschuldigen, kann das Publikum nicht mit der bedauernden Erklärung nach Hause schicken, er sei heute müde oder krank oder nicht in Stimmung. Die Leute haben für seinen Auftritt bezahlt. Sie haben ein Anrecht darauf, daß er spielt – und daß er gut spielt.

Ich will hier niemanden zu Tränen rühren. Nachsichtiges Bedauern wollen Theaterleute zuallerletzt für sich reklamieren. Es ist unsere künstlerische Pflicht, gut zu spielen – auch dann, wenn es an der seelischen Voraussetzung gebricht oder wir uns körperlich nicht wohl fühlen. Dazu haben wir unser Handwerk gelernt. Es ist ein altes, eisernes Gesetz, daß die Vorstellung unter allen Umständen stattfinden und daß der Vorhang hochgehen muß. Ehe ein Schauspieler absagt, hat sich ein Beamter oder Arbeiter längst ins Bett gelegt. Das unterscheidet den Profi vom Dilettanten, daß er eine Szene, die er nicht im Gefühl hat, so gestalten kann, als fühle er sie: aber der Profi weiß genau, wann er eine Szene nicht recht geschafft hat – und weiß auch, daß er über einen sehr schmalen Grat wandert. Ihm ist bewußt, die Fäden, an denen die Marionette hängt, sind sehr dünn.

Solche Erfahrungen sind schmerzlich. Sie beweisen dem Schauspieler, daß die Kraft, fremde Schicksale zu gestalten, und seine Macht, das Publikum zu überzeugen, sehr gefährdet ist und nur auf eine begrenzte Zeit verliehen. Sie machen bescheiden.

Die Möglichkeit, daß das Gedächtnis versagt, die körperliche Beweglichkeit eingeschränkt wird oder eine schwere Depression uns überkommt, bedroht stets unsere berufliche Existenz. Die Angst, den Text nicht zu können, ist *der* Alptraum der Schauspieler. Mein großer Kollege Raoul Aslan pflegte den Souffleur oder die Souffleuse gern »die Seele des Theaters« zu nennen. Als er an der Wiener Burg einmal den Herzog in ›Tasso‹ probte, fragte ihn der Regisseur Lothar Müthel: »Lieber Aslan, stört Sie denn das dauernde laute Reden der Souffleuse nicht?« Worauf er in Aslans melodiöser Sprechweise die lakonische Antwort erhielt: »Kümmert den Kapitän das Geräusch der Schiffsschraube?«

Der genaue Text regiert als strenges Gesetz. Kleine Varianten und Freiheiten sind einzig im Notfall erlaubt. Ich selbst brauche den Souffleur nur auf der Probe, wenn die Textmasse erst halbgelernt, also noch nicht völlig mein eigen geworden ist. Leider gehöre ich nicht zu den »Genies«, von deren Fähigkeiten, alles aus dem Kasten zu ziehen, in tausend Theateranekdoten die Rede ist.

Schmerzlich und bedrückend ist es natürlich auch, nach einem Mißerfolg weiterspielen zu müssen. Es geschieht ja oft, daß eine Inszenierung nicht gelingt, daß man einem Dichter trotz aller ehrlichen Anstrengung nicht gerecht wird, oder daß das Stück weniger hergibt, als man erwartet hat. Trotzdem ist man verurteilt, damit wieder und wieder vor das Publikum zu treten. So reich bestückt ist heute kein Spielplan, daß man eine Aufführung ohne weiteres absetzen könnte. Also beißt man die Zähne zusammen und spielt. Vielleicht versucht man, die Niederlage nicht wahrzuhaben, und sich und den Kollegen Mut einzureden. George sagte nach einer mißglückten Inszenierung von Grabbes ›Hannibal‹ bei dem kurzen, sehr dünnen Schlußapplaus des öfteren den bemerkenswerten Satz: »Die Arschlöcher sind wieder so ergriffen! Die klatschen wieder nicht!« Er konnte und wollte seinen Mißerfolg nicht zugeben. Aber man sammelt im Laufe der Jahre und Jahrzehnte Erfahrungen und weiß, wann man auf Sand gebaut hat.

Aus Niederlagen dieser Art habe ich die wichtigsten Lehren gezogen. Ich habe gründlich geprüft, woher sie rühren, habe aus ihnen Entscheidendes gelernt und bin mein eigener Dramaturg geworden. Stücke lesen zu können, ist eine Kunst für sich. Probieren heißt nicht, irgendeine Sache möglichst glatt einzuüben, sondern es bedeutet, sich selbst an dem Werk dauernd auf die Probe zu stellen, die Grenzen des eigenen Seins und Könnens stets neu abzustecken. Ich erkläre oft, daß ich mit jeder Rolle neu zum Theater gehe, und meine das völlig ernst. Die Idolisierung, die einem zufällt, überzubewerten, ist seelische Dummheit. Sie ist für den inneren künstlerischen Arbeitsprozeß absolut unergiebig. Man kann ihr gar nicht mißtrauisch genug begegnen. Man muß sie ausklammern und ihr nach Kräften entgegenwirken durch ehrliche Arbeit. Ein Weg ist es, oft »gegen den Strich« zu spielen und sich nie in der Stück- und Rollenwahl festlegen zu lassen.

Ein Stück grundsätzlich anders als erwartet und gewohnt zu spielen, kann gefährlich sein. Ich gehöre, wie oft betont, nicht zu den Theaterleuten, die ihren Ehrgeiz darein setzten, die Originalität des Dichters, seine Eigengesetzlichkeit, mit eigenen mutwilligen Freiübungen zu zerstören oder zu übertünchen. Ich halte derartige Versuche für vermessen. Wer mit einem Dichter nicht zufrieden ist, soll einen anderen Dichter auswählen oder ein besseres Stück schreiben – oder sein Heil nicht auf dem Theater suchen.

Doch es kann sein, daß sich eine Dichtung auf neue und wunderbare Weise erschließt, wenn man sie neu durchdenkt, die übliche Interpretation beiseite läßt und mit »neuen Augen« an die Arbeit geht. Voraussetzung dazu ist, daß man sich selbst neu begreift, ohne sich in übler Weise zu wichtig zu nehmen. Sich ernst nehmen und sich wichtig nehmen, sind grundverschiedene Haltungen.

Die Kritik hat es manchmal mit leichter Verwunderung konstatiert, wenn ich mich zu Stücken und Rollen entschloß, in denen brillantes Temperament und wohltönende Reden nicht gefragt waren. Zum Beispiel brachten wir 1968 für eine Tournee der ›Schauspieltruppe‹ Henrik Ibsens ›Rosmersholm‹ heraus. Das Stück, das deutlich Ibsens Hinwendung zum Symbolismus signalisiert, ist nicht arm an Konflikten, die dramatisch auszuspielen denkbar und vertretbar wäre. Ich entschloß mich, den Rosmer als in sich gekehrten Menschen zu zeigen. Mein Rosmer war mehr auf der Suche nach sich selbst als nach konservativen oder liberalen Heilslehren, die sein Schwager Kroll und der Redakteur Mortensgard vertraten.

Ibsens Text gab mir recht auf diesem Weg, aber es widersprach meinem Image. Indem ich von dem Bild abrückte, das sich das Publikum von mir gemacht hatte, kam ich der grundsätzlichen menschlichen Bedeutung des Stückes, das auf den ersten Blick nicht eben akutell zu sein schien, näher.

Das Bühnenbild stammte übrigens von Oskar Kokoschka. Er hatte die Einrichtung des Gutshauses von Rosmersholm sparsam gehalten. Das heißt: er hatte nur die notwendigsten Möbel auf die Bühne gestellt und das übrige Interieur auf den Prospekt gemalt. Es störte ihn durchaus nicht, einen echten Tisch vor einen auf den Prospekt gemalten Tisch zu stellen, wenn nur die Farbvaleurs stimmten. Das ergab interessante Verfremdungseffekte, die auch die überhöhte Spannung des sprachlichen Duktus prägten.

Als wir mit der Inszenierung zum ›Theater der Nationen‹ nach Paris kamen, wurden wir gefragt, ob wir damit auf Brechts Spuren wandelten. Die Vermutung war nicht unberechtigt. Brecht lehrt ja, ein Geschehen deutlich zu machen, ohne in ihm aufzugehen, ohne sich in ihm zu verlieren. Die Distanz, die er anrät, soll es ermöglichen, nicht in der Illusion zu verschwimmen, sondern vernünftige Schlüsse aus den Ereignissen auf der Bühne zu ziehen.

Gerade das hatten wir im Sinn gehabt. Wir hatten das Stück »verfremdet« und doch ganz direkt gespielt ohne Stilisierungen in Geste und Sprache. Eben dies erstrebe ich grundsätzlich, wenn ich mich bemühe, in keinem Spieldetail die geistige Überschrift über dem Gesamtwerk aus dem Auge zu verlieren. Wenn ich Rollen spiele, die man nicht ohne weiteres von mir erwartet, leitet mich der Gedanke, mich nicht festzulegen, mich dauernd auf die Probe zu stellen und meine Grenzen zu erweitern. Das größte Abenteuer bei jeder Rollenfindung ist die Expedition nach Innen. Die unerforschten Gebirge und Steppen des eigenen Wesens werden, so will mir scheinen, nur dem Schauspieler in höherem Ausmaß bewußt, und das auch nur, wenn er ehrlich und unbestechlich die Identifizierungsorte des Rollenvorwurfs mit der eigenen Seelenlandschaft entdeckt und sich ihnen auch und gerade bei unerfreulichen Eigenschaften schonungslos stellt. Mein Auftrag lautet dabei, meinem inneren Leben äußere Gestalt zu verleihen und dies auf allgemeinverständliche Weise zu tun. Es soll ja nicht nur mich interessieren, was ich zwischen acht und elf Uhr abends auf einer mit öffentlichen Mitteln finanzierten Bühne oder bei Tourneevorstellungen unternehme.

Ich denke zum Beispiel an den Advokaten im ›Traumspiel‹. Er ist in Strindbergs Stück der Unglücklichste der Menschen, denen die Tochter des Gottes Indra auf ihrer mildherzigen Erdenreise begegnet. Er ist verzweifelt. Aber woran leidet er?

Wir spielten das Stück 1963 in Hamburg. Es war Oscar Fritz Schuhs erste Regie nach seinem Amtsantritt. Caspar Nehers Bühnenbilder hatten entscheidenden Anteil an diesem Unternehmen. Schuh schickte sich eben an, mit seiner These von der »Bühne als geistigem Raum« gegen den Nimbus seines Vorgängers Gustaf

Gründgens anzutreten. Er war der Ansicht, daß es »nicht mehr so leicht wie früher« sei, den Vorhang aufzuziehen und »einfach gut Theater zu spielen«. Er fragte, was dem Theater schon auf lange Strecken Müdigkeit und Sterilität eingetragen habe, und antwortete selbst: daß es sich dem Geistigen entzogen hat.

Man kann es sicher so sagen. Trotzdem ist es gefährlich, die rein geistigen Qualitäten des Theaters allzu einseitig und nachdrücklich zu betonen. Besonders wenn das Wort »geistig« durch ständigen Mißbrauch eine so vage, verschwommene Position bezieht. Es kann leicht geschehen, daß sich ein philosophischer Regisseur im Tiefsinn verliert und über das Sichtbare allzu großzügig hinweggeht. Das Sichtbare aber ist nun einmal das eigentliche Element des Theaters – auch und gerade dann, wenn man die Materie aus der berechtigten Scheu vor Maschinen und Prospekten so weit wie möglich reduziert.

Ein Stück wie Strindbergs ›Traumspiel‹ verlockt dazu, das Sinnbild zu suchen. Der Dichter selbst hat es so beschrieben: »Zeit und Raum existieren nicht; vor dem belanglosen Hintergrund der Wirklichkeit spinnt die Einbildungskraft ihre Fäden und webt an neuen Mustern: eine Mischung von Erinnerung, Erlebtem, frei Erfundenem, Ungereimtheiten und Improvisationen . . .«

Dennoch ist natürlich auch dieses Schauspiel eine Angelegenheit des Hier und Jetzt, weil Theater sich eben gar nicht anders als hier und jetzt: als zu dieser bestimmten Stunde und an diesem bestimmten Ort ereignen kann. Es kann nicht in Raum und Zeit verschweben. Es muß also seinen geistigen Anspruch konkret in der materiellen Welt erweisen.

Ich stand vor der Frage, was dem Advokaten im ›Traumspiel‹ so mitgespielt hat, daß ihn Indras Tochter als den Armseligsten der Armseligen erlösen will, und warum sie schließlich vor dieser Aufgabe kapituliert.

Die Antwort, die ich darauf fand, schien mir so einfach wie

tiefgründig: Der Mann leidet an seiner Alltäglichkeit und Minderwertigkeit, an seiner Banalität. Sie ist so übermächtig und so zwingend, daß auch nicht einmal ein Himmelswesen diesen Einzelfall aus dem Elend der Welt herausklauben und erlösen kann. Wenn der Advokat gerettet werden soll, müßte zuvor die ganze Menschheit gerettet werden. Alltäglichkeit und Banalität aber waren nicht nur als unaufhebbares Elend glaubhaft, sie waren auch spielbar: ein Schicksal mit bekannten, allzu bekannten Merkmalen. Mit dem Kohleneimer in der Hand und Geruch nach Kohl in der Nase war es leicht darzustellen. Das Sichtbare kam zu seinem Recht. Das Publikum begriff meine Interpretation ohne Mühe.

Wie sehr das Theater dem Hier und Jetzt verhaftet ist, machte im ›Deutschen Schauspielhaus‹ der Intendantenwechsel des Jahres 1962 deutlich. Oscar Fritz Schuh war nach erfolgreichen Inszenierungen in Wien und Salzburg, Mailand, Rom und Venedig Direktor des ›Theaters am Kurfürstendamm‹ und der Kölner Bühnen gewesen. Das waren gute Voraussetzungen, ihn nach Hamburg zu holen. Vielleicht hatte man sogar gemeint, es sei gut, einen Mann anzuwerben, der einen ganz anderen Begriff vom Theater hatte als Gründgens – und der nicht auch Schauspieler war. Denn ein neuer, ein jüngerer Gründgens war nun einmal weit und breit nicht zu sehen.

Schuh muß es sehr gereizt haben, unter diesen Voraussetzungen seine Qualitäten zu beweisen. Er selbst hatte an ihnen keinen Zweifel und trat entsprechend auf. In der Stadt und im Haus aber trug man Gründgens im Herzen und war keineswegs der Ansicht, daß es zuvor oder irgendwann leichter gewesen sei, »einfach gut Theater zu spielen«. Die Theaterleute hatten unter einem anspruchsvollen Chef hart gearbeitet, und das Publikum hatte dem ›Deutschen Schauspielhaus‹ den gebührenden »geistigen Rang« zuerkannt. Ehrfurchtsvoller Tiefsinn hatte die Stirn der Theatergänger selten umwölkt, aber die Qualität der Sache hatten die

Menschen durchaus begriffen und akzeptiert. Was Hamburg vorher nur in Maßen gewesen war, es sei denn, man denkt weit zurück an die Zeiten des großen Friedrich Ludwig Schröder, hatte es sieben Jahre lang gern bewiesen: Es hatte sich als Theaterstadt von Rang verstanden.

Davon ist in den fünf Jahren der Regentschaft Oscar Fritz Schuhs, die nach seiner Vorstellung und Theorie eine »Regentschaft des Geistigen« sein sollte, nicht viel übriggeblieben. Das Gründgens-Ensemble wanderte unter Mißklängen ab, und das Haus verlor in den Augen der Bürger seine Attraktion. Man hielt es mehr und mehr für eine gewiß immer noch notwendige, sicherlich ehrenwerte, aber eben auch nicht mehr so wichtige Institution.

Ich bin kein Kulturpolitiker. Meine Sache ist es nicht, den Schaden zu bemessen, der damals entstand. Ich kann nur sagen, wie sehr ich es bedauert habe, daß es so kam, und das selbstverständlich auch im Hinblick auf meine eigenen Aufgaben und Möglichkeiten. Ich bekam keine rechten Aufgaben, die meiner Entwicklung entsprachen, und wenn ein Wurf gelang, wie in Albees ›Winzige Alice‹, wurde die Inszenierung durch Fehldisposition nach acht oder neun Vorstellungen abgesetzt. Nicht einmal der Einladung zum Berliner Theatertreffen konnte oder wollte man Folge leisten. Ein Schauspieler steht nicht für sich allein. Von Ein-Personen-Stücken abgesehen, zu denen ich nie großes Zutrauen gehabt habe, ist er darauf angewiesen, daß er Mitspieler hat.

Diese Mitspieler, diese Kollegen, sind nicht nur dazu da, Stichworte zu geben. Ihre Kunst entscheidet wesentlich darüber, was und wie ich auf der Bühne bin. Simpel gesagt: ich werde auf dem Theater nicht dadurch zum König, daß ich mich königlich gebärde, sondern dadurch, daß der Diener sich vor mir verbeugt.

Ich meine dies durchaus wörtlich. Der gute Geist eines Ensembles springt ins Auge, wenn diese Grundregel als selbstverständlich gilt. Einem andern die Schau zu stehlen oder ihn »allein zu lassen« auf der Bühne, ist ein schwerer Verstoß gegen die Kunst. Solches kommt nicht von ungefähr. Es wird aus Unsicherheit, Unzufriedenheit oder dummer Arroganz geboren und resultiert oft daraus, daß es den Verantwortlichen nicht gelingt, das lebensnotwendige Einverständnis zwischen den Mitgliedern eines Hauses herzustellen.

Eine der schönsten Geschichten von Gustav Knuth sagt über die gesunde Hierarchie oder das natürliche Gefälle, das in jedem Ensemble vorhanden sein muß, Treffendes aus. Friedrich Otto Fischer, ein herrlicher Schauspieler und Intendant alter Schule, hatte nach dem Harburger Theater das Altonaer Stadttheater übernommen und seinen Charakterspieler mitgenommen, der nun, im größeren Rahmen dieses Hauses, nur noch kleinere Rollen und Chargen zu spielen bekam. Als er sich eines Tages ermannte, zu seinem Direktor ging und sich bei ihm beklagte, daß er nun nur noch kleinere, unbedeutende Aufgaben bekomme, nachdem er doch in Harburg den Jago und Mephisto usw. usw. gespielt hatte, sagte Friedrich Otto Fischer in seinem rheinischen Dialekt: »Bis emal still, Jung! Guck mal auf dat Bild!« Die Sixtinische Madonna hing groß in seinem Büro. »Wat is auf dem Bild dat Wichtigste?« – »Na, die Madonna«, sagte sein verdutzter Schauspieler. – »Enä«, war die Antwort, »die kleinen Engelscher, und dat sollst du bei mir spielen.« Um das Erkennen seines Ranges und Platzes in einem Ensemble geht es. Für dieses Verständnis und Selbstverständnis muß der Intendant Sorge tragen.

Ich habe das Glück gehabt, zu Ensembles zu gehören, in denen dieses Einverständnis herrschte, und weiß also, wovon ich rede. Als Berlin noch die große Theaterstadt war, als alles dorthin drängte, um sich vor dem kritischsten deutschen Publikum zu bewähren und sein Talent an den bedeutendsten Talenten zu messen, fiel es den Intendanten und Regisseuren leicht, ein Stück so zu besetzen, daß die dramatische Rechnung aufgehen mußte. Wenn dann eine Idee, ein Formwille des Regisseurs hinzukam, entstanden großartige Inszenierungen. Als das Theater nach dem Kriege in seine Provinzen zerfiel, gehörte mehr dazu, ein Ensemble zu bilden und die Einordnung des einzelnen in das Ganze zu erwirken. Gründgens meisterte diese Pflicht durch seine natürliche Autorität. Andere hatten und haben damit ihre liebe Not.

Schauspieler sind Menschen mit ausgeprägten und empfindlichen Eigenarten. Diese Eigenarten befähigen sie dazu, ihren Beruf auszuüben. Ihn richtig ausüben aber werden sie nur, wenn sie zugleich die Eigenarten der Kollegen respektieren und ensemble – also zusammen – denken und spielen. Gustaf Gründgens hat sich einmal mit dem »künstlerischen Erleben des Schauspielers« auseinandergesetzt und es als »darstellerisches Gesamterlebnis« definiert. Er ging davon aus, daß sich der innere Vorgang bei der Arbeit fast nie mit der äußeren Erscheinung deckt. Als zweite Schwierigkeit erkannte er, daß der Theatermensch eines früheren oder späteren Tages seine Arglosigkeit verlieren muß:

»Der Darsteller wird eben plötzlich wissend. Er kennt seine Herztöne, er versucht und versteht sie bewußt einzusetzen, eine Tatsache, die im Endeffekt gleichgültig sein mag, die aber sein künstlerisches Erleben von Grund auf ändert.«

Der Schauspieler kann aus dem Verlust der Arglosigkeit zwei Schlüsse ziehen: einen richtigen und einen falschen. Der falsche Schluß und Entschluß sind es, seiner Individualität, seiner »Natürlichkeit« und seiner Stimmung freien Lauf zu lassen. Solche Schauspieler probieren womöglich wochenlang mit den Kollegen ein Stück. Die Situationen werden klargemacht, die Gänge werden festgelegt, Grundduktus und Lautstärke des Textes werden abgesprochen. Dann geht der Vorhang zur Premiere hoch, und unverhofft ist alles ganz anders. Die Premierenerregung schafft andere Spannungswerte, das Zwerchfell zieht sich hoch, verkrampft die

Atemführung und den Bewegungsablauf. Der Kollege oder die Kollegin bringt plötzlich alles anders, spielt fast eine andere Inszenierung. Als ich so etwas einmal mit Maria Schell erlebte und sie in der Pause der Salzburger ›Kabale und Liebe‹-Premiere fragte: »Was ist los? Wo du flüstern wolltest, schreist du – wo du klar und entschieden sprechen solltest, flüsterst du!«, bekam ich zur Antwort: »Ich fühle es heute eben so!«

Ein anderer Kollege, der auf der ›Othello‹-Tournee, für die ich auch inszeniert hatte, den Jago spielte, verriet aus diesen undefinierbaren Emotionsgründen die erarbeitete Form, die er auf den Proben voll akzeptiert hatte, total. Das ist bei einer Tournee mit täglich wechselnden Bühnenmaßen doppelt verheerend und zerstört das Grundkonzept der Inszenierung völlig. – Gründgens erzählte mir einmal, daß Werner Krauß nach der ›Lear‹-Generalprobe in Berlin zu ihm sagte: »Mit der Rolle bin ich fertig. Was jetzt kommt, ist nur noch Gnade.« – Bei der Premiere spielte er alles so anders, daß Gründgens in der Pause in seine Garderobe eilte und ihm bedeutete: »Wenn die Gnade also heute nicht kommt, dann halte dich wenigstens an die Form!« So kann dieses »Ich fühle es heute so« eine ganze Vorstellung schmeißen. Das ist nicht nur das persönliche Mißverständnis eines Prominenten aus Laune oder der von ihm so heillos überschätzten Stimmung. Es mißachtet die lapidare Tatsache, daß sich Theater wie jede Kunst nur nach einem Plan vollziehen kann und daß man sich auf der Bühne strikt an die erarbeitete Form halten muß. (Was soll sonst alles Proben!?)

Darauf muß der einzig richtige Schluß basieren, den der Schauspieler aus dem Verlust der Arglosigkeit ziehen kann. Er muß eine neue Arglosigkeit finden. Hinter und jenseits aller Bewußtheit gibt es in der erarbeiteten Form einen großen inneren Spielraum, in dem er frei und sozusagen arglos agieren kann – und zugleich seiner Verpflichtung dem Ganzen gegenüber absolut gerecht wird.

Gerade der sogenannte Prominente muß das wissen. Auch über ihn hat Gustaf Gründgens etwas sehr Treffendes gesagt:

»Wie wird man eigentlich prominent, und wer macht einen zum Prominenten? Der Start ist für alle Schauspieler gleich. Sie waren alle bei einem Lehrer oder auf einer Schule, sie waren alle einmal Anfänger, und dann ist es die Begabung und vielleicht auch etwas Glück, was einige von ihnen nach vorne trägt. Aber gerade das sollte sie nicht unbedingt verdächtig machen. Ich kenne viele sogenannte Prominente, die sich nichts sehnlicher wünschen, als in einem Ensemble aufgehen zu dürfen. Sie werden oft einfach durch die Tatsache daran gehindert, daß man sie als Prominente bezeichnet und behandelt. Es ist selbstverständlich, daß ich nur von echten Künstlern rede und nicht von Stars, die sich vom Theaterleben abgelöst haben und gar nicht mehr den Wunsch zur Einordnung besitzen.«

Darauf kommt es an: auf die Verpflichtung und auf den Wunsch zur Einordnung, in der allein wir dem Dichter und dem Theater gerecht werden können. Monomanie widerspricht dem Wesen des Theaters, auch die Monomanie eines Intendanten. Er hat gewiß kein leichtes Geschäft. Er muß nicht nur das Einverständnis im Hause herstellen und darüber wachen, er muß auch um das Einvernehmen mit seinen Behörden und mit dem Publikum besorgt sein. Er kann nicht einfach sagen: »So und nicht anders halte ich es für richtig, und so und nicht anders wird es gemacht.« Das hat mit seiner Verantwortung, die ihm keiner abnimmt, nichts zu tun. Er muß seine Schauspieler ebenso wie die Bürger eines Gemeinwesens davon überzeugen, daß er auf dem richtigen Wege ist und daß es sich lohnt, ihm auf diesem Wege zu folgen, weil er allen Beteiligten interessant und richtig scheint.

Das heißt natürlich nicht, daß sich das Theater dem Publikumsgeschmack auf Gedeih oder Verderb unterwerfen soll. Es soll keine Gefälligkeitskunst liefern. Ich habe den Satz: »Die Kunst dem Volke« immer als Verpflichtung, als Richtung nach oben, nicht nach unten, empfunden. Wenn man aber Ansprüche an den guten Willen des Publikums stellt, muß man so viel Qualität liefern und so viel Klarheit über diese Qualität schaffen, daß man damit die Leute anzieht und sie mit dem Gefühl, vielleicht sogar mit der Einsicht wieder entläßt: Dieser Abend war es wert, daß ich aus meinem Alltag, aus der vertrauten und gewohnten Umgebung herausgetreten bin. Es hat sich gelohnt, ich habe Ungewöhnliches, ich habe Außergewöhnliches erlebt. Ich bin bereichert worden.

Ich habe etwas von den Freuden und Schrecken, den Höhen und Tiefen der menschlichen Existenz erlebt.

Wenn eine Bühne in Widerspruch zu ihrem Publikum gerät, muß die Schuld nicht allein beim Theater gesucht werden. Doch aus welchem Grunde der Widerspruch auch immer aufgebrochen ist, er bringt das Theater zu Schaden. Mißverständnisse entstehen, Hochmut und Mißachtung auf beiden Seiten bewirken, daß das Theatererlebnis, das allein die Existenzberechtigung einer Bühne sichert, keine Chance mehr hat. Wenn Bühne und Publikum getrennte Wege gehen, ist das Theater leer – und ein leeres Theater ist so sinnlos wie ein Auto ohne Räder.

Ich spreche so allgemein über diese Dinge, da es mir sinnlos zu sein scheint, im nachhinein Schuldige am Niedergang des ›Deutschen Schauspielhauses‹ namhaft zu machen. Die Dinge wurden, als sie aktuell waren, weidlich durchgekaut. Doch was mit dieser Bühne geschah, gehört zum Thema, weil es symptomatisch ist. Es ist ein Abschnitt meiner »äußeren und inneren Biographie«. Ich hatte immer Wert darauf gelegt und tat es auch nach Gründgens' Abgang, mit dem Schauspielhaus einen Vertrag für einen Teil des Jahres zu machen. Den Rest meiner Zeit sicherte ich mir für Rezitationen und Tourneen. Das bedeutete für mich eine gewisse

Freiheit, die ich aus finanziellen Gründen brauchte. Andererseits hatte ich ein künstlerisches Zuhause, eine Bühne, an der ich beheimatet war.

Als dann Egon Monk die Nachfolge Oscar Fritz Schuhs antreten sollte, entwickelte er ein Konzept für seine Intendanz, das eine Ausnahmeregelung nicht zuließ. Jedes Mitglied des Ensembles sollte dem Hause die ganze Spielzeit hindurch zur Verfügung stehen. Wir hatten ein sehr kollegiales Gespräch miteinander. Jeder brachte dem andern Verständnis entgegen. Doch das Ergebnis war, daß ich ausschied. Weder Monk noch ich konnten in dem entscheidenden Punkt nachgeben, ich nicht, einfach weil mein Scheidungsvertrag mir hohe monatliche Zahlungen auferlegt, die durch einen normalen Jahresvertrag nicht zu leisten sind.

So blieb es mir erspart, die große Krise des Schauspielhauses unmittelbar und direkt mitzuerleben. Von draußen sah ich sie jedoch mit derselben Betroffenheit, als wäre ich dabei: Sie erschütterte das Haus in den Grundfesten, und sie betraf nicht nur diese Bühne. Was sich hier ereignete, war ein Lehrstück, ein Modell dafür, wie schnell ein Theater ins Unglück geraten kann und wie dann Betroffene und Verantwortliche dem Ereignis ratlos gegenüberstehen.

Es wäre zu billig, aus dem Abstand von Jahren festzustellen, Monk habe eben versagt. Sicher aber hat er nicht dem entsprochen, was das Publikum von ihm erwartete. Das Publikum suchte nach der oft tristen und gesichtslosen Schuh-Ära wieder das große, lebendige Ereignis. Monk präsentierte ihm ein asketisches Theater in der Nachfolge Brechts, und seine beiden ersten Versuche scheiterten so gründlich, daß unter viel Aufwand von Empörung und Gehässigkeit der Schlußstrich gezogen wurde. Dieser hochbegabte Mann hatte sich verhängnisvoll geirrt. Er hatte die Voraussetzungen des Theaters, im besonderen dieses Schauspielhauses, nicht klar und objektiv genug erkannt. Es wäre einer großen, genauen sozial- und gesellschaftskritischen Analyse wert, dieses Versagen als zeitbedingt und unausweichlich darzustellen.

Als dann auch noch Hans Lietzau, den sich die Hamburger zum Retter erkoren hatten, nach kurzer Frist die Flagge strich, war das Maß voll. Es gab Anlaß, über die grundsätzliche Bedeutung des Theaters für das Gemeinwesen nachzudenken. Die Frage kam auf: Brauchen wir in Hamburg zwei staatlich subventionierte Schauspiel-Bühnen? Brauchen wir das Theater überhaupt?

Man sagt schnell: Das Haus steuert ins Unglück. In der allgemeinen Aufregung vergißt man allzu leicht, daß davon sehr viele Menschen unmittelbar betroffen sind. Wenn der Erfolg ausbleibt, wenn sich die Krise vertieft, ist nicht nur ein Kulturinstitut, es sind – um eine gängige Floskel zu benutzen – Arbeitsplätze in Gefahr. Dergleichen ist allemal schlimm genug. Auch in unserem geregelten Staat, in unserer sozial so weitgehend abgesicherten Gesellschaft lernen die Menschen jetzt schmerzlich, worum es dabei geht. Für den Schauspieler aber stellt es sich noch ärger dar.

Der Schauspieler von heute ist weder – wie früher – der Angehörige einer mißachteten wandernden Truppe, vor deren Einzug in die Stadt die Bürger die Wäsche weghängen, noch ist er eine umschwärmte Zierde der Gesellschaft. Er lebt wie die andern, und wenn er klug ist, benimmt er sich wie die andern.

So jedenfalls sieht es auf den ersten Blick aus. Bei genauerem Hinsehen aber werden doch wesentliche Eigenheiten des Berufs deutlich: Der Schauspieler kennt keine Sonn- und Feiertage und hat nicht nur besondere Arbeitszeiten, die ihn daran hindern, wirklich wie andere Menschen zu leben, er arbeitet auch mit einem besonderen Material: mit sich selbst, und dieses Material ist empfindlich und leicht verderblich. Die besonderen Fähigkeiten, die dem Schauspieler abverlangt werden, können sich am Widerspruch entzünden, der in der Rolle liegen mag, der aber auch vom Publikum kommen kann. Dann gilt es, wie Hiob mit dem Engel zu ringen: »Ich lasse dich nicht, du segnest mich denn.«

Tödlich aber ist es, wenn schon die Voraussetzungen für das Theater entfallen: wenn niemand mehr sehen will, was die Bühne zu bieten hat. Ins Leere und vor leeren Theaterräumen zu spielen, ist die schlimmste Erfahrung, die wir machen können. Sie zehrt am einfachsten Selbstvertrauen, das jeder Mensch braucht.

Ich habe berichtet, wie ich als »Würstl-Emigrant« das große Publikum ins Züricher Schauspielhaus holte und dabei meinen Erfolg nicht so recht wahrnahm. So etwas kann geschehen. Man kann nicht von morgens bis Mitternacht zur Kenntnis nehmen, daß man Erfolg hat und daß die Leute vielleicht sogar begeistert sind. Wenn aber kein Erfolg eintritt, wenn die Leute ausbleiben, wenn das Theater aus dem öffentlichen Bewußtsein und Interesse verschwindet, dann wird die Luft, die wir Theaterleute atmen, dünn.

Wo ist die Grenze zwischen dem notwendigen und berechtigten Erfolg und dem Starkult und der Idolisierung? Ich meine, sie läßt sich nicht genau festlegen. Die äußerlichen Merkmale unterscheiden sich kaum voneinander. Auch das Gute wird manchmal gelobt. Auch der künstlerisch berechtigte Erfolg kann zum Glück hell strahlen. Trotzdem wissen wir, worauf es ankommt, worauf er basiert: Der Erfolg, den wir uns wünschen müssen, bestätigt die Sache, um die wir uns bemühen. Idole aber sind wir, wenn wir tun und lassen können, was wir wollen, und trotzdem umschwärmt werden: das Idol bekommt Freibriefe. Dann meldet sich das künstlerische Gewissen sofort. Es hat sehr empfindliche Antennen. Uns selbst bluffen wir zuallerletzt, oder unsere ganze Arbeit ist von Anbeginn ein Bluff gewesen. Das gibt es natürlich auch gerade in diesem Beruf. Ich will nicht leugnen, daß es angenehm sein und das Selbstgefühl heben kann, wie ein Idol gefeiert zu werden. Gefahr zeigt sich nur, wenn man diese Dinge überschätzt. Mitten im Krieg nahm meine Verehrerpost überhand. Ich überließ sie meinem Faktotum, einem alten Komparsen, dessen Wohnung den Bomben zum Opfer gefallen war und der nun bei mir hauste. Der brave Mann hing an mir, war ein Genie im Organisieren und signierte die eingesandten Quadflieg-Bilder mit einem Autogrammstempel, der ziemlich echt aussah. Er verkaufte auch für Landser auf Urlaub französische Parfüms. Meine Wohnung roch einmal monatelang penetrant nach Guerlain und Chanel, als bei einem Bombenangriff ein Mauerstück in den Karton mit all den kostbaren Flacons gefallen war.

Eines Tages nun erzählte mir mein Helfer, er habe mein großes Konterfei hoch oben in den Ruinen entdeckt. Es handelte sich um ein Riesenfoto, das mich als Carlos zeigte. Das ›Schiller-Theater‹ hatte es auf Plakate drucken lassen, die an den Litfaßsäulen und an Reklamewänden klebten. Jemand hatte wohl eines davon gestohlen und sich zu Hause über das Bett gehängt. Dann hatte eine Luftmine das Haus eingedrückt, und nur die Rückwand mit dem Bild war stehengeblieben. Da klebte ich nun oben im 4. Stock. Wind und Wetter setzten mir zu, und ich verrottete langsam. Es war ein beängstigender Anblick, der mich jedesmal, wenn ich vorbeikam, seltsam berührte. Einmal passierte es in diesen Tagen meiner ersten Filmpopularität ausgerechnet Heinrich George, daß er seine Eitelkeit allzu deutlich verriet. Der Vorgang war nicht ohne Komik. Der große George, der längst anerkannte Schauspieler und mächtige Theaterleiter, stand eines Tages in einer Probenpause mit uns vor dem Bühneneingang seines Hauses. Es war um meinen Geburtstag herum, also Mitte September. Da erschien der Briefträger mit zwei Armen voller Post. George sah ihn kurz an und sagte betont beiläufig: »Bringen Sie das alles in mein Büro.« Der Mann schüttelte den Kopf und antwortete trocken: »Heute nichts dabei für Sie, Herr George – das ist alles für Herrn Quadflieg.« George stutzte und knurrte nur: »So? Das ist ja allerhand!« Ich versuchte es zu erklären: »Entschuldige, Heinrich, ich habe Geburtstag ...« Aber das linderte Georges Verdruß nicht. Auch standen zu viele Zeugen um uns herum. Er war wirklich empört wie ein Kind, daß jemand mehr Post bekam als er selbst, und er konnte sich seinen Ärger nicht verkneifen. Es war mir peinlich, und ich schrieb mir die Szene hinter die Ohren. Mir sollte so etwas nie unterlaufen. Aber ich habe wenig Neidkräfte in mir, mir fällt es leichter. Mich haben große Leistungen anderer Kollegen immer begeistert und angespornt, schlechte deprimiert und an meinem Beruf zweifeln lassen. Spät erst habe ich erkannt, daß nicht jeder so reagiert.

Ich versuche abzutasten, was es für Theaterleute mit dem Erfolg auf sich hat. Die trostlose, beklemmende, lähmende Stimmung, die sich in einem Haus ausbreitet, dem der Erfolg untreu geworden ist, nagt schnell und bösartig an den Wurzeln der künstlerischen Arbeit. Sorge ist ein schlechter Regisseur. Es ist falsch, wenn behauptet wird, innere oder äußere Not könne die Leistung beflügeln. Nicht im Theaterleben. Den Verzweiflungstaten auf dem Theater ist die Verzweiflung deutlich anzusehen. Nur wenn es – wie in der ersten Nachkriegszeit – allen Menschen schlecht geht, können die Theatermenschen aus der gemeinsamen Not heraus produktiv werden. Geht es ihnen allein dreckig, dann laufen sie als arme Vettern der Gesellschaft herum, und vom armen Vetter erwartet niemand erleuchtende Taten.

Auf der anderen Seite lauert die Eitelkeit. Man hat Erfolg gehabt? Tausend und mehr Menschen haben es Abend für Abend bestätigt? Wer wollte darauf nicht stolz sein? Soll es einem doch erst einmal jemand nachmachen!

Das ist richtig. Stolz auf eine Leistung, die nicht nur das Publikum anerkannt hat, sondern bei der man sich auch im Einklang mit der Aufgabe und mit sich selbst weiß, kann nichts Übles sein. Man hat sich den Erfolg erarbeitet, und man darf sich über ihn freuen. Nur muß der Schauspieler sehr genau wissen, daß ihm der Erfolg von gestern spätestens morgen nichts mehr hilft.

Morgen – oder schon heute abend – muß der Schauspieler sich aufs neue bewähren, muß er genauso gut und überzeugend sein wie in der gelungenen, bejubelten Vorstellung. Der eigene innere Richter ist unerbittlich und unbestechlich, und das Publikum, das heute im Theater sitzt, weiß nichts von gestern und will es jetzt und heute wissen. Theater findet immer heute statt.

Mehr noch, das nächste Stück muß wieder ein Erfolg werden und das übernächste auch. Der Schauspieler ist ja kein Schriftsteller, dessen Bücher nebeneinander auf dem Bord stehen und der sich jeweils auf das bessere, gelungenere Werk berufen kann. Er ist kein Maler, dessen Mißlungenes zerrissen und vergessen wird und dessen vollendete Bilder der Nachwelt erhalten bleiben.

Die Arbeit des Schauspielers ist nicht mehr greifbar, wenn der Schlußvorhang gefallen ist. Vom letzten Bühnenaugenblick an lebt die Leistung nur noch in der Erinnerung des Publikums, und diese Erinnerung trügt, verfärbt, ja verliert sich schnell. Freundliche Zeitgenossen sagen noch nach langer Frist: »Ich habe es noch vor Augen ...«

Sie haben es eben nicht mehr vor Augen. Sie haben ihre Erinnerung vor Augen, sie zehren von der Erinnerung und oft nur von der Erinnerung an die Erinnerung. Darauf und auf nichts anderes ist der Ruhm des Schauspielers gegründet: auf schnell verfliegende Erlebnisse, die sich in Erinnerungen niederschlugen – vorausgesetzt, der Abend war so gelungen, daß er wirklich zum Erlebnis wurde.

Ein Schauspieler braucht nicht die Schönheit der Garbo, das knabenhafte Temperament James Deans, die herrenhafte Haltung Willy Birgels oder irgendein anderes hervorstechendes Merkmal, um ein guter Schauspieler zu sein. Er muß an seiner Eigenart, an seinem Charakter arbeiten und bereit sein, alles, was er mitbringt, in den Dienst der Sache zu stellen. Zum Idol aber gehört die augenfällige Manier. Die sucht, die fordert der Zuschauer. Sie will er jedesmal wiedererkennen. Er will sich in ihr spiegeln. Er sucht die Identifizierung. Er will sich sagen dürfen: im Grunde bin ich es, der dort oben solch wunderbare Dinge vollbringt und sagt, vielleicht bin ich nicht ganz so schön, so temperamentvoll, so edel, so geistvoll; aber man sollte mich nur machen lassen, dann würde ich es der Welt schon zeigen. Die scheinbare Mühelosigkeit großer schauspielerischer Leistungen tut ein Übriges bei diesen Fehlidentifizierungen.

Warum aus dem Theatererlebnis nicht Neid, sondern Bewunderung entspringt, ist ein ungelöstes Rätsel. Die Seele des Publikums ist noch immer ein weites Feld für die einschlägige Wissenschaft. Auch mit praktischen Erfahrungen ist ihr nie ganz beizukommen. Vielleicht ist es gut so. Wir können jedesmal nur aufs neue hoffen, daß wir Parkett und Ränge überzeugen.

Vor dem Zwang, uns in jeder Aufführung wieder zu bewähren, bewahrt uns die Idolisierung nur scheinbar. Ein Idol sehen die Menschen nicht, wie es wirklich dasteht, sondern so, wie sie es sehen wollen. Sie halten ihm die Gefühle zugute, die sie fix und fertig ins Theater mitbringen. Das mag für das Idol gelegentlich ganz bequem sein. Die Bereitschaft zur Bewunderung, die sich in einer ergebenen Gemeinde staut, hilft über schwache Augenblicke hinweg. Und wer hätte nicht seine schwachen Stunden und bedürfte der Nachsicht?

Doch wehe dem Idol, das seinem Publikum nicht zu Willen ist. Wehe ihm, wenn es ein neues Bild von sich schaffen und sich mit einer anderen als den gewohnten Rollen durchsetzen will – wenn es, kurz gesagt, Eigenart, Charakter beweisen will. Den eigenständigen, den aus der Eigenständigkeit wandlungsfähigen Charakter verübelt das Publikum »seinem Liebling«. Im Grunde ist alle wirkliche Wandlungsfähigkeit, also das schauspielerische Urphänomen, dem großen Publikum unheimlich und suspekt. Es erlebt absolute Verwandlung irgendwie als eine Art Betrug oder Düpierung. Das ist unter anderem das Problem der Einakter, die beim großen Publikum wenig beliebt sind. Ich spielte in München mit Luise Ullrich Simons ›Plaza Suite‹, drei völlig verschiedene Episoden, die im selben Zimmer eines Hotels spielen. Einen Manager, einen Filmregisseur – und einen Großvater. Den Leuten gefiel es, das spürte man, aber die drei völlig verschiedenen Figuren, die da so kurz hintereinander durch dieselben Schauspieler auf der Bühne ihr Leben hatten, waren ihnen doch nicht recht faßbar und eher unheimlich. Sie empfanden da etwas von Verstellung, also von einer Art Lüge. Jedenfalls hatte ich diesen Eindruck. Sie registrierten die Leistung – und der Abend befriedigte trotzdem nur Kenner. In seinen ›Ganz einfachen Gedanken über das Theater‹ hat Eugène Ionesco einige sehr provozierende Sätze über die Kunst des Schauspielers gesagt:

»Ich verstand nicht, warum man Schauspieler sein konnte. Es schien mir, daß der Schauspieler etwas Unzulässiges, Tadelnswertes ausführte. Er verzichtete auf sich selber, gab sich auf, wechselte seine Haut. Wie konnte er es auf sich nehmen, jemand anderer zu sein, eine Person darzustellen, die er nicht war? Das war für mich plumper Schwindel, etwas Vorläufiges, Unbegreifliches. Die Schauspieler verwandelten sich übrigens gar nicht, sie täuschten es nur vor, was noch schlimmer war. Das eben erschien mir peinlich und auf eine bestimmte Art unredlich.«

Ionesco drückte in gespielter Naivität aus, was viele Menschen im Grunde ihres Herzens meinen. Der Unterton, der da mitschwingt, wird dann deutlich:

»Und sie lassen sich auch noch für Geld sehen; sie lügen, weil sie dafür bezahlt werden.«

Ich muß da energischen Widerspruch anmelden, denn ich täusche auf dem Theater wohl eine andere Wirklichkeit vor, ich stelle eine andere Person dar, als ich bin; aber ich lüge nicht. Ich zeige nur die eigenen inneren Wahrheiten, die der Dichter an- und ausgesprochen hat. Der Satz Goethes, es gebe kein Verbrechen, dessen er sich nicht unter gewissen Voraussetzungen hätte schuldig machen können, gehört hierher, weil er von den Möglichkeiten und Abgründen des inneren Menschen spricht. Die Grundlage meines Spiels und der Wahrheit dieses Spiels basiert auf der freien Verabredung mit dem Publikum, daß ich eine Rolle spiele, daß ich aus meiner alltäglichen Wirklichkeit heraustrete. Ich soll aus ihr heraustreten, weil das Publikum den Wunsch hat, an der Hand des Dichters eine andere, vielleicht eine höhere, jedenfalls eine verdichtete Wirklichkeit zu erleben. Jedermann ist sich klar über diese Verabredung. Das ist eine redliche Sache, meine ich.

Es gibt einen angeborenen Spieltrieb, und wer will, mag ihn getrost für kindlich halten. Die Freude an der Verwandlung verrät oft ein Ungenügen am eigenen armen Selbst. Ich, der Mensch XY, finde mein Dasein grau und langweilig. Ich hätte es gern etwas farbiger und aufregender. Andere gehen einmal im Jahr zum Karneval. Ich habe die Fähigkeit und die Möglichkeit zu etwas Besserem, Umfassenderem: zum Theaterspiel. Mein Hauptantrieb zum Theater zu gehen, das weiß ich genau, war das Wort, die Ausformung der Sprache. Das komödiantische Spielelement regte sich viel später in mir und trat zunächst nur sehr zaghaft in Erscheinung. Ich erinnere mich, wie schwer mir als halbem Anfänger in Gera Lessings Riccaut fiel.

Wenn das Spielelement, der Spieltrieb, mein Hauptbeweggrund gewesen wäre, zur Bühne zu gehen, könnte niemand etwas dagegen sagen. Die Frage ist nur, ob mich ein so einseitig motivierter Entschluß mein Leben lang glücklich gemacht hätte, denn es ist etwas anderes, mit zwanzig Jahren Theater zu spielen oder im Alter von sechzig Jahren. Der jugendliche Spieltrieb, falsch genährt, verkümmert schnell. Was nicht erlischt, ist mein Bedürfnis, Verse zu sprechen, ist der innere Zwang, mich selbst immer genauer kennenzulernen; auch mir selbst zuzeiten zu entkommen oder eigene problematische Spannungen womöglich selbst zu lösen und zu erlösen durch mein Spiel und dadurch weitere Schlangenhäute der eigenen Entwicklung abzustreifen. Es ist gewiß dabei entscheidend, welche Art von Theater ich spiele und welchen Platz und Rang ich mir dort erobere. Zuweilen kann es geschehen, daß mir an manchen Abenden Schminke und Kostüm und Dekoration so zuwider, so zur Qual werdern, daß sie fast ein Ekelgefühl erzeugen und daß ich mich frage, ob Theater und Karneval wirklich so grundverschiedene Angelegenheiten sind. Ob nicht beides auf dieselbe Augenwischerei hinausläuft. Das geschieht nicht nur aus Überarbeitung und Überdruß.

Der Haß gegen jede Art von Verstellerei ist grundsätzlicher Natur; die Aversion gegen den Spieltrieb, dem zu genügen mir an sich Freude macht, ist es auch. Ich traue keinem Schauspieler, der diese Haßliebe nicht kennt, dem sein Gewerbe nicht zuweilen ungeheuer suspekt erscheint.

Eines Abends stand ich während einer Vorstellung in Zürich in der Kulisse und beobachtete einen Kollegen auf der Bühne. Wir spielten Max Frischs ›Don Juan oder Die Liebe zur Geometrie‹. Plötzlich stand Therese Giehse neben mir und sah dem Schauspieler kurze Zeit zu. Dann wandte sie sich ab, und im Weggehen sagte sie angeekelt, im Ton tiefster Verachtung zu mir: »Der spielt gern Theater.« Wie gut verstand ich sie.

Wer gern Theater spielt, war für Therese Giehse kein ernst zu nehmender Schauspieler. Gern spielen – das hieß für sie: sich in der Rolle gefallen, sein Spiel und die Zustimmung des Publikums genießen, von sich selbst überzeugt sein. Es hieß im Wesentlichen: sich das Theater zu leicht machen, den genauen, schweren Arbeitsprozeß durch Selbstgefälligkeit gefährden. Ich teilte ihr Gefühl, teile es in wachsendem Maße. Ich vergleiche mich immer entschiedener mit einem Buchhalter, der genau rechnen muß, dem es nicht und niemals erlaubt ist, sich aus Spaß und Laune zu verrechnen.

1 Mit den Eltern. 1916

2 Mit den Geschwistern Rudi und Gerda

3 Josef Kainz. Photographisches Selbstporträt. 1898

4 *Goethes ›Iphigenie‹. Theater am Besenbinderhof, Hamburg. 1946/47*
Iphigenie: Maria Wimmer – Orest: Will Quadflieg

Hamlet. Theater am Besenbinderhof, Hamburg. 1947

5 1955 in Salzburg: Ferdinand in ›Kabale und Liebe‹, mit Maria Schell als Luise

6 1952. *Jedermann in Salzburg. Mit Lola Müthel als Buhlschaft*

7 1953. Jedermann in Salzburg. Mit Alma Seidler als Gute Werke

8 *Oswald in ›Gespenster‹ von Ibsen. Frau Alving: Hermine Körner*
Deutsches Schauspielhaus, Hamburg. 1951

9 Macbeth. Deutsches Schauspielhaus, Hamburg. 1954

10 Der alte ›Peer Gynt‹ von Ibsen. Deutsches Schauspielhaus, Hamburg. 1952

11 *Der junge Peer Gynt. Mit Ellen Waldeck als Aase*
Deutsches Schauspielhaus, Hamburg

12 Mesa in ›Mittagswende‹ von Claudel. Deutsches Schauspielhaus, Hamburg. 1954

13 *Eugene Ramsey in ›Herrenhaus‹ von Thomas Wolfe*
Deutsches Schauspielhaus, Hamburg. 1956

14 Die Hamburger ›Faust I‹-Inszenierung von Gustaf Gründgens. 1957
Deutsches Schauspielhaus, Hamburg

15 *Mephisto in Leopold Lindtbergs Salzburger ›Faust I‹-Inszenierung. 1963*
Faust: Thomas Holtzmann

Hamburg. Gründgens als Mephisto

16 ›Othello‹. Desdemona: Margaret Jacobs. Tournee 1972

17 Othello. Deutsches Schauspielhaus, Hamburg. 1962

18 Alexander Blumenschön in Knut Hamsuns ›Vom Teufel geholt‹
Deutsches Schauspielhaus, Hamburg. 1962. Mit Elisabeth Flickenschildt als Juliane Gihle

19 ›Don Juan und Faust‹ von Grabbe. Deutsches Schauspielhaus, Hamburg. 1959
Don Juan: Will Quadflieg – Leporello: Hermann Schomberg

20 ›Zwischenfall in Vichy‹ von Arthur Miller, Thalia Theater, Hamburg. 1965
Probe mit Adolf Wohlbrück

21 ›*In der Sache J. Robert Oppenheimer*‹ *von Heinar Kipphardt*
Deutsches Schauspielhaus, Hamburg. 1965

22 ›Don Carlos‹-Inszenierung von Gründgens, Deutsches Schauspielhaus, Hamburg. 1962
Will Quadflieg als Marquis Posa – Gustaf Gründgens als König Philipp

23 *Goethes ›Stella‹, Deutsches Schauspielhaus, Hamburg. 1965*
Madame Sommer: Paula Wessely – Fernando: Will Quadflieg

›Nach Damaskus‹ von Strindberg, Akademietheater, Wien. 1965. Mit Margaret Jacobs

24 *›Onkel Wanja‹ von Tschechow. Deutsches Schauspielhaus, Hamburg. 1966*
Mit Margaret Jacobs

25 Astrow in ›Onkel Wanja‹, Das Junge Theater, Hamburg. 1971

26 *›Eines langen Tages Reise in die Nacht‹ von Eugene O'Neill*
Deutsches Schauspielhaus, Hamburg. 1975
James Tyrone: Will Quadflieg – Edmund Tyrone: Gerd Böckmann

27 ›Unter der Treppe‹ von Charles Dyer, Deutsches Schauspielhaus, Hamburg. 1968

28 Sartres Kean, Deutsches Schauspielhaus, Hamburg. 1973

In ›Equus‹ von Peter Shaffer, Deutsches Schauspielhaus, Hamburg. 1974

29 *Mit Rudolf Noelte*

30 Margaret Jacobs-Quadflieg

31 1975

32 Daheim

Ich weiß, daß es mir besser geht als vielen Anderen, ich bin eigensüchtig genug, mir zu wünschen, daß ich weiter Rollen spielen kann, die ich selbst entscheidend mitbestimme, daß ich immer mit guten Regisseuren zusammenarbeiten darf und daß mir das Publikum gewogen bleibt. Andere haben es schwerer, und ich bewundere ihr Durchhaltevermögen: Sie spielen ihr Leben lang Nebenrollen, müssen sich mit kurzen Auftritten begnügen und sind, wenn die Vorstellung zu Ende geht, fast schon vergessen. Aber gerade diese Kollegen machen den Rang und die Qualität eines Ensembles aus. Sie haben meine besondere Liebe und Bewunderung. Die Einzigartigkeit des Berliner Staatstheaterensembles bestand in seinem Reichtum an Chargenspielern, von denen Gründgens einmal sagte, daß er sich diese gar nicht verdienen könne. Das war keine freundliche Floskel, daraus sprach Einsicht und Wissen um die Kostbarkeit, erstklassige Schauspieler für kleine Rollen im Ensemble zu haben.

Was ist das Theater für mich? Es stellen sich leicht großspurige Antworten ein: Schicksal, Berufung. Sehe ich zurück, so sehe ich eine Vielzahl gespielter und gelebter Rollen. Tiefere Befriedigung aber stellt sich nicht ein. Wenn ich auch auf dem Theater oft bestanden haben mag, viele Rollen und Verse auswendig lernte, so habe ich damit mein Leben noch nicht bestanden. Ein Satz, den meine Frau kürzlich sagte, hat mich sehr zum Nachdenken gebracht: »Warum hast Du mich nicht einmal auswendig gelernt?« Auch wenn man einen Menschen nicht auswendig lernen kann wie eine Rolle – man darf es wohl auch gar nicht –, wer begreifen will, was die Mentalität eines Schauspielers kennzeichnet, hat hier einen Schlüssel in der Hand. Ich frage mich: Wo lebe ich mein eigentliches Leben, wo »wohne« ich? Wo setze ich meine beste Substanz, meine Vitalität ein? Wenn ich ehrlich bin, muß ich zugeben, daß meine Rollen der wesentlichste Teil meines Lebens sind – die

Rollen, die ich gespielt habe, die Rollen, die mir im Augenblick zur Aufgabe gesetzt sind und die, die auf mich zukommen. Zwischen ihnen ist wenig Zeit und wenig Raum. Diese Tatsache hat etwas Fatales, und ich will und muß ihr zu Leibe gehen. Wenn ich mich morgens rasiere und mein Gesicht im Spiegel sehe, erblicke ich müde, leere Züge.

Als ich gestern abend von der Bühne in die Garderobe zurückkam und mein Gesicht abschminkte, war es belebt, voll Spannung. Die Rolle, die ich gespielt hatte, wirkte noch nach. Sie hatte mich geprägt, mein Gesicht ausgeprägt. Ich weiß, daß ich derselbe Mann bin, der mich jetzt aus dem Spiegel ansieht, aber er sagt mir wenig zu. Ich frage ihn vergeblich, wer ich denn eigentlich bin. Hat nicht Albert Camus behauptet, von einem bestimmten Alter an, nach dem dreißigsten Jahr etwa, habe jeder das Gesicht, das er verdiene? Für einen Schauspieler ist dies ein böser Satz.

Ich habe oft »leere« Stellen in Schauspieler-Gesichtern entdeckt. Werner Krauß etwa hatte, wenn er nicht auf der Bühne stand, solch eine Schauspieler-Physiognomie. Die Landkarte seines Gesichts hatte viele weiße Stellen unklarer, unerforschter Gebiete. Seine eigene Lebenserfahrung hatte sie nicht ausgeformt und durchstrukturiert. Um so deutlicher, um so überzeugender, um so ausgeprägter war sein Gesicht im Spiel. Wenig Hilfsmittel, etwas Schminke, ein kleiner Bart, eine Perücke verwandelten es von Grund auf, ließen es leben. Aber ist das eine Antwort, wenn ich daran denke, was Camus gesagt hat? Ich fürchte, wir können uns auf unsere Rollen-Gesichter nicht herausreden. Gefragt wird nach unserem eigenen Gesicht, nach unserem eigenen Charakter und Verhalten.

Die leeren Flächen in meinem Gesicht sind Indiz für meine Art zu leben, für meine Existenz. Die Bühne ist ein abgeschirmter Raum. Was immer mich im »wirklichen Leben« bedrängt, wie sehr es mir zusetzt, ob es mich erhebt oder oft so tief deprimiert:

um acht Uhr abends, mit dem letzten Klingeln zur Vorstellung, muß die Außenwelt ausgeschaltet werden. Meine Frau ist krank! Wovon zahle ich meine Schulden? Meine Bandscheiben schmerzen! Das zählt jetzt nicht, muß jetzt zurücktreten. Die Vorstellung hat begonnen, du hast deinen Auftritt, konzentriere dich! Mach, daß du auf die Bühne kommst, und spiel, so gut du kannst! Auch kleinere Sorgen sind Sorgen. Welcher Art sie auch sind, sie dürfen den Schauspieler genauso wenig von seiner Aufgabe ablenken wie private Leiden und Freuden, und nach einigem Training lernt er, wie er sie draußen läßt. Er lernt es, weil er es muß, weil er sonst nicht existenzfähig ist. Er richtet sich auf der Bühne ein. Sie wird eine Art Zuhause, ein entsetzlich fragwürdiges, kurzfristiges Zuhause. Er nutzt die Bühne als sicheren Ort, als Refugium, und diese Zuflucht kann unter Umständen sehr willkommen sein. Gustaf Gründgens sagte mir einmal: »Das einzige, was ich im Krieg genau wußte, war, daß auf der Bühne um Viertel nach acht die Tür aufging und Marianne im blauen Kleid hereinkam.«
Das war während der Hitler-Zeit, als Gründgens nie sicher sein konnte, ob Görings Wohlwollen ihn noch vor Goebbels' und Himmlers Zugriff schützte. Wenigstens während der Vorstellung konnte er sich sicher fühlen.

Die leeren, müden Züge, die mich erschrecken und enttäuschen, wenn ich mein eigenes Gesicht im Spiegel sehe, lassen sich auf naheliegende Gründe zurückführen: Gerade wenn ich intensiv arbeite, wenn ich als Schauspieler versuche, mich ganz einzusetzen, mute ich mir physisch und psychisch sehr viel zu. Das Spiel auf der Bühne ist ein hoher, in manchen Rollen ein die Substanz verzehrender Verbrennungsprozeß. Ich bin oft so total erschöpft, wenn der Vorhang fällt, so total verbraucht, daß ich nicht mehr ansprechbar bin und absolute Ruhe benötige. Das ist keine Freude für meine Umgebung!

Die Wirkung auf die Menschen, mit denen ich mein »wirkliches Leben« teile, ist ernüchternd und eigentlich kaum zumutbar. Eben noch lebte ich Posa, Tasso, Faust, Kean. Ich habe menschliche Qualitäten herausgekehrt und Sympathien eingeheimst, habe tausend Menschen von meinem Wesen und Wert überzeugt. Sie haben mir Beifall gespendet. Doch der Beifall, so sehr er mich freut, ist kein Lebenselixier. Er ist an mir vorbeigerauscht. Ich sitze nur müde und erschöpft in der Garderobe. Die verehrte Paula Wessely hat mir einmal gesagt: »Immer zu wenig, immer zu wenig . . .«

Ja! Man bekommt immer zu wenig zurück. Auch der heftigste Applaus endet. Die Leute strömen hinaus, rangeln sich um ihre Mäntel und Hüte, wollen einen guten Platz im nächsten Restaurant ergattern oder so schnell wie möglich nach Hause kommen. Das Ereignis ist vorüber. Jeder Künstler kennt die Leere, das nicht zu füllende Vakuum, von dem Paula Wessely da gesprochen hat.

In jungen Jahren las ich bei Michelangelo den Satz: »Non che qui pensa, quanto sangue costa – Danach fragt keiner, wieviel Blut es kostet«. Ich vergaß ihn nie, nie mehr. Auch kleinere Töpfe können das Ausgeleertsein empfinden.

Das Blut, die Lebenskraft, vermisse ich am nächsten Morgen in mir, in meinem Gesicht und Körper. Die Menschen, mit denen ich lebe, an Entbehrung gewöhnt, vermissen sie auch in meinem Betragen. Vom Posa und Faust ist wenig übrig. Posa und Faust schlürfen den Kaffee etwas zu laut, sind kaum ansprechbar, lesen mißmutig Zeitung, ärgern sich über die Rechnungen, die mit der Post gekommen sind. Der Mann am Frühstückstisch ist ein Bürger wie alle Bürger, nur hautlos, empfindlicher.

Ist er es wirklich? War ich zum Beispiel ein Vater wie andere Väter? Ich fürchte, in dieser Rolle war ich trotz meiner Bemühungen nicht sehr überzeugend. Außer in den viel zu kurzen Ferien.

Wann war ich für meine Kinder da? Wenn sie in die Schule gingen, schlief ich noch. Wenn sie aus der Schule kamen, kam ich müde und schonungsbedürftig von der Probe. Abends hatte ich Vorstellung, und der Text, viel Text, wollte auch noch gelernt sein. So war ich ein Vater praktisch nur in den Ferien, und auch dann wollte ich eigentlich nicht als Vater angesprochen werden, eher als älterer Freund, als Kamerad. Das war vielleicht eine moderne Einstellung zur Familie, aber sie war bequem, und ob sie richtig war, wage ich zu bezweifeln. Die Rolle, die einem Vater in unserer Gesellschaft tradititonsgemäß zufällt, kommt nicht von ungefähr, sie hat für die Kinder ihr Gutes.

Daß mein Sohn Christian mir aufs Theater gefolgt ist, freut mich sehr. Ich habe ihm nie verschwiegen, welche Gefahren und Probleme unser Beruf birgt. Er hat diesen Entschluß trotzdem gefaßt, und ich bin voller Hoffnung, daß er seinen Weg machen wird. Er sieht sehr gut aus und hat die selbstsichere Art aufzutreten und sich zu geben, die jungen Kollegen heute oft leichter fällt als mir und meiner Generation. Unser sachliches Zeitalter tut da gute Wirkung. Den Ernst, den unsere Arbeit verlangt, sollte der zweite Quadflieg, der zum Theater gegangen ist, mitbringen. Er wollte erst unter einem anderen Namen auftreten, aber da jeder schnell Bescheid wußte, trägt er nun unseren Namen und will und wird sich gegen mein Image behaupten. Daß ich ihm von Herzen alles Gute, seine Entwicklung Fördernde, wünsche, versteht sich von selbst. Die künstlerische Entwicklung ist untrennbar von der menschlichen Entwicklung.

Ein Schauspieler, der versucht, die Dinge absolut auseinanderzuhalten, um sich neben seiner Kunst sein Privatleben zu reservieren, hat es schwer, jedenfalls wenn er ein Schauspieler von Geblüt ist, Kunst und »wirkliches Leben« greifen ineinander, gehen unweigerlich ineinander über. Da ich selber mein künstlerisches Material bin, bringe ich in meine künstlerische Arbeit dauernd das ein, was mich das Leben lehrt. Andererseits verlangt mir meine Arbeit ein Empfinden und ein Verhalten ab, das ich nicht nur, wie Eugène Ionesco gemeint hat, vortäusche. Obwohl mir bewußt ist und bewußt sein muß, wann ich spiele, bewegen und durchdringen mich doch Empfindungen und Verhaltenweisen, die ich dem Dichter zuliebe annehme und aufnehme, in gewisser Weise auch privat. Und nicht nur die Rolle, die ich gerade spiele, bewegt und bestimmt mich. Alle Rollen, die ich gespielt habe, haben Spuren hinterlassen. Ich bin vorgeprägt in allem, was ich fühle, denke, spreche und mache. Hinzu kommen die Bände von Text, die in mir gespeichert sind. Oft, in schlaflosen Stunden gehen mir diese Texte durch den Kopf und quälen mich wie ablaufende Filme, die ich garnicht sehen will.

Schon viele Jahre vor meiner Scheidung kamen mir Zweifel, ob meine Lebenspartnerin und ich wirklich zusammenpaßten, ob sich erfüllen ließ, was wir uns von unserem gemeinsamen Leben versprochen hatten. Ich habe es erzählt. Ich war achtzehn, sie war fünfzehn Jahre alt, als wir uns kennenlernten. Wir standen am Anfang unserer Entwicklung und haben uns allmählich verändert. Galt noch, konnte noch gelten, was uns vor Jahren unverbrüchlich schien? Ich bin nicht der einzige, dem solche Zweifel kommen. Viele Menschen sind in dieser Situation, und Dichter und Psychologen beschäftigen sich mit ihr. Ich selbst habe es verschiedentlich erlebt, daß ich in gewissen Schicksalsphasen an Rollen geriet, die fast zu meinem eigenen Horoskop zu gehören schienen, die jedenfalls meine eigenen Lebensprobleme berührten und abwandelten und dadurch mich selbst zu Stellungnahme und bewußter Entscheidung anregten. So ging es mir zum Beispiel mit dem ›Clavigo‹.

Während mir meine ersten privaten Zweifel zusetzten, spielte ich diese Rolle. Goethe läßt den begabten und ehrgeizigen jungen Schrifsteller um der Karriere willen das Verlöbnis mit der einflußlosen und mittellosen Marie Beaumarchais lösen. Er handelt gegen sein Gefühl und hat deshalb ein schlechtes Gewissen. Seine Neigung zu Marie ist keineswegs erloschen. Trotzdem leuchtet ihm ein, was sein Freund Carlos sagt:

».. . daß außerordentliche Menschen eben auch darin außerordentliche Menschen sind, weil ihre Pflichten von den Pflichten der gemeinen Menschen abgehen; daß der, dessen Werk es ist, ein großes Ganze zu übersehen, zu regieren, zu erhalten, sich keinen Vorwurf zu machen braucht, geringe Verhältnisse vernachlässigt, Kleinigkeiten dem Wohl des Ganzen aufgeopfert zu haben.«

Goethe schrieb das Stück, als er fünfundzwanzig Jahre alt war. Er brauchte nicht länger als eine Woche für diese Arbeit. Seine zwiespältigen Gefühle für Friederike Brion aus Sesenheim hatten ihn auf das Thema gebracht. Die Geschichte lieh er sich von seinem Zeitgenossen Beaumarchais, der sie als ›Fragment meiner Reise nach Spanien‹ veröffentlicht hatte. Als Beaumarchais das Stück später in Augsburg sah, überzeugte es ihn keineswegs. Er notierte:

»Der Deutsche hat meine Geschichte mit einem Zweikampf und einem Begräbnis überladen, Zusätzen, die weniger von Talent zeugen als von Hohlköpfigkeit.«

Auch Goethes scharfzüngiger Freund Johann Heinrich Merck lehnte das Trauerspiel ab:

»Solch einen Quark mußt du mir künftig nicht mehr schreiben, das können die Anderen auch.«

Daß es sich um eine intrigengesättigte, modische Kolportage handelte, erkannte man schon in den siebziger Jahren des 18. Jahrhunderts. Gehalten hat sich das Stück dennoch, weil es Wahrheiten über die Verwirrung der Gefühle enthält, in die ein von seiner Begabung überzeugter junger Mensch geraten kann.

Ich spürte diese Spaltungsproblematik deutlich, als ich den Clavigo Anfang des Krieges spielte. Ich identifizierte mich zum

Teil mit ihr und litt an ihr. Es lag mir gewiß fern, mein Talent höher einzuschätzen als die Verpflichtung gegenüber einem Menschen, der sich mir anvertraut hatte. Aber meine künstlerischen Aufgaben und die Lebensart, die aus diesen Aufgaben resultierte, forderten ihr Recht. Ich war noch nicht reif genug, um Entfremdungsprozesse ausschalten zu können. Schon Jahre vorher – in Düsseldorf – hatte ich meine Verlobung plötzlich gelöst, weil mich der Gedanke an eine zu frühe Bindung mit ihren Problemen quälte. Ich fühlte mich damals jählings überfordert von den Anforderungen und Schwierigkeiten des »wirklichen Lebens«, vor denen ich ebenso wenig versagen wollte wie vor den Aufgaben, die das Theater an mich stellte. Meine Labilität wurde mir bewußt, und mein Verantwortungsgefühl bedrängte mich immer heftiger. Ich war nicht Clavigo, aber vieles von dem, was Clavigo bedrängte, betraf auch mich. An der Rolle reizte mich eine entscheidende Passage, wie ich dem Regisseur Walter Felsenstein genau entwikkelte. Mitten in dem leidenschaftlichen Wortschwall, mit dem er Marie um Entschuldigung bittet und erneut seine Liebe gesteht, dreht Marie sich jäh, von ihren Gefühlen überwältigt, um, Clavigo sieht in ihr durch Krankheit und Kummer gezeichnetes Gesicht, stockt sekundenlang und versucht nun, mit gleicher Suada sein Entsetzen zu überspielen und dieselbe Leidenschaftlichkeit mit kalten Mitteln auszudrücken, die er Sekunden vorher aus der echten reuigen Bewegtheit seines Herzens gesprochen hatte. Dieser jähe Umbruch zeigt, so meine ich, die Doppelnatur Clavigos röntgenhaft und blitzartig genau. Dieser Moment war nur mit äußerster Konzentration zu meistern – und sah mich stets schweißgebadet.

Im Falle des Clavigo fand ich mich also mit einem Thema konfrontiert, das mich ohnehin beschäftigte, für das ich also disponiert war. Es kann jedoch auch umgekehrt geschehen, daß uns eine Rolle mit ihren Auswirkungen auf unser »wirkliches

Leben« überrascht. Aus der gemeinsamen Arbeit mit Kollegen und Kolleginnen können starke menschliche Bindungen erwachsen, auf die wir nicht gefaßt sind. Jede Rolle von differenziertem Anspruch erweckt und verstärkt unsere Sensibilität. Wir leben uns in die Rolle hinein, wir versuchen, sie zu ergründen, und wir treffen auf Menschen, die dasselbe versuchen. Der Dichter führt die Rollen aufeinander zu, und dann begegnen sich eben nicht nur die Gestalten des Dramas, sondern auch die Menschen, die diese Rollen spielen. Das kann zu verhängnisvollen Überschneidungen führen, die das eigene Herz verwirren, wenn es nicht völlig gefestigt und tiefer gebunden ist. Je höher gespannt das Thema ist und je ernster die Schauspieler ihre Rollen nehmen, um so enger werden auch der Kontakt und die menschliche Beziehung sein, die zwischen ihnen entstehen.

Ich denke an Paul Claudels ›Mittagswende‹. Vergegenwärtigen wir uns kurz, worum es in diesem Drama geht: Ein Schiff hat die Mitte des Indischen Ozeans erreicht und überquert die Grenze zwischen Okzident und Orient. Mésa, der sich zum Priester berufen fühlte, ist an den Pflichten seines Glaubens gescheitert. Er hat sich entschlossen, als Geschäftsmann nach China zu gehen. Ysé, mit einem unbedeutenden Bourgeois verheiratet, sucht die höchste Form der Sinnenfreude. Der vierte im Bunde, Amalric, verkörpert primitive Abenteuerlust und Sinn für geschäftlichen Erfolg. Das Stück schildert den Kampf zwischen Mésa und Amalric um Ysé, und ausgetragen wird dieser Kampf keineswegs nur allegorisch, sondern in einer sehr realistischen erotischen Spannung. Claudel hat das Stück später umgeschrieben und die Aufführung in der Urfassung verboten. Allzusehr quälten in späteren Jahren diese Selbstenthüllungen sein katholisches Sündenbewußtsein. Er hat die Flüge und Abstürze der Liebe, der erotisch-sexuellen Leidenschaftsraserei mit allen zerstörerischen und selbstzerstörerischen Komponenten im Alter verleugnen wollen.

Natürlich muß die Schauspielerin in der Rolle der Ysé nicht wirklich das magisch-verführerische, vagabundierende Geschöpf sein, das Claudel im Sinn hatte. Doch der weibliche Reiz der Ysé muß von ihr ausgehen. Auch der Schauspieler in der Rolle des Mésa muß nicht wirklich ein zerrissener Mensch sein, aber er muß wissen, was Zerrissenheit ist.

Wenn man nun als Schauspieler die erstarrte Lava dieses Textes zurückverwandelt in die Eruptionen, die einst aus dem Vulkan der Dichterseele herausgeschleudert wurden, gerät man in gefährliche Bereiche. Kommt dann im eigenen Wesen eine Geneigtheit, wie sie in manchen Jahren besteht, hinzu, sich leidenschaftlich zu verlieben, wird diese innere Glut hell entfacht. Die Bühnenleidenschaft wird zur realen Leidenschaft, die Grenzen verwischen sich oder werden gar aufgehoben. Wir bringen also nicht nur unsere Fertigkeiten, sondern auch unsere Eigenheiten, poetisch gesprochen: unser menschliches Geheimnis ins Spiel, und dieser spielerische Einsatz des Materials, das wir selber sind, ist nicht ungefährlich. So kann es geschehen, daß es in unser Leben, unser »wirkliches Leben« direkt eingreift, also der Punkt erreicht wird, um den meine Formulierungsversuche so oft kreisen. Schein und Sein kommen zur Deckung, bewirken eine künstlerische Wahrheit und zugleich eine heillose Verwirrung der Lebensrealität.

Was ich an diesem Beispiel – es gäbe hundert andere – deutlich machen will, ist die alte Erfahrung, daß der Schauspieler alle Fähigkeiten und Gefährdungen, die der Dichter einer Bühnenfigur mitgibt, als Möglichkeit in sich haben muß und daß dieser Sachverhalt nicht immer folgenlos bleibt, daß er sich nicht immer auf den spielerischen Bezirk eingrenzen läßt. Es gibt dann für den Schauspieler Rollenbegegnungen von einer Dichte und Deckungsgenauigkeit, die fast zu einem Stück Eigenschicksal werden. An dieser Nahtstelle können heikle Irrungen und Wirrungen entstehen, deren Folgen lebenslang zu tragen sind.

Die Psychologen sprechen von Identifikation und Introjektion. Identifikation ist Gleichsetzung und Verschmelzung unterschiedlicher Tatbestände zu einer Einheit. Die Introjektion, die ein Grundvorgang der Identifikation ist, ist die Einbeziehung eines Objekts in den subjektiven Interessenkreis. Wir »verinnerlichen« dieses Objekt. Wir sehen es so, wie wir es sehen wollen, und es wird ein Teil unserer selbst. Der Rest ist eine Frage unseres Verantwortungsgefühls. Wir müssen nach Kräften sehen, wie wir mit diesen immer überraschenden, manchmal beglückenden, oft aber das Gemüt verheerenden Erlebnissen fertig werden.

Es ist in jüngeren Jahren, wenn keine absolut stimmende Bindung uns hält und erfüllt, sehr schwer – mir ist es jedenfalls so ergangen – erotische Spannungen und Partnerschaften in der richtigen Form zu bändigen und abzugrenzen, eben die Lebensrealität nicht zu verlieren und das erotische Liebesobjekt, das der Film- oder Bühnenpartner laut Drehbuch oder Stück sein soll, nach der Arbeit distanziert zu betrachten.

Lange bevor ich mich unter der Anleitung meiner Lehrerin Vera Prellwitz an mein erstes Rollenstudium wagte, hatte ich mich gründlich mit Lyrik beschäftigt. Verse konnte ich »verinnerlichen«, ohne mich an eine Rolle verlieren zu müssen. Sie führten mich immer zu mir selbst. Verse sind, wie die Musik, eine objektive Tatsache, die wir dann subjektiv erfassen und wiedergeben können. Die Scheu vor den Rollen und der Verwandlung, der langwierige Versuch, ihrer Einwirkung auf meinen Charakter auszuweichen, war also eine ernste Angelegenheit für den jungen Menschen, der zum Theater wollte. An diesem Problem hatte ich lange zu beißen.

In meinem ersten, nicht sehr erfreulichen Engagement, in dem Gießener Jahr, sah ich keine andere Möglichkeit als mich ins Spiel zu stürzen und zu übertreiben. Darum war es so hilfreich, daß mich der Regisseur Lüpke einerseits ermutigte und andererseits meinen Spieleifer dämpfte. Ich war jung und sah noch jünger aus. Trotzdem meinte ich, die Jugend meiner Rollen auch noch charakterisieren zu müssen. Ich strebte in gewisser Weise danach, die »Jugend an sich« darzustellen, ihr grundsätzliches Wesen zu offenbaren. Diese Art Abstraktion der Jugend aber gefährdete die einfache Wahrheit der Figur. Als ich an der ›Berliner Volksbühne‹ den Romeo spielte, rief mir der Regisseur Richard Weichert einmal zu: »Spiel nicht auf jung! Du bist jung!«

Manchmal sind es Randerlebnisse und beiläufige Sätze, die uns die Augen öffnen. Unter Richard Weichert hatte ich bei den Reichsfestspielen in Heidelberg in Hebbels ›Agnes Bernauer‹ die Rolle des Badergesellen Theobald gespielt. Theobald eröffnet das Stück mit einem Monolog. Täglich ließ mich Weichert zum Probenbeginn diesen Auftritt herunterschnurren, bis ich ihn fast mechanisch konnte. Er nahm mir so die Scheu vor diesem schweren Soloanfang in dem riesigen Schloßhof, der durch einen schnellen Lauf die Pferdetreppe mit ihrem Kopfsteinpflaster hinunter bei meiner starken Kurzsichtigkeit schon schwierig genug war. Theobald fragt sich in diesem kurzen Monolog, ob er der angebeteten Agnes Bernauer einen Blumenstrauß schenken soll oder nicht. Als Agnes gleich darauf erscheint, benimmt er sich in seiner Verliebtheit reichlich ungeschickt. Andere Figuren treten auf, und er steht noch eine Weile ohne Text dabei, während sich die andern unterhalten. Ich wußte nicht, was ich in dieser Szene mit mir anfangen könnte, und fragte Weichert, was ich tun solle. Er sagte mit seiner scharfen, hellen Stimme: »Was du tun sollst? Gar nichts. Du verblühst da vorne . . .«

Das war ein trefflicher Satz, genau die richtige Anweisung. Ich »verblühte« also lange Bühnenminuten, hörte nur zu und übte mich in darstellerischer Bescheidenheit. Wenn ich später in anderen Rollen unbeschäftigt an einer Szene teilzunehmen hatte, fiel mir Weicherts Satz unweigerlich ein, und ich »verblühte« still und bescheiden, bis ich wieder dran war.

Manchmal kommt es mir vor, als hätte ich bis zu meinem dreißigsten Jahr wie ein Rasender Theater gespielt. Innere Ruhe auf der Bühne zu finden, einfach nur da zu sein, fiel mir ungemein schwer. Das mußte ich mir hart erarbeiten. Trotzdem führt vom August Keil in der ›Rose Bernd‹ und vom Theobald in der ›Agnes Bernauer‹ eine deutliche Spur zu den Charakterrollen meiner späteren Zeit. Stille, in sich gekehrte, absonderliche Menschen interessierten mich immer sehr, gingen mir nah. Mit den Jahren ist dieses Interesse gewachsen. Eins meiner liebsten Rezitationsprogramme hat die Überschrift: ›Lob der Stille‹; das Motto ist ein Satz Wilhelm Raabes: »Was wird, wird still.« Was Menschen sind, was sie leiden, wie sie mit ihren bescheidenen Hoffnungen leben, erfährt man an leisen Rollen viel besser als an den sogenannten Heldengestalten. Was sind Helden? Es zeigt sich, wenn wir sie nur aufmerksam genug beobachten, daß auch die Helden so heldenhaft gar nicht sein können, und daß sie nur glaubhaft darzustellen sind, wenn wir vergessen, daß es »Helden« sind.

Mit dieser reiferen Einsicht verband sich eine andere, die nicht weniger wichtig war: In meinem Enthusiasmus war ein beträchtliches Maß von Monomanie enthalten. Bei jedem Auftritt war ich in derart hochgespannter Verfassung, daß ich dazu neigte, nicht nur meinen Part, meine Rolle zu spielen, sondern die Grundspannung der ganzen Szene. Das führte nur zu Verzerrungen der eigenen Rollenkontur und war der falsche Weg; denn niemand kann allein den inneren Spannungsbogen und die Wahrheit eines Stückes tragen. Diese Wahrheit stellt sich erst ein, wenn ihr alle Beteiligten gemeinsam dienen.

Es gibt keine Patentlösung, mit der ich ein für allemal zurechtkäme, wenn mir eine schwere Aufgabe gestellt ist. Ich muß das Spannungsverhältnis herausfinden, in dem ich zu der Rolle stehe.

Ich muß meine Möglichkeiten und Einsichten mit den Forderungen der Figur in Vergleich setzen, und ich muß dies in der Praxis tun: im Spiel. Ich muß nicht nur die feinen Verästelungen eines Themas theoretisch erfassen; ich muß ein Gespür dafür entwikkeln und in der Probenpraxis realisieren, was alles um diese Figur kreist, und dann den Einstieg finden, der mich die Figur von innen nach außen entwickeln läßt. Nur dann kann ich allmählich die Form finden, die ihr, wenn nicht in allem, so doch im entscheidenden Kern gerecht wird.

In ›Dichtung und Wahrheit‹ sagt Goethe:

»Zur Anschauung gesellt sich die Einbildungskraft, diese ist zuerst nachbildend, die Gegenstände nur wiederholend. Sodann ist sie produktiv, indem sie das Angefaßte belebt, entwickelt, erweitert, verwandelt.«

Das bezieht sich auf die schöpferischen Künste und ihren Umgang mit der Wirklichkeit. Wir, die wir uns mit einer nachschöpferischen Kunst bescheiden müssen, finden uns mit dieser Einsicht dennoch weitgreifend angesprochen: Wir bilden nach. Wir wiederholen die Gegenstände. Wir beleben das Angefaßte. Wir entwickeln nach dem Plan der Inszenierung das Wort zum Spiel. Im Erweitern und Verwandeln aber müssen wir nicht nur unser Maß, sondern noch mehr das Maß des Dichters bedenken. Darin liegt unsere Beschränkung und unsere Verantwortung. Wenn es sich dann wirklich um Dichtung handelt, erweitern und verwandeln wir weniger des Dichters Werk als unsere eigene Seelenkonfiguration. Freilich bewahren wir uns den Ehrgeiz, bei dieser Bemühung dennoch wir selbst zu bleiben. Wir halten uns an das, was Hofmannsthal dem großen Kainz nachgerufen hat: Wir wollen uns nie ganz verstricken lassen in das Geheimnis wollüstiger Verwandlung. Das gilt vor allem, wenn wir Kostüm und Maske überbewerten.

Einmal habe ich dieser Art Lust an der Verwandlung zu sehr

nachgegeben. Wir spielten in Zürich Carl Zuckmayers Schauspiel ›Barbara Blomberg‹. Käthe Gold spielte die Titelrolle, und ich war der Juan d'Austria, der Sohn Barbaras und des bejahrten Kaisers Karl V. Meine Maske und mein Kostüm hatte ich einem Gemälde nachgeformt, zu genau, wie ich heute weiß. Ich trug ein offenes Hemd, blau-weiß längsgestreifte Hosen und als Krönung des Ganzen eine langfließende blonde Perücke. Der Vergleich meines Spiegelbildes mit dem historischen Porträt schien mir stichhaltig. Das Züricher Premierenpublikum aber dachte anders: Als ich auftrat, setzte zuerst eine seltsame Unruhe ein. Dann stiegen Kichern und Lachen auf, und schließlich brüllte das ganze Haus vor Vergnügen. Ich stand da und wußte nicht, was los war. Ich dachte, ich hätte irgend etwas verkehrt herum angezogen oder meine Hose sei gerissen. Es dauerte eine Ewigkeit, bis ich begriff, daß meine ganze Erscheinung diese Heiterkeit erregte. Die Leute hielten sich nicht an meine Porträtähnlichkeit mit Don Juan d'Austria, sondern lachten, weil ich aussah wie eine Art männliche Greta Garbo in einem dandyhaften Kostüm. Ich war ein schönes Bild, kein menschliches Wesen. Ich war zu weit gegangen. Am nächsten Tag trug ich eine normale aschblonde Perücke, und niemand lachte mehr.

Die Verwandlung oder Anverwandlung, die uns wirklich abgefordert wird, ist anderer Natur. Ihr werden wir nicht gerecht, wenn wir uns zu porträtgerecht oder bis zur Unkenntlichkeit verkleiden und maskieren. Maske und Kostüm können nur helfen, ein Gefühl für die Rolle zu entwickeln, sie können unsere Absichten unterstreichen, aber die entscheidende Frage ist, ob wir aus der Einfühlung und seelischen Spannung heraus die innere Wahrheit der Rolle erfassen und verkörpern.

Wie groß diese Spannung sein kann, habe ich nicht nur an mir selbst erlebt. Meine einzige Begegnung mit Emil Jannings stand unter ihrem Zeichen.

Veit Harlan drehte in der Oberhausener Gute-Hoffnungs-Hütte den Film ›Der Herrscher‹, in dem Jannings den Geheimrat Matthias Clausen spielte. Zu Grunde lag der Geschichte Gerhart Hauptmanns ›Vor Sonnenuntergang‹, aber von diesem Drama war nicht viel übrig geblieben. Goebbels behauptete später sogar, der Film sei darum so gut geworden, weil sich Harlan um Hauptmann so wenig geschert habe. Für die NS-Propaganda war es entscheidend, daß der Führergedanke verkündet wurde: Ein starker Mann und die »Volksgemeinschaft« setzten sich gegen Standesdünkel und Spießertum zur Wehr.

Wie dem auch war – Jannings spielte einen »Wirtschaftsführer«, wie ein Unternehmer damals hieß, und dieser tat recht, sich auf die menschliche und liebende Unterstützung seiner Sekretärin zu verlassen, da seine Familie doch nur den eigenen, engherzig verstandenen Vorteil im Sinn hatte. In einer großen Szene, einem cholerischen Wutausbruch, rechnet der Mann mit seiner Verwandtschaft ab.

Am Abend, bevor diese Szene gedreht wurde, wurde ich zu Jannings geführt, um ihm vorgestellt zu werden. Wir fanden ihn in der Dekoration, die für den Streit der Sippe am nächsten Tag stand. Ein imponierendes Interieur mit großen Glastüren und viel Kristall in kostbaren alten Schränken. Jannings durchmaß es mit großen Schritten.

In der Hand hielt er einen schweren Stock, den er plötzlich fester packte, um in großer Wut in die Glastüren zu schlagen. Die Türen und das Kristall in den Schränken zersplitterten.

Wir standen erstarrt. Der Aufnahmeleiter, der mich hierhergebracht hatte, war kreidebleich und atmete erst auf, als Jannings, nachdem er sein zerstörerisches Werk vollbracht hatte, einen Moment verharrte, sich langsam umdrehte und sehr gefaßt sagte: »So, das mußte sein! Das brauchte ich!«

Emil Jannings hatte seine große Spannung und Angst vor dem

schweren Drehtag abreagiert. Daß eine teure Ausstattung zum Teufel war, kümmerte ihn nicht. Er nahm es für selbstverständlich, daß sie über Nacht wieder hergerichtet wurde, was auch geschah.

Wer aber hatte da eigentlich gerast? Der Schauspieler Jannings oder der Geheimrat Clausen, den Jannings in seiner großen Szene am nächsten Tag spielen sollte? Die Anverwandlung der Rolle in diesem letzten Vorstadium des Spiels ist eine teuflische Sache. Es gibt Augenblicke, in denen der Darsteller sich selbst zu verlieren, sich aufzugeben scheint. Die andere Gestalt, in die er schlüpfen soll, wird übermächtig.

Viel Theaterdonner geht auf dieses Konto. Geplagte Hilfskräfte, besonders Garderobiers, können ein Lied davon singen. Ich habe solche Ausbrüche auf Kosten anderer immer als äußerst peinlich empfunden; was nicht heißt, daß ich diese verheerende Spannung nicht kenne. Sie schlägt bei mir nur nach innen. Ich würde es mir nie verzeihen, wenn ich meine Premierenangst oder Lampenfieberüberspanntheit an meinem Garderobier – etwa an meinem alten Freund Reinhardt, der mich am Hamburger Schauspielhaus seit dreißig Jahren betreut – ausließe. Ich kämpfe das im Stillen mit mir selber aus. Das ist sicher unbequemer, aber ich kann und will meine eigenen Konflikte nicht auf dem Buckel anderer austragen und gestatte mir derartige Aggressionsverlagerungen nicht. Unerfreuliche Erinnerungen an Derartiges bei Klöpfer und George haben mich da neurotisiert.

Unser künstlerisches Material, ich wiederhole es, sind wir selber. Das macht uns zu schaffen und setzt uns Grenzen. Wie aber setzen wir es ein, wie organisieren wir es, damit auf dem Theater die andere, die erfundene Wirklichkeit entsteht? Wie machen wir es, auf der Bühne so porös und transparent zu sein, daß es den Dichter und nichts als den Dichter durchscheinen läßt?

Eine Dichtung von Rang hat ein inneres Gesetz, dem Inhalt und

Form gehorchen. Aus diesem Gesetz sprechen die Absichten des Dichters, und es umfaßt die Möglichkeiten, die er an einem Stoff erprobt hat: Anschauung und Erfindungskraft, wie Goethe es genannt hat, Realitätssinn und Phantasie schaffen das Gebilde, das sich durch Einmaligkeit auszeichnet, denn alles, was den Namen Kunst verdient, ist einmalig.

Dieses Gesetz muß ich erfassen. Ich muß es wie eine Partitur lesen. Wenn ich meine, sie verstanden zu haben, muß ich mich selbst befragen: Welche Möglichkeiten hast du, diese Partitur zum Klingen zu bringen? Wo stimmst du mit der Rolle überein? Was trennt dich von ihr? Was ist dir vertraut – was ist dir fremd?

Wir haben anders als das fernöstliche Theater keinen festliegenden, immer wieder nutzbaren und stets wieder geforderten Vorrat von Zeichen und Gesten. Unser Spiel ist keine Liturgie. Es gibt sozusagen keine gewohnheitsrechtliche Form der Darstellung. Wir stehen jedesmal ganz am Anfang und erarbeiten die Form von Grund auf neu. Neben der Werktreue wird uns Originalität abverlangt.

Unsere Erfahrungssätze aber haben wir. Wir wissen, was machbar ist und was nicht. Wir kennen die Regeln der Verständigung mit dem Publikum: Wie ein Schauspieler dasteht, wie er sich freundlich oder feindselig, offen oder verschlossen zeigt, wie er Heiterkeit oder Trauer ausdrückt – das alles und mehr weiß man oben auf der Bühne und unten im Parkett. Es entspricht der Mimik und der Körpersprache, wie sie auch im täglichen Leben in Gebrauch sind.

Darüber hinaus habe ich mir dieses oder jenes zur Regel gemacht. Wenn ich zum Beispiel mit einem Herzensanliegen auf die Bühne komme, trete ich gern von links auf: Ich zeige also dem Publikum die Herzseite. Komme ich mit neutralen oder negativen Anliegen, so erscheine ich gern von rechts: Das Herz ist dem Publikum abgewandt. Als Mephisto drängt es mich, möglichst oft mit dem Profil zur Rampe zu agieren. Als Faust dagegen stehe ich möglichst oft frontal.

Es mag sein, daß niemand diese gewiß sehr subjektiven Signale bewußt wahrgenommen hat. Indessen helfen sie mir, und ich bin sicher, daß sie sich auf das Publikum übertragen. Das geschieht auf geheimnisvolle, unbewußte Weise, als eine untergründige Art der Verständigung.

Die Grundhaltungen, auf die eine oder die andere Weise verfeinert oder gesteigert oder zurückgenommen, werden selten zum Streitfall. Diese Grammatik der Schauspielkunst muß nicht mehr diskutiert werden. Schwieriger ist es schon, durch den Ausdruck von Gesicht und Körper Inhalte zu vermitteln, und da erst entscheidet sich, ob ich meine Aufgabe wirklich erfülle.

Denn die üblichen Gesten, so unverzichtbar sie sind, sind auch eine Gefahr. Schauspieler und Publikum sind sie allzusehr gewohnt. Allzu routiniertes, geschicktes Spiel verdeckt leicht Motive und Themen. Das Spiel läuft, wie Spiele zu laufen pflegen, und wir verpassen, indem wir es genießen, seine Eigenart und seinen Hintergrund. Wir verlieren das aus dem Auge, was Stanislawski »die geistige Überschrift« über jedem Stück nennt. Wir sehen über sie hinweg – und wenn der Vorhang fällt, ist keinerlei Denkanstoß gegeben worden.

Jeder ernsthafte Schauspieler kennt diese Gefahr der Routine. Gefälligkeit ist ihm verhaßt. Sein Mißtrauen gilt den schnellen Lösungen. Wir sollen uns nicht mit dem Parkett anbiedern. Wir müssen die Leute dazu bringen, »zu uns hinaufzukommen«. Wie genüge ich dieser Forderung? Durch größtmögliche, innere Wahrheit meiner Bühnenexistenz; durch den Versuch, mit allen Konzentrationsmitteln bis ins Unterbewußte hineinzuwirken – und die Aura der Figur zu finden. Ein Erlebnis fällt mir ein: Ich kam eines Tages in Berlin aus der U-Bahn die Treppe hinauf und sah auf dem Gehsteig einen Straßenbahnführer hin- und hergehen. Es war nichts Besonderes an dem Mann. Er hatte keinen besonderen Ausdruck im Gesicht, und auch seine Haltung war keineswegs auffällig. Trotzdem sah ich ihm sofort an, daß diesem Menschen etwas Fürchterliches zugestoßen sein mußte. Nicht dieses oder jenes mimische Merkmal, sein ganzes Wesen drückte stummes Entsetzen aus. Dann sah ich, was geschehen war. Auf den Straßenbahnschienen lag jemand. Er hatte einen Menschen überfahren.

Von Erich Engel weiß ich, wie man in Stummfilmzeiten in Rußland versucht hat, den ursprünglichsten menschlichen Ausdruck zu erfassen. Regisseure montierten eine Kamera versteckt in einem Lastwagen und filmten aus diesem Versteck einen einfachen Bauern. Nur sein Gesicht wurde fotografiert, während man mit ihm redete und ihm mimische Reaktionen zu entlocken versuchte. Man gab ihm Geld. Man bot ihm ein gebratenes Huhn an, eine nackte Frau erschien. Ich weiß nicht mehr, ob man nach dieser Skala der Reize und Annehmlichkeiten auch eine Abfolge von Schrecken inszenierte. Auf jeden Fall aber hoffte man, das Leben werde die Kunst belehren, und ich bin sicher, daß es da genug zu lernen gibt. Der Widerschein der Ereignisse in einem Gesicht läßt sich nachweisen, aber wie ist er für den Schauspieler spielbar, sichtbar zu machen?

Beweisen läßt sich freilich auch das Gegenteil: daß wir in einer Miene lesen, was da gar nicht geschrieben steht. Der russische Filmregisseur Kuleschow filmte ein Gesicht mit gleichbleibendem Ausdruck und schnitt es zwischen die unterschiedlichsten Szenen. Das Publikum weinte oder lachte über dieses Menschengesicht je nach der Situation, in der es sich befand. Es schwor darauf, das Gesicht habe sich fortwährend verändert. Die Zuschauer hatten ihre Reaktionen in das Gesicht projiziert. Sie hatten nicht sich mit dem Filmgesicht, sondern das Filmgesicht mit sich identifiziert.

So merkwürdig verlaufen die Prozesse, in denen sich unsere Kunst verwirklicht. So widersprüchlich sind die Mittel, mit denen wir arbeiten. Können wir also nach Lust und Laune verfahren? Ist mehr oder weniger Zufall, was wir am Ende vorweisen? Das Gegenteil trifft zu. Wir haben den Sündenfall ins Bewußtsein hinter uns. Wir müssen wissen, was wir tun. Wir müssen einen künstlerischen Plan erarbeiten und einhalten.

Unser Publikum glaubt uns, geht auf unser Spiel ein, folgt ihm und versteht es um so besser, je mehr wir unser Tun oder Lassen sinnfällig begründen und gestalten. »Als ich zwanzig war, habe ich auf der Bühne geweint, und die Leute haben darüber gelacht – heute lache ich, und die Leute weinen«, sagte Kainz einmal. Das Ziel besteht allemal darin, die besondere Wirklichkeit der Bühne voll zu nutzen und die Möglichkeit und Gefährdungen des jeweiligen Menschenschicksals vorzuweisen. Meine unumstößliche Überzeugung aber ist, und nochmals sei es gesagt, daß wir stets und ständig dem Dichter zu dienen haben, wenn es sich um einen Dichter handelt. Ihn zu übervorteilen, ihn um seine Wahrheit zu betrügen, indem wir unter seinem Namen unsere eigenen Einfälle und Weisheiten anbringen, steht uns nicht zu.

Ein Schau-Spieler ist, so meine ich, nicht nur ein Zur-Schau-Spieler. Es ist ein Spiel *aus* einer Schau, einer inneren Vorstellung heraus. Das alte, germanisch geprägte Wort Skadespelare enthüllt seinen Wahrheitssinn. Skade ist Schau, Vision. Wir spielen der Vision des Dichters folgend, aus einer Schau heraus Theater. Diese »Schau« aber kann immer nur eine Schau kraft des dichterischen Vorwurfs sein.

Es klingt verlockend und sophistisch, wenn Bertolt Brecht sagt: »Wir können Shakespeare ändern, wenn wir ihn ändern können.« Brecht hat diesen Satz sehr weitherzig ausgelegt. Doch müssen wir es wirklich *können*. Wir müssen also Dichter vom Range Brechts sein, wenn wir die Wahrheit eines anderen Dichters mit neuer zeitnaherer Gültigkeit überhöhen wollen. Auch hier gilt natürlich das Wort: »Das Was bedenke – mehr das Wie.« Wenn Brecht den

›Coriolan‹ so bearbeitet, wie er es tut, ziehe ich meinen Hut. Ein Genie hat eigene Gesetze. Das ändert nichts daran, daß ich grundsätzlich dabei bleibe, daß wir der Partitur der Dichtung verpflichtet sind. Wir müssen uns mit ihr lesend, verstehend und nachempfindend auseinandersetzen, bis wir ihren Kern weitestmöglich erfaßt haben. Wir müssen am Werk arbeiten, bis das Werk in uns arbeitet. Dann werden alle Eingriffe, Umstellungen und Striche sinnvoll und werkgetreu sein.

Wenn ich Regie führte, habe ich mich immer an diese Verpflichtung gehalten. Aber auch wenn ein anderer inszenierte, war es mir nie gegeben, nur mich und meine Rolle zu sehen. Ich habe stets das ganze Werk bedacht. Wenn ein Stück deckend besetzt und das Ensemble richtig geführt wird, dann und nur dann wird die Bühne ein Raum von zwingender Wahrheit, in dem jedes Wort, jede Geste, jede Bewegung durchdacht ist und organisch wirkt. Die kleinste Körperverschiebung ergibt auf der Bühne neue Spannungsverhältnisse und Spannungsverdichtungen der Figuren untereinander. Nur wenige Schauspieler haben ein ausgeprägtes Raum- und Körpergefühl und machen sich klar, wie groß die Ausdrucks- und Charakterisierungsmöglichkeiten allein durch den Gang sind. Ich glaube, ein angeborenes Raumgefühl zu besitzen. Als ich mit Zarah Leander jenen Streifen ›Das Herz einer Königin‹ drehte, mußte ich, der doppelt so schlecht sieht wie sie, sie oft führen, weil mein Körpergefühl so ausgewogen ist, daß es mich mühelos Stufen hinuntergehen läßt, die ich nicht sehe. Wenn ich einmal eine Bühne mit ihrer Dekoration und ihren räumlichen Besonderheiten und Treppen abgeschritten und auswendig gelernt habe, kann ich mich auf ihr wie ein Blinder im Dunkeln bewegen.

Ich habe zweimal nach schweren Knieverletzungen am Stock neu gehen lernen müssen. Vielleicht scheinen mir deshalb alle Bewegungen, alles Gehen, Schreiten, Laufen so wunderbar; vielleicht wurde deshalb meine Beziehung und Liebe zur Tanzkunst so stark intensiviert. Tänzerisches Körpergefühl ist eine herrliche Gabe. Die Arbeit der Tänzer halte ich für eine der schwersten und erlesensten künstlerischen Tätigkeiten. Musik und Bewegung im Einklang! Große Tänzer und Choreographen am Werk zu sehen, gehört für mich zum Schönsten, was diese Erde zu bieten hat. Als ich nach dem Krieg in Zürich das New York City Ballett mit Tanzschöpfungen von George Balanchine und Jerome Robbins sah, war es für mich wie eine Offenbarung.

Dieses Interesse am Tanz wurde durch meine Frau, die Tänzerin war und deren Wesen so sehr vom Tänzerischen bestimmt ist, vertieft. Unsere Begegnung und Freundschaft mit John Neumeier hat uns eine Wunscherfüllung beschert. Er ist ein Prinz aus Genieland, und ich bedaure, daß ich es berufeneren Federn überlassen muß, die einzigartige Synthese alter geheiligter Ballettformen mit den Bewegungsgesetzen und Entwicklungsabläufen der modernen Tanzkunst zu definieren, die er gefunden hat.

In höherem Maße als jede andere Kunst ist der Tanz eine Sache der Qualität. Die technischen Voraussetzungen, die nur eisernes Körpertraining schaffen, sind so schwer, daß erst nach ihrer Überwindung die schöpferische Arbeit überhaupt beginnen kann. In seinen Matineen erläutert Neumeier am Beispiel kleiner Tanzausschnitte und Schritte Sinn und Vorhaben seiner jeweiligen Neuschöpfungen so plastisch und lebendig, daß er Hamburg in kurzer Zeit zu einer Stadt von Ballettomanen gemacht hat. Er tut dies mit ungemein persönlichem Charme und großem sachlichen Ernst. 1975 bekamen er und seine Truppe die Silberne Maske, die die Mitglieder der Hamburger Volksbühne in jedem Jahr dem erfolgreichsten und beliebtesten Künstler verleihen. 1974 hatte ich diese Auszeichnung erhalten.

Ich beneide die Tänzer darum, daß ihre Arbeit und ihr Leben in solch hohem Maße von Musik getragen und geprägt werden. Leider hat in meinem Elternhaus niemand mein Gehör für Musik von Jugend auf systematisch geschult. So gewann ich ein tieferes Verständnis für Musik erst verhältnismäßig spät. Seit ich als Junge zum ersten Mal die ›Matthäuspassion‹ von Bach erlebte, ist mir der Choral: »O Haupt voll Blut und Wunden« das größte, überwältigend Einfachste an Musik, das ich kenne. Jedes Mal, wenn diese Melodie anhebt, berührt mich, jenseits aller Ratio, etwas, das ich nicht benennen kann und will. Seit der Arbeit an Byron-Schumanns ›Manfred‹ mit dem verehrten Rafael Kubelik hat die Verbindung von Musik und Wort eine ständig wachsende Anziehungskraft für mich. Auf diesem Gebiet weiterzuarbeiten, ist von aller künstlerischen Zukunftsplanung mir die liebste.

Kunst soll ein Gegengewicht zum Alltag schaffen. Für zwei, drei Stunden am Abend übe ich mich in einem überhöhten Dasein – stellvertretend für das Publikum, ihm zum Nutzen und zur Hilfe. Woher nehme ich die Kraft, dies zu tun? Aus meiner eigensten Substanz.

Ich habe in meinem Privatleben die normalen Wünsche und Hoffnungen, weiß ein schönes Zuhause zu schätzen und möchte mich den Menschen widmen, die mir lieb sind. Ich möchte lesen. Ich möchte reisen. Ich möchte reiten oder Musik hören und andere erfreuliche Dinge tun. Ich möchte mir gern mein Leben so einrichten, daß davon ein wenig mehr für mich privat übrig bleibt: ein größerer persönlicher Spielraum ...

Dies ist mir kaum gegönnt. Der Beruf läßt mir den freien Bezirk nicht. Ich kann noch so gut und überzeugend gespielt haben, ich kann begeisterten Beifall geerntet haben – nach dem letzten Vorhang, der letzten Vorstellung ist alles vorüber. Es gibt außer ein paar Kritiken und meiner Gage nichts, was ich getrost nach Hause tragen kann. Es ist fast, als wäre nichts gewesen.

Das hat sehr verschiedene Gründe: zuerst ein rein materieller Grund. Keine Gage hierzulande ist bei den heutigen Lebenskosten und meinen Verpflichtungen so hoch, daß ich es mir leisten könnte, einmal ein Vierteljahr nichts zu tun. Das wäre aber bei dem hohen Grad Selbstbeteiligung an eigenster Lebenskraft in diesem Beruf nötig. Das andere Motiv ist rein künstlerischer Natur und betrifft die Unerfüllbarkeit des inneren Anspruchs. »Ich verbrenne an meinem eigenen Maßstab«, sagt Christian Morgenstern. Der Blick ist stets nach vorn gerichtet. Ich bin wie der Esel mit dem Heubündel vor der Nase – die neue Aufgabe und die Idee, es diesmal besser, ehrlicher und wahrer zu treffen, gehen dauernd vor mir her. Also beschäftigt mich unablässig ein Gestaltungsproblem, ein anderes Stück, eine nächste Inszenierung, die nächste Rolle, der neue Text. Während ich lerne, studiere, probiere, spiele, geht das Leben der anderen weiter. Ihr Leben erfüllt sich in ihrem eigenen Bereich, und wenn es fehlschlägt, schlägt es auf ihre Kosten fehl. Sie bleiben an der Realität, in der Realität. Ich aber bin mit erfundenen Siegen und erfundenen Niederlagen beschäftigt, denen ich nur gerecht werden kann, wenn ich ihnen meine beste Vitalität reserviere.

Wie soll ich es nennen? Gnade und Fluch der Kunst? Schicksal? Das klingt, wie es da geschrieben steht, ziemlich verwegen. Im Gespräch läßt es sich leichter sagen, daß der Schauspieler seinen Rollen und seine Rollen ihm in einem höheren und riskanten Sinn verliehen sind. Da läßt sich unbefangener aussprechen, daß er die Masken, die er auf der Bühne trägt, nicht ohne weiteres ablegen kann, weil er ja (in Wahrheit) nicht mit einer Maske spielt, sondern mit seinem eigenen Gesicht.

Ich habe es schon mehrmals ausgesprochen, wie sehr das Rollenspielen ein Prozeß der Selbstfindung und Selbstentdeckung für mich ist. Nur wenn ich im Spiel Teile meines eigenen Wesens erkunde und sichtbar mache, glaube ich mir, spiele ich glaubhaft. Aber ich spiele – im aufschlußreichen Doppelsinn des Wortes – eben mit und aus meiner eigenen Kraft. Dieser Prozeß der Selbstfindung und Selbstentdeckung ist verbunden mit einem hohen astralen Verbrennungsprozeß. Anders kann ich das nicht gewinnen, was man Strahlung und Ausstrahlung nennt. Das alles macht die Stückwahl immer schwerer und verantwortungsvoller, weil ich mich auf abenteuerliche Expeditionen einlasse, wenn ich eine Rolle annehme.

Andererseits muß ich zugeben, daß ich mich lange Jahre auf die Insel gerettet habe, die mir mein Beruf zu sein schien. Die Umwelt war eben leichter zu ertragen, ihre Gefahren und Probleme waren eher abzuwehren, oder einfach abzutun, wenn ich mir einredete, mit wesentlicheren oder höheren Dingen beschäftigt zu sein.

War das nur Ausflucht und Verdrängung? Trug ich nicht zugleich dazu bei, daß diese Welt ein ganz klein wenig menschlicher wurde? Half ich nicht, besonders mit den Dichterabenden, dem Gefühl für Menschlichkeit mehr Geltung zu verschaffen?

Ich denke im Kreise, aber in diesem Kreise liegt meine Existenz, ist mein Leben verfangen: Ich kann mich nicht, wie man sagt, privat ausleben, weil sich die Gestalten der Dichter in mir ausleben. Welchem Künstler ginge es nicht so? Jeder, der in dieser Welt der Kunst lebt, muß dieses Schicksal bejahen. Der Kernsatz des Tasso lautet:

»Verbiete Du dem Seidenwurm zu spinnen,
Wenn er sich schon dem Tode näher spinnt.
Das köstliche Geweb entwickelt er
Aus seinem Innersten, und läßt nicht ab,
Bis er in seinen Sarg sich eingeschlossen.«

»Man muß immer arbeiten«, hat Rodin zu Rilke gesagt. Wenn ich diese Auslassungen ›Wir spielen immer‹ nenne, so ist auch Ähnliches gemeint. Auch, wenn ich nicht probe, lerne, auf der Bühne oder dem Podium stehe, arbeitet und spielt es in mir, registriert, nimmt den Tonfall oder den Gang eines Menschen auf, der manchmal, erst Jahre später, an einem passenden Objekt in der

Erinnerung aufsteigt und verwertet wird. Darauf komme ich – ich bitte, es mir freundlich nachzusehen – hier so oft zurück. Und auch auf die doppelte Bewandtnis, die es mit dem »Wir spielen immer« hat, auf das Ineinanderfließen von Lebens- und Bühnenrollen, auf die Frage also nach der Wahrheit der eigenen Existenz.

Ich sitze in meinem Garten. Wir haben Kiefern, Birken, Rhododendren, Rosen und Gras wachsen lassen, wie sie wachsen wollten. Jetzt hat sich meine Frau vorgenommen, mehr Form in unser Stückchen Wildnis zu bringen. Ich bin sicher, daß sie es ebenso schaffen wird, wie sie auch unser Haus in ein Zuhause verwandelt hat. Es war ein unansehnliches Allerweltshäuschen. Jetzt ist es dank unaufdringlicher, geschmackssicherer Restaurierung und Ausstattung ein kleines, sehr kleines Landhaus zum Wohlfühlen.

Unsere Dogge versucht, unseren Silberpudel zum Spielen zu bewegen. Die Dogge Bento ist ein kräftiger Rüde, der Pudel Isa eine zierliche alte Dame. Beide sind bejahrt, zärtlich und verspielt.

Auf der Koppel neben dem Haus toben die Ponys, Mutter und Tochter. Ihre Lebenslust ist stärker als die Hitze, die in diesem Sommer auf allem lastet.

Ich genieße den Frieden. Der Autolärm, der von der Straße Bremen–Bremerhaven herüberdringt, ist ein gleichmäßiges Geräusch, das ich kaum noch wahrnehme. Ebenso wenig stört es mich, wenn es auf der anderen Seite gelegentlich knallt. Wir haben uns an die Phon-Überraschungen vom Truppenübungsplatz gewöhnen müssen.

Ich denke über mein Leben nach, das seit anderthalb Jahrzehnten auf einer anderen Bahn läuft, und versuche, meine Schlüsse daraus zu ziehen.

Im November 1959 gastierte ich mit Turgenjews ›Monat auf dem Lande‹ in Bremen und bekam einen wunderschönen Fliederstrauß, den ich seltsamerweise nicht verschenkte, wie ich es gewöhnlich tue, sondern mit ins Hotel nahm. Am Tag darauf hatte ich eine Matinee in Oldenburg – und nach der Veranstaltung reichte mir ein schlankes, dunkles Mädchen mit einem kühnen, schönen Kopf ein schmales Bändchen und bat mich um ein Autogramm. Ich schrieb meine guten Wünsche in das in graues Leinen gebundene, sehr zerlesene Buch. Im Text des Buches war viel mit Bleistift angestrichen; und eine Stelle war mit Lippenstift markiert. Sie lautete:

»Es ist, als ob ein dämonisches Spaltprinzip allerorts lebendig wäre, das die Harmonie zwischen den einzelnen Menschen und in jedem Menschen unablässig untergräbt und zerstört. Mißtrauen, Lethargie und Gleichgültigkeit überwiegen in allzu vielen von uns.«

Ich kannte diese beiden Sätze und das Buch, in dem sie standen. Der Verfasser war ich. Das Thema: ›Der Schauspieler in unserer Zeit‹. Ich fragte die junge Dame, ob sie Schauspielerin werden wolle, was sie bejahte. Ich schaute sie lange, sicher etwas zu lange an und ließ sie ungern fortgehen. Ich hatte nie eine Autogrammsammlerin angesprochen; diesmal aber war ich traurig, daß ich dieses Mädchen nicht um ein Wiedersehen, um ein Kennenlernen gebeten hatte. Das ganze Jahr über ging mir dieses Mädchengesicht nicht aus dem Sinn. Ein Jahr später kam ich mit der ›Rosmersholm‹-Tournee nach Bremen, und in die Garderobe wurde mir wieder Flieder geschickt. Ich wußte sofort, daß er von demselben Mädchen kam, und es zeigte sich schnell, daß ich recht hatte, als ich den Bühnenpförtner fragte. Ich schrieb einen Brief und verabredete mich mit dem Fliedermädchen am Bremer Ratskeller.

Margaret Jacobs war, wie ich nun erfuhr, eine angehende junge Kollegin, die zunächst tanzen gelernt hatte. Dann war sie schwer erkrankt. Im Sanatorium hatte ihr ein Arzt nach einem Hamburger Theaterbesuch mein Buch geschenkt. Was ich darin sagte, hatte sie gründlich beschäftigt und überzeugt. Sie mußte den

Tanzberuf aufgeben und hatte sich entschlossen, Schauspielunterricht zu nehmen. Ihre sehr renommierte Lehrerin, Dora Maria Herwelly, hatte ihre Begabung bestätigt und ihre Ausbildung übernommen.

Für die Öffentlichkeit war ich noch immer der treue Ehemann und gute Vater. Doch ich wußte längst, daß sich die Diskrepanz zwischen diesem glatten, gefälligen Image und meinem von der Kunst diktierten Leben nicht mehr überbrücken ließ. Es waren tiefgehende Entfremdungen eingetreten. Ich habe an anderer Stelle bereits davon gesprochen. Seit Jahren hatte ich mich, wenn ich zu Hause war, trotz aller Liebe zu meinen Kindern, manchmal wie ein Gast gefühlt. Es bedeutete darum sehr viel für mich, daß ich nun einen Menschen traf, der die Gründe und Hintergründe meiner Existenz genauer begriff und richtig einzuschätzen wußte. Die innere Notwendigkeit, mich diesem Menschen unverbrüchlich zu verbinden, ließ sich nicht unterdrücken. Es gibt Begegnungen, deren schicksalsbedingter Ernst unabweisbar eine Entscheidung fordert – und dies war eine solche Begegnung. Alle Schmerzen und Tränen einer Trennung mußten nun durchgestanden werden. Jede Ehrlichkeit ist besser, als unklare, unausgesprochene Verhältnisse, meine ich. Es kann keine Rede davon sein, daß ich mich leichtfertig aus den überständigen Problemen meiner ersten Ehe in ein neues trautes Glück geflüchtet hätte. Denn darüber war ich mir von vornherein klar: Wenn es über den Rausch der ersten Verliebtheit hinaus überhaupt so etwas wie ungetrübte Zweisamkeit gibt, war ich dafür nur bedingt geschaffen. Die immerwährende Priorität, die ich meinen Rollen zuerkannte, die sie sich selbst zuerkannten, prädestiniert mich nicht dazu. Jean Pauls Wahrheit ist bitter: »Wenn eine Frau liebt, liebt sie in einem fort. Ein Mann hat dazwischen zu tun.« – Ein Künstler ist sicher besonders intensiver Gefühle fähig, hat aber auch dazwischen besonders intensiv zu tun. Die Probleme, die sich einstellen, wenn man sein

Leben mit einer Frau teilt, die – wie ich – die Ansprüche der Kunst über bürgerliche Annehmlichkeiten stellt, ergaben sich nicht, da meine zweite Frau einen geradezu sträflichen Mangel an Ehrgeiz entwickelte.

Die Ehe eines anerkannten Schauspielers mit einer Kollegin, die erst am Anfang ihrer Karriere steht, verpflichtet ihn, so ist die landläufige Meinung, zur Protektion. Das Wort, das meist mit negativem Zungenschlag verwendet wird, bedeutet ursprünglich Schutz und darüber hinaus Förderung. Daran kann, wenn eine wirkliche Begabung gefördert wird, nichts Übles sein. Die lieben Nächsten aber vermuten aus wer-weiß-welchen Gründen regelmäßig, es verhalte sich anders. Sie nehmen ohne weiteres an, da werde eine junge Schauspielerin um des persönlichen oder häuslichen Glücks ihres Mannes willen nach vorn geschoben.

Margaret Jacobs hatte eine glänzende Bühnenprüfung abgelegt und schon, bevor wir heirateten, in Hamburg und Bern erfolgreich auf der Bühne gestanden und auch auf einer Tournee mit mir zusammen gespielt. Mit dem Echo im Publikum und auch mit der Presse, die sie bekam, konnte sie mehr als zufrieden sein. Dann gingen wir zum Standesamt, und unsere Ehe wurde publik. Von diesem Augenblick an behandelten manche Zuschauer und Kritiker die Schauspielerin Margaret Jacobs nur noch als »Quadfliegs zweite Frau«, und von Objektivität in der kritischen Würdigung ihrer Arbeit war keine Rede mehr. Nicht jede Frau hat die Nerven und die Selbstsicherheit, damit mühelos fertig zu werden. Meine Frau hatte sie jedenfalls nicht. Seither leben wir mit dieser Ungerechtigkeit, denn die opportunistische Folgerung, einfach nicht mehr zusammen aufzutreten, mögen wir nicht ziehen, und ein Engagement in Düsseldorf oder Stuttgart wollte meine Frau nicht antreten, weil unser Leben ein gemeinsames Leben sein soll. Die Problematik, die zweite Frau eines in der Öffentlichkeit stehenden Mannes mit jenem festgelegten Image des treuen Gatten und

Familienvaters zu sein, hat Margaret Jacobs sehr zu spüren bekommen.

Heiratet ein Mann zum dritten oder vierten Mal, dann ist alles viel einfacher. Er ist dann in den Augen der Öffentlichkeit eben ein Typ, der nicht treu sein kann und von Ehe zu Ehe wandert. Die dritte Frau bekommt die Sympathien der Umwelt, weil sie die »böse« zweite Frau ausgestochen hat, die den bis dahin »treuen« Mann der ersten Frau wegnahm. Aber unsere schöne Lebenslüge sammelt gern ihre Antipathien auf der zweiten Frau. Wenn sich dann später herausstellen sollte, daß sie nur den Stein ins Rollen brachte, hat sie leider nichts mehr davon.

Schauspieler müssen es offenbar wie niemand sonst in Kauf nehmen, daß ihnen ihre privaten Angelegenheiten künstlerisch aufgerechnet werden. Mit diesem Stoßseufzer könnte ich es genug sein lassen, wenn nicht auch diese Medaille ihre zwei Seiten hätte – und ich nicht wieder einen Punkt berühren müßte, den ich in diesen sozusagen spiralenförmigen Erinnerungen bereits öfters berührt habe. Denn wie begegnet man mir im privaten, im persönlichen Bereich? Wen vermutet, wen sucht man in mir? Die Antwort ist nur scheinbar schmeichelhaft, sie ist in Wahrheit strapaziös: Vermutet und gesucht wird das vorgeprägte Bild, das Idol.

Die Tage, in denen der Bühneneingang von jungen Schwärmern, meist weiblichen Geschlechts, umlagert war, sind vorbei. Die Zeiten sind nicht mehr danach, und ich bin älter geworden. Ich bin absolut nicht traurig darüber. Ich wollte nie ein Star sein, habe Schwärmerei immer skeptisch betrachtet und die künstlerische Urteilsfähigkeit der Fans nie überschätzt. Der Charakterspieler, der ich nach meinem Selbstverständnis immer war und dem die vielgepriesene gute Erscheinung oft genug im Wege stand, kann nun ungestörter arbeiten. Das aber scheint manche Leute immer noch nicht daran zu hindern, den Publikumsliebling in mir auszuspähen und entsprechend abzuwerten.

Ich hatte früher für begeisterte Damen schnell einen probaten Rat zur Hand: »Verlieb dich in ein Idol und schwärme von ihm, wenn es dich glücklich macht. Aber laß es damit um Himmels willen genug sein und erspar dir und ihm das nähere Kennenlernen.«

Das war so scherzhaft oder so ernst gemeint, wie es jeweils der Situation entsprach. Manchmal half es, manchmal predigte ich tauben Ohren. Aber ich bin froh, daß ich aus meinem Garderobenschrank keinen dort versteckten Backfisch mehr vertreiben muß und daß das enervierende Gekicher der Mädchenrudel hinter mir, das keine noch so schnelle Gangart abhängen konnte, verstummt ist. In den Kriegszeiten ohne eigenes Auto spielten sich da auf dem Weg von meiner Wohnung zum Bus zuweilen Verfolgungsjagden ab, denen ich damals leider noch nicht mit dem gehörigen Humor gewachsen war. Heute habe ich andere, schwierigere Probleme, zum Beispiel Probleme, die sich in der Ehe eines älteren, erfahrenen Schauspielers mit einer jüngeren Kollegin beim gemeinsamen Auftreten ergeben, zumal diese keine graue Maus, sondern eine attraktive, eigenständige und sensible Persönlichkeit ist. Eine Episode für viele: Sie spielt in Graz. Ich kann sie nur mit zwei Einschränkungen wiedergeben: Erstens erzählt meine Frau sie viel besser, und zweitens habe ich die Höhepunkte des Dramas verschlafen.

Ich spielte an der Wiener Burg ›Macbeth‹ und mit Käthe Gold, der geliebten, verehrten Alma Seidler und meiner Margaret Strindbergs ›Nach Damaskus‹. An einem freien Samstagabend sollten Margaret und ich in Graz den ›West-östlichen Divan‹ rezitieren. Vorgesehen war die Veranstaltung in einem kleinen Saal. Weil es im Spielplan des Burgtheaters eine Änderung gegeben hatte – eine Shakespeare-Sonntagsmatinee wurde eingeschoben –, konnten wir den Termin nur halten, indem wir das freundliche Angebot Ernst Häussermans, des Chefs der Burg, annahmen und uns in seinem

Dienstwagen nach Graz und nachts nach Wien zurück chauffieren ließen. Als wir gegen 15 Uhr eintrafen, empfing uns der Veranstalter freudestrahlend und teilte uns mit, er habe im Vorverkauf so viele Karten an den Mann gebracht, daß der angekündigte Saal nicht ausgereicht habe. Kurz entschlossen habe er darum die Veranstaltung in den Stephanien-Saal umgelegt, und auch dort sei jetzt jeder Platz verkauft.

Der Stephanien-Saal ist ein sehr großer, ist der größte Saal in Graz, und er hat eine ehrwürdige Tradition. Mir war es recht und egal, wo wir Goethe die Ehre geben sollten. Wir fuhren dorthin, und ich achtete nicht auf die Reaktion meiner Frau, als wir den riesigen Saal betraten. Margaret war schon auf dem Weg zu der kurzen Sprechprobe immer schweigsamer geworden, und als wir nun den Ort des Ereignisses betraten, sagte sie gar nichts mehr. Mit großen, ratlosen Augen stand sie auf dem Podium und starrte in die dunkle Tiefe des Saales, während ich zur letzten Reihe im Parkett marschierte. Dort eingetroffen, rief ich: »Sprich doch mal ein paar Verse!« Statt dessen rief sie: »Wo bist du? Ich sehe dich nicht mehr!«

Ich hätte diesen Verzweiflungschrei ernst nehmen sollen. Er war eindeutig: Margaret hatte Angst vor dem Riesensaal und vor den vielen Menschen, die sich dort am Abend einfinden sollten. In solch gewaltigen Dimensionen hatte sie noch nie rezitiert. Trotzdem begann sie wacker:

»Der Spiegel sagt mir, ich bin schön.
Ihr sagt, zu altern sei auch mein Geschick.
Vor Gott muß alles ewig stehn.
In mir liebt ihn für diesen Augenblick.«

Die letzten Worte wurden immer leiser und hörbar mit Tränen in den Augen gesprochen. Doch ich ging auf die Seelennot und Angst meiner Frau nicht ein, sondern verlegte mich auf die Taktik des erfahrenen Profis, der einen jungen Menschen notfalls zu seinem Glück zwingen muß. Der Veranstalter, völlig verständnislos für solche Probleme und selig über das ausverkaufte Haus, unterstützte mich eilfertig in diesem Bemühen, und schließlich verabschiedete ich mich von ihm mit der Versicherung, wir würden pünktlich zur Stelle sein.

Auf der Fahrt ins Hotel Wiesler, das auf seine Weise ebensolchen Ruhm genießt wie der Stephanien-Saal, fragte ich Margaret scheinheilig, was ich denn hätte tun sollen. Sie sagte in eisigem Ton: »Absagen. Ich kann das nicht. Ich bringe dort kein Wort heraus. Stell dir doch diesen Saal voller Menschen vor!« Im Hotelzimmer sagte sie dasselbe noch einmal und fügte hinzu: »Du mußt für mich absagen, oder ich lasse mich scheiden. Ich bin krank. Du mußt das allein machen.«

Damit verschwand sie im Badezimmer, und ich tat, was ich immer tue, wenn ich einem anstrengenden Abend entgegensehe: Ich legte mich aufs Bett, zog das Kissen über den Kopf und schlief.

Als ich wieder aufwachte, hatte Margaret dreierlei getan: Sie hatte verzweifelt mit Bremen telefoniert, ihre Koffer gepackt und den Pegelstand einer Sektflasche beträchtlich gesenkt. Daß meine Frau noch da war, verdankte ich lediglich dem Umstand, daß ihre Telefonate – es waren zwei gewesen – sie bitter enttäuscht hatten und daß eine vorbestellte reizende Friseuse erschienen war.

Margaret hatte tief beleidigt festgestellt, daß ich tatsächlich schlief, und als erstes ihre Mutter angerufen. Ihre Mutter hatte auf die Ankündigung der Scheidung gesagt, was Mütter in solchen Fällen sagen: »Um Himmels willen, Kind. Mach keinen Unsinn. Das kannst du nicht tun . . .«

Dermaßen von ihrer leiblichen Mutter im Stich gelassen, hatte Margaret ihre geliebte Lehrerin angeläutet. Die prächtige Frau Herwelly aber hatte gar nicht recht zur Kenntnis genommen, worum es wirklich ging, sondern ihr Entzücken darüber ausgedrückt, daß ihre Schülerin in ihrer Heimatstadt Graz im Hotel

Wiesler wohnte und im Stephanien-Saal rezitieren sollte. Denn Frau Herwelly hatte ihre Hochzeitsnacht im Hotel Wiesler verbracht, und im Stephanien-Saal hatte sie als junges Mädchen den wunderbaren Kainz gehört.

Margaret hatte am Telefon schließlich jede Hoffnung auf ein mitfühlendes Herz begraben. Sie hatte aufgelegt und Sekt getrunken. Inzwischen war die kleine Friseuse, die auch Karten für unseren Abend hatte und sich darauf freute, gekommen und hatte fraulich einfühlsame Gespräche mit ihr geführt – »Wir haben alle unser Leid zu tragen«, sagte sie unter anderem – und ihr dabei in zweistündigem Bemühen eine wunderbare, ungeheure Frisur à la Nofretete auf den Kopf gezaubert.

Wahrscheinlich verdankte ich es nur der Sekt- und Verzweiflungstrance, daß es mir gelang, meine Frau an diesem Abend auf das Podium des erschreckend überfüllten Saals zu bringen. Ich sagte einige einführende Worte, bei denen ich mich dauernd versprach. Dann ging es los – und ich bin überzeugt, daß es nicht der Sekt war, der Margaret glockenhell und in wunderbarer Betonung die ersten Zeilen Suleikens sprechen ließ:

»Mußt nicht vor dem Tage fliehen:
Denn der Tag den du ereilest,
Ist nicht besser als der heutge;
Aber wenn du froh verweilest,
Wo ich mir die Welt beseitge
Um die Welt an mich zu ziehen,
Bist du gleich mit mir geborgen.«

Dann war ich mit Hatems Versen an der Reihe:

»Nicht Gelegenheit macht Diebe,
Sie ist selbst der größte Dieb;
Denn sie stahl den Rest der Liebe
Die mir noch im Herzen blieb.«

Und es geschah, wovor mich gütige Engel sonst bewahren: Ich versprach mich immer wieder und fand den ruhigen, klaren Ton nicht recht. Ich weiß nicht, ob es so schlimm war, wie ich es empfand, oder ob die Menschen im Saal das so stark empfanden. Meine Frau aber war hellwach und spürte meine Nervosität und Schwäche, bekam den ersten Applaus – jede Verspointe von ihr stimmte, alles kam an –, und mir widerfuhr, was es ja im Zusammenleben zweier Menschen zum Glück auch gibt: Ich empfand deutlich Margarets aus dem Mitleid aufflammende Zuneigung, und sie trug mich aus dem Nebel meiner Nervosität in die Höhen der Konzentration und des Goethes Verse gewinnenden Bewußtseins. Es wurde ein Riesenerfolg. Wir setzten uns ins Auto, das uns nachts noch nach Wien bringen mußte. Margaret sank an meine Schulter und schlief sofort ein, um erst in Wien aufzuwachen.

Heute lachen wir über die Geschichte, wenn wir sie erzählen, aber ihre Pointen sollten nicht darüber hinwegtäuschen, daß ihr Thema sehr ernst ist: Dem Idol wird ein edler und gütiger Charakter zugeschrieben. Handelt es sich im Falle der Idolisierung um einen Schauspieler, muß er zusehen, wie er diesen wie jeden anderen Umstand seiner Existenz in den Griff bekommt und im Griff behält. Das bedingt manche egoistische Rigorosität auch dem nächsten Menschen gegenüber. Er kann nicht arbeiten, wenn er nicht aller seiner Eigenschaften und Fähigkeiten im denkbar weitesten Maße sicher ist, um sie in den Dienst der Sache zu stellen. Er schafft sich die nötigen Voraussetzungen. Die Anerkennung, die ihm zuteil wird, ist wahrlich kein Anlaß zur Klage, sondern der dankbar begrüßte Lohn für große Mühen. Doch diese Anerkennung birgt auch eine Gefahr: Sie bestärkt den Betroffenen darin, daß er recht daran tut, sich selbst am wichtigsten zu nehmen und die Interessen anderer, sogar der Lebenspartnerin, zurückzustellen.

Dies ist meine Erkenntnis und der tiefere Sinn des Nachmittagsschlafs auf dem Höhepunkt eines Ehedramas, wie grotesk er sich im nachhinein auch ausnehmen mag. Ich habe den Ehepartner und Bühnenpartner in einer Krise der Angst allein gelassen.

Etwas anderes kommt hinzu: Die Kunst ist ein wunderbar Ding. Sie weckt in dem Menschen, der ihr dient, höchste Ansprüche und erfüllt viele von ihnen. Doch sie enthebt ihren Jünger nicht der Notwendigkeit, im Alltag zu leben, und dieser Alltag ist – wir wissen es – oft genug erschreckend banal. Der Schauspieler nun ist der ständigen Mühsal des kleinen Grenzverkehrs zwischen den beiden Regionen unterworfen und daher unentwegt Enttäuschungen ausgesetzt. Aber er hat auch die Stunde des Erfolges. Schauspielerfrauen haben es schwerer.

Eines Nachts fielen mir bei einer Premierenfeier nach ›Prinz von Homburg‹ in Zürich die Gesichter der Kollegenfrauen auf. Sie sahen so vorzeitig gealtert und verhärmt aus. Was hatte sie so gezeichnet? Es waren nicht nur äußere Entbehrungen, denn in der neutralen Schweiz war man ja trotz der kleinen Gagen besser über den Krieg hinweggekommen als anderenorts. Was diese Gesichter geprägt hatte, waren die viel ärgeren inneren Entbehrungen – erlitten an der Seite von Männern, denen nichts so sehr am Herzen lag und liegen mußte wie ihre Rollen. Was ihnen fehlte, war, außer der Ruhe und Sicherheit der Existenz, Zeit für einander, Zeit gemeinsamer Stunden.

Jede Woche hatten ihre Männer damals eine Premiere gehabt, viele Jahre lang. In der Nacht nach der Premiere fingen sie an, die nächste Rolle zu lernen. Selten hatten diese Männer Zeit für ihre Frauen gehabt, weil sie immer spielen oder lernen oder proben mußten. Ernst Ginsberg, Kurt Horwitz und Leonard Steckel erzählten mir davon, wenn ich von meiner Überbeanspruchung sprach.

Ich habe in Zürich noch etwas von den Strapazen erlebt, denen die emigrierten Kollegen dort jahrelang ausgesetzt waren. Mein Erfolg machte mich zu einer Zugkraft für das Schauspielhaus, was zu dem entsprechenden Dauereinsatz führte. Ich spielte einmal in derselben Woche den Faust in beiden ›Faust‹-Teilen, den Orest, den Prinzen von Homburg, den Don Carlos und probte zugleich mit Giorgio Strehler den Molièreschen ›Don Juan‹. Ich war so überarbeitet, daß ich nach den Vorstellungen stundenlang am Zürichsee spazierenging, um zur Ruhe kommen zu können, war so überdreht, daß mir morgens beim Zähneputzen der Magen hochkam. Was soll dann noch an Privatleben mit den Angehörigen bleiben. Es fiel monatelang einfach aus.

Das tiefe Interesse an Lyrik und Gedankenlyrik, die ich schon als Schüler zu ergründen versuchte und über die ich dann, meine Scheu verwindend, zum Theater fand, hat mich nie losgelassen. Sie wurde – und das ist keine prätentiöse Behauptung – für mich zum Lebenselixier. Ich habe erwähnt, daß ich manchmal glaube, Rilkes ›Duineser Elegien‹ haben mir in den schlimmen Einsamkeitsdepressionen von Gießen das Leben gerettet. Niemand kann die magische Kraft und Wirkung, die einige aneinandergereihte Worte in einer aufnahmefähigen Seele bewirken können, logisch definieren. Die ganze Skepsis und Resignation, die Rilke seiner Zeit und ihrem Denken gegenüber empfand, hegte auch ich gegen meine Zeit mit all ihren fatalen, künstlich geschürten Aufbruchsstimmungen, denen die Gutgläubigkeit und der Idealismus der deutschen Jugend so zwangsläufig und verhängnisvoll verfiel. Aus dieser Isolierung heraus (»das ist die Sehnsucht, Wohnen im Gewoge, / Und keine Heimat haben in der Zeit«) werden Verse geschrieben, die dann dem Lesenden solch entscheidende Lebenshilfe sein können. Ich kann darüber mit niemand diskutieren, den nicht irgend einmal im Leben ein Wort oder ein Vers wie ein Blitz getroffen hat. Zu anderen Zeiten wurden andere Dichter für mich wichtig. Jahrelang hat mich Hölderlin eingehend beschäftigt. Ich studierte sein Leben, las seine Briefe und suchte die Orte auf, wo er gelebt hatte. Sein ›Hyperion‹ lag neben Christian Morgensterns ›Stufen‹ jahrelang auf meinem Nachttisch. Sätze wie die folgenden machte ich mir zu eigen, ich zitiere und rezitiere sie in geraffter Form: »Du räumst dem Staate doch zu viel Gewalt ein. Er darf nicht fordern, was er nicht erzwingen kann. Was aber die Liebe gibt und der Geist, das läßt sich nicht erzwingen. Das laß er unangetastet, oder man nehme sein Gesetz und schlag es an den Pranger. Der weiß nicht, was er sündigt, der den Staat zur Sittenschule machen will. Immerhin hat das den Staat zur Hölle gemacht, daß ihn der Mensch zu seinem Himmel machen wollte. Die rauhe Hülse um den Kern des Lebens, und nichts weiter ist der Staat. Er ist die Mauer um den Garten menschlicher Früchte und Blumen. Aber was hilft die Mauer um den Garten, wenn der Boden dürre liegt? Da hilft der Regen vom Himmel allein. O Regen vom Himmel, o Begeisterung, Du wirst den Frühling der Völker uns wiederbringen . . .«. Die Aneignung des Dichterwortes wurde mehr und mehr zum Substanz- und Kraftgewinn. Sie half mir, die Welt und mich selbst zu verstehen, zu ertragen und in Einklang zu bringen. Ich nutzte das Privileg, von Berufs wegen mit den Poeten umzugehen, und erlebte es oft als eine Art Atemregulierung und physischen Harmonisierungsprozeß, wenn ich beispielsweise einen Abend Goethe-Lyrik sprach. Die Ausgewogenheit seiner Sprache im Vokalischen und Konsonantischen kann man nur, wenn man sie immer wieder spricht, begreifen und erleben.

Anders ist es mit den Gestalten, die ich auf dem Theater spielte und deren Wesen Spuren in mir hinterließen. Manches von ihren Formulierungen und Überzeugungen wirkte weiter, wenn die Rolle gespielt war. Andere zehrten an mir, an meiner Substanz und Identitätssicherheit, wie der Adler des Zeus an der Leber des

Prometheus. Selten konnte es hilfreich sein, im Leben auf Menschen und Situationen zu treffen, die in den Schauspielen ähnlich vorgezeichnet schienen. Ich habe versucht, darüber Rechenschaft abzulegen.

Erweiternd waren die Entdeckungen im Einzugsbereich meiner Arbeit. Ich stieß auf Fragen, die sich aus dem Text, mit dem ich zu tun hatte, nicht ohne weiteres beantworteten. Also mußte ich Geschichte und Philosophie zu Rate ziehen. Ich verschaffte mir Einsicht in angrenzende Themen; ich beschäftigte mich immer eingehender mit Leben und Biographien der Dichter und Denker und versuchte, in ihrem Dasein und in ihren Alltagsproblemen die Motive und Ansatzpunkte ihrer geistigen Produkte zu finden. Besonders Schiller habe ich durch seine Briefe begreifen, verehren und lieben gelernt.

Anderes wurde an mich herangetragen. Ich beschäftigte mich mit den Gedanken Rudolf Steiners, und die Denkanstöße, die mir Dr. Johannes Hemleben in Hamburg durch seine Vorträge gab, waren von großer Bedeutung für mich. Der Wunsch nach »geistigem Schauen« leuchtete mir ein. Es klang verlockend, daß es möglich sein sollte, höhere Welten so unmittelbar wahrzunehmen wie die körperlichen Dinge. Ich hielt es für denkbar, daß die Erscheinungen unserer Welt wirklich Erscheinungen waren – nämlich verdichtete Geist- und Seelengebilde. Das Gesetz der Wiederverkörperung, der Reinkarnation des Geistes und des Karma, erschien mir als die glaubhafteste Lösung vieler Geheimnisse. Ich studierte Sätze wie diesen:

»In einem Leben erscheint der menschliche Geist als Wiederholung seiner selbst mit den Früchten seiner vorherigen Erlebnisse in vorhergehenden Lebensläufen. Der Leib unterliegt dem Gesetz der Vererbung, die Seele unterliegt dem selbstgeschaffenen Schicksal.«

Ein Wort wie *Lebenslauf* bekam in dieser Deutung einen ganz neuen, einen viel reicheren Sinn. Zudem waren Steiners Gedanken durch uralte Weisheiten des Ostens beglaubigt. Das *Karma* war nach der Lehre der Brahmanen, Buddhisten und Jainas das *Werk*, das die guten und bösen Taten eines Lebens in sich vereinigte. Selbst wenn man nicht daran glaubte, daß eine Vergeltungskausalität die Voraussetzung für eine neue, für eine nächste Existenz von bestimmter Wesensart und bestimmtem Schicksal war, so spiegelten sich in dieser Überzeugung doch tiefe Menschheitsträume mit ihren Hoffnungen und Ängsten. Es mußte sich lohnen, sie in zeitgemäße Überlegungen zu fassen.

Wenn ich bei Thomas Mann von »vorgeburtlichen Verdiensten« las, verstand ich, was er meinte. Als ich Schillers wunderbares Gedicht ›Das Glück‹ auswendig lernte, hielt ich den Anfang nicht nur für eine poetische Floskel: »Selig, welchen die Götter, die Gnädigen, vor der Geburt schon liebten!« Ich durchdachte diese Gedankengänge mit wacher Distanziertheit ohne blindwütigen Glauben. Das – so denke ich – hat mich vor jeder Art Sektierertum bewahrt, mit dem niemand geholfen sein kann, weil es Emotion über Erkenntnis stellt.

Besonders beschäftigte mich der Gedanke, daß der Geist nach dem Tode so lange mit der Seele verbunden bleibe, bis die Seele »ihre Neigungen zum physischen Dasein« abgestreift hat. Ich meine, es selbst erlebt zu haben, daß man beim Tod eines Menschen die langsame Trennung der Seele und des Geistes vom Körper spüren und beobachten kann.

Als mein Vater gestorben war, besuchte ich sein Totenbett dreimal. Beim ersten Mal, wenige Stunden nach seinem letzten Atemzug, schien mir mein Vater noch ganz gegenwärtig. Es war mir, als hätte er auf mich gewartet. Ich saß lange bei ihm. Fast meinte ich, ein stilles Zwiegespräch mit ihm führen zu können. Beim zweiten Mal am nächsten Tag war er, so schien es mir, schon weiter fort, aber eine Verbindung zwischen uns war noch da. Als ich zum dritten Mal, kurz vor dem Begräbnis, zu ihm kam, war mein Vater schon weit entrückt und sein Gesicht abweisend und verschlossen. Ich konnte ihn nicht mehr erreichen. Nun mußte ich mit der Erinnerung an ihn leben – sein Bild verinnerlichen.

Daß Geist und Seele den Körper nicht augenblicklich fliehen, wenn ein Mensch stirbt, erlebte ich auch bei Albert Bassermann, als ich wenige Stunden nach seinem Tode ins Gerichtsmedizinische Institut in Zürich ging. Er war während des Fluges von New York nach Zürich gestorben. Den Passagieren hatte man das taurige Ereignis verschwiegen. Es hieß, Bassermann habe den Flughafen Kloten noch lebend erreicht, aber dies war eine fromme Lüge.

In seinem Testament hatte Bassermann geschrieben, er fürchte den Tod nicht, wohl aber den Scheintod, und hatte daher verfügt, man möge ihm vor der Beisetzung das Herz herausnehmen. Als ich in den Leichenraum trat, war er, wenn ich so sagen darf, noch bestürzend präsent. Ich blieb lange an der Tür stehen und wagte mich kaum näher, so stark wirkte des großen Toten Ausstrahlung. Ich kam mir vor wie einer, der das Haus eines Abwesenden anschauen will und deutlich spürt, daß der Besitzer das nicht gern sieht. Sein Alterstotengesicht hatte etwas völlig Geschlechtsloses, es hatte weibliche wie männliche Züge. Es enthielt tausend geheime Zeichen und Runen, war durchstrukturiert von einer Fülle erlittenen Schicksals über die eigene Entelechie hinaus. Ich kam mir sehr indiskret vor und zog mich bald zurück, fast hatte ich das Gefühl, den verehrten Toten um Entschuldigung bitten zu müssen, weil ich Fremder ihn gestört hatte – weil ich ihn in dieser schweren, geheimnisvollen Arbeit, sich von seinem Leib zu lösen, behindert hatte. Ich denke an die Zeile aus Rilkes erster ›Duineser Elegie‹: »Und das Totsein ist mühsam/ und voller Nachholn, Daß man allmählich ein wenig/ Ewigkeit spürt.«

Ich rede in diesem Buch, wie schon betont, oft über Andere und rede dabei doch über mich selbst, denn was wir von allem Erlebten im Gedächtnis behalten und erzählen, charakterisiert die eigene Natur, so wie die Programmauswahl eines Rezitationsabends eine Art Glaubensbekenntnis, ein Psychogramm des Sprechers ist. Alle Spielarten des Schauspielerischen habe ich in irgendeiner Form in mir selbst. Bleiben wir also bei den Weisheiten und Gewißheiten, die ich vorfand und die ich nachzudenken und mir einzuverleiben versuchte. Einzuverleiben im wörtlichen Sinn, denn ich pflegte in jungen Jahren Weisheiten, die mir besonders einleuchteten, auf dünnes Papier zu schreiben und dies dann aufzuessen, um sie für immer in mir zu haben.

Bei jedem Dichter oder Philosophen ging es mir so, daß irgendwann das Maß dessen, was ich akzeptieren konnte und wollte, erfüllt war. Immer blieb ein Rest, der nicht geklärt war. Schon deshalb wurde ich kein Sektierer, der in einer friedlichen Weltanschauungsklause haust. Andererseits fehlte mir die Muße, die Dinge und Geschicke der Welt immer wieder anzugehen und mir schrittweise zu erobern. Ich hatte immer zuviel Arbeit – ich spielte immer –, und das fordert den ganzen Menschen. Neue Aufgaben, neue Stücke und Dichter nahmen mich in Anspruch. Wie sollte ich mit mir selbst jemals zu Rande kommen? Ich machte mich darauf gefaßt, meine Weltsicht, meine private Philosophie bis ans Ende meiner Tage in gewissen Grenzen offenzuhalten.

Dann endlich bekam ich Hilfe, aber sie kam mir nicht von den Weisen und den Dichtern. Es war auch keine fürsorglich-behutsame Hilfe. Es war ein Widerstand, eine Herausforderung. Es war meine Frau, die mich forderte.

Ich glaube nicht, daß irgendeine Beziehung zwischen Mann und Frau von völlig reiner, selbstloser Liebe diktiert ist. Ich meine, daß immer auch der Liebesegoismus der Beteiligten mitspricht. Wenn uns die Feministinnen heute einreden wollen, nur der Egoismus des Mannes beherrsche die Welt, sind sie sicher im Irrtum. Der

Egoismus der Frauen mag anderer Art sein, aber er ist ebenso existent, und sie haben ein Recht auf ihn. Ich denke, daß wir danach trachten müssen, dem Egoismus, den wir nicht abschaffen können, das möglichst Menschliche, das Gütige und Verstehende abzuringen – und ihn so nach und nach zu verwandeln. Mehr *caritas*, weniger *amor* ist notwendig.

Mehr oder minder wird ein Mann, der in späteren Jahren eine junge Frau heiratet, dies wissen und bedenken müssen. Ich habe dies, wie ich leider erst heute begreife, vor fünfzehn Jahren viel zu wenig bedacht und gewußt. Die Führungsrolle, die ihm nach traditionellem Verständnis zufällt, wird er, wenn er nur ein wenig klug ist oder werden will, von vornherein zugunsten der Partnerschaft zurückstellen. Damit zieht er seinem Ego Grenzen und gibt dem Ego der Frau Raum. Im freundlichen Deutsch der Eheberater heißt dies: Offensein für die Probleme des andern, Gesprächsbereitschaft. Der Rest ist eine Frage des beiderseitigen Temperaments, und gerade auf das Temperament kommt es an.

Von der Zügelung der Temperamente hängt es ab, ob es gelingt, mit vielleicht sehr unterschiedlichen Anlagen und Horoskopen fertig zu werden und die Landschaft gemeinsam zu erkunden. Die Fähigkeit umzudenken, mit den Augen des andern zu sehen, ist entscheidend. Gehen wir auf die Gefühle des andern ein oder verweigern wir uns einander? Führen wir Gespräche, die uns beiden weiterhelfen, oder ergeht sich jeder in endlosen Monologen? Die gute Absicht, das Richtige zu tun, haben wir gewiß beide mitgebracht. Sonst hätten wir nicht geheiratet. Nun gilt es auch in der Lebenspraxis zu schaffen, was wir in der Theorie dachten und vorgenommen haben. Respektieren wir nicht nur, verstehen wir auch die Spontaneität des andern. Spontaneität, Temperament und Egoismus liegen sehr eng beieinander, und es hat wenig Sinn, das eine zu preisen und das andere zu verdammen. Im Streit nennt man Spontaneität und Temperament des andern leicht Egoismus, und dann kann es schnell zu spät sein. Der allerorts grassierende Liebes-Besitz-Egoismus führt zu der allerorts grassierenden Scheidungswut. Ist das Liebesobjekt dann einmal müde, krank oder nicht mehr attraktiv – dann sofort zur Nächsten oder zum Nächsten – lieblos, ungeduldig und brutal. Wenn die gemeinsamen geistigen Interessen fehlen, ist der erotisch-sexuelle Reiz bald zu Ende. St. Exupéry schreibt den Satz: »Lieben heißt nicht sich anschauen, sondern in die gleiche Richtung schauen.«

Meine Frau hat mich aus meiner Ich-Befangenheit und einer gewissen Verwöhntheit und Bequemlichkeit herausgerissen. Sie hat mich spontan und temperamentvoll mit mir selber konfrontiert, indem sie ihre natürlichen Rechte anmeldete – ihre Rechte als Frau und Lebenspartner. Mit ihrer Intuition und Eloquenz hat sie mir bewiesen, daß ich sehr lange auf zu labile, zu kompromißfreudige Weise versucht habe, in der Welt zu leben. Sie hat mich darauf hingewiesen, wenn ich – wie Peer Gynt – oft »außen herum« (um die anstehenden Probleme) statt »mitten hindurch« gehen wollte.

Ich war dabei, nach Patentrezepten festlegen zu wollen, was es mit mir und dem Kosmos auf sich hatte. Ich wollte mir eine Art Kartei für alle Lebensfragen anlegen, und da mir Zeit und Kraft fehlten, sie selber aufzustellen und zu ergrübeln, wollte ich sie von anderen fertig übernehmen. Was ich geliefert bekam, war natürlich nur Hilfsmaterial, oft erstaunlich tiefsinnig und klug, frappierend weise, aber es waren und blieben eben Auszüge fremder Erfahrungen, die ich nur abwandelte, um sie mir nützlich zu machen. Am Ende fehlte das Entscheidende: der originale, der eigene Gedanke, die selbstgefundene, selbsterlebte Erkenntnis, die allein Dauer und Tragkraft hat.

Was ich jetzt erwarb, war nicht eine neue, ungeahnte Gewißheit. Es war ein anderes Prinzip, die Dinge zu erobern: Ich begriff, daß es fertige Weisheit nicht gibt. Ich begriff, daß Wahrheit kein

Endzustand, Endergebnis, sondern ein Prozeß ist, der stets neu geführt werden muß, der nie zu einem befriedigenden Abschluß kommt, daß es Wahrheiten, aber nicht die Wahrheit gibt.

Die Philosophen haben das von Anbeginn an gewußt. Es mag sein, daß ich diese Weisheit längst mit mir herumtrug, aber nicht austrug. Schließlich war mir Goethes Zeile nicht unbekannt, daß erlöst nur werden könne, wer ewig strebend sich bemühe. Und ich begriff jenes oft und von mir schon eingangs zitierte Lieblingsgedicht von Hermann Hesse: ›Stufen‹, neu und endgültig.

»Wie jede Blüte welkt und jede Jugend dem Alter weicht,
Blüht jede Weisheit auch und jede Tugend
Zu ihrer Zeit und darf nicht ewig dauern.
Es muß das Herz bei jedem Lebensrufe
Bereit zum Abschied sein und Neubeginne,
Um sich in Tapferkeit und ohne Trauer
In neue, andere Bindungen zu geben.«

Doch es ist eine Sache, sich mit dem Schatzkästlein der Weltweisheiten vertraut zu machen, und es ist ein ander Ding, diese Weisheiten in Lebensrealität umzusetzen und in den lebenslangen Prozeß der Selbstfindung bewußt einzutreten. Ich habe es spät, aber, so hoffe ich, nicht zu spät getan.

Ein junger Mann geht zum Theater. Er liebt seine Dichter und überwindet die Scheu, sich vor dem Publikum zu produzieren. Er steht harte Provinzjahre durch, erfährt auch schon, wie gut der Erfolg dem Menschen tun kann. Dann holt man ihn eines Tages nach Berlin.

Die Berliner Theater sind zu der Zeit nicht auf ihrem höchsten Stande. Die ruhmreichen zwanziger Jahre liegen zurück. Auch wenn sich nicht gerade neue Machthaber etabliert hätten, wäre Wandel geboten. Durch die Machthaber aber wird die Theaterfrage – wie jede andere Frage – höchst problematisch. Das Theater, das die Herren in der Reichskanzlei und im Propagandaministerium fordern, gibt es nicht. Es kann dieses Propaganda-Theater nicht ohne weiteres geben, es wäre zu plump, und diese wache Stadt würde es nicht akzeptieren. Also stecken die Machthaber ihre politischen Wünsche zunächst zurück und lassen die Theaterleute machen. Nach der Devise: Die Komödianten werden schon nicht über die Stränge schlagen; sie wissen zu genau, daß wir sie sonst beim Kragen nehmen.

Es gibt in den gefährlichen dreißiger Jahren in Berlin zwei Möglichkeiten, unter den mißtrauischen Blicken der Regierenden mit leidlich gutem Gewissen Theater zu spielen, und diese beiden Möglichkeiten laufen so ziemlich auf dasselbe hinaus: Man kann einen hochgestimmten Stil anstreben oder vitalem Schauspielertheater den Vorrang geben. Gründgens wählt die erste Möglichkeit, George und Klöpfer entscheiden sich für die andere. Beides bedeutet, daß man »einfach gut Theater spielen« will und sich vor allem an die Klassiker hält. Der Rest steht nicht in der Macht der Theaterleute.

Wer wissen will, wohin er geht, muß wissen, woher er kommt. Er muß, ist er ein Künstler, auch wissen, »wieviel Uhr Kunst« es ist, wie Else Lasker-Schüler gesagt hat: Im Mai 1945 schlägt für mich keine »Stunde Null«. Ich habe die Dichter im Koffer (gesegnet sei Reclams Universal-Bibliothek!), der in diesen Tagen nie ausgepackt wird, weil ich kein Zuhause habe. Die Worte der Dichter gelten am 9. Mai, wie sie am 7. Mai gegolten haben. Die Kapitulation Hitler-Deutschlands am 8. Mai hat daran nichts geändert.

Ist es so? Vielleicht nicht ganz. Vielleicht gelten die Dichterworte auf andere Weise, weil ich sie jetzt mit anderen, wacheren Augen lese. Aber das ist so ungewöhnlich nicht. Das geschieht eigentlich immer, wenn ich sie wieder lese. Mit dem wachsenden

Reifeprozeß tritt manches geliebte Gedicht zurück, ein anderes enthüllt mir seine Wesenhaftigkeit. Jedenfalls gehe ich an die Arbeit, wie ich es gelernt habe: lesen, einfühlen, neu erfassen, neu durchdenken, sprechen. Diese Sprache ist eine Welt. Sie ist trostreich. Auf der Straße wird eine andere Sprache gesprochen:

»Hello, soldier, what's about a cigarette?«

Eine Zigarette kostet sechs Mark. Irgendwann wird man sie wieder, wenn nicht für drei, so doch für zehn Pfennig bekommen. Irgendwann werden die Leute wieder genug zu essen haben, und sie werden nicht mehr frieren. Sie werden so satt sein, daß es schwer sein wird, sie anzusprechen, und inzwischen werden die Schriftsteller schon vergessen haben, daß ihnen nach der Katastrophe, nach Stalingrad und Auschwitz und nach dem 8. Mai 1945, nur noch der »Kahlschlag« glaubwürdig schien.

Was sollte ich »kahlschlagen«? Goethe, Schiller, Hölderlin, Morgenstern und Rilke? So dumm und hochmütig kann ich nicht sein.

Ich prüfe ihre Stimmen. Ich halte die Stimmgabel der Gegenwart an ihr Werk. Von »Stimmen über der Tiefe« hat Theodor Storm gesprochen. Das wird der Titel meines ersten neuen Programms. Ich werde wieder rezitieren.

Was geschieht, wenn ein Mensch mit seinem privaten, ungeschminkten Gesicht, in seinem privaten dunklen Anzug vor ein Publikum tritt und Gedichte spricht? Versammelt sich eine Gemeinde und empfäng sie die Weihen des Wortes?

Ich habe das Wort Gemeinde nicht gern, auch wenn ich mich gern im Scherz als lyrischen Wanderprediger bezeichne. Die Gemeinde gehört in die Kirche, und ich bin kein Pfarrer. Wer mir nachsagt, ich hätte eine Gemeinde, kränkt mein Publikum. Er will den Eindruck erwecken, als versammelten sich da Backfische beiderlei Geschlechts und jeden, doch meist vorgerückten Alters, um hehren Versen eines Ersatzpfarrers zu lauschen, die sie am Ende doch nicht recht verstehen.

Das ist nicht richtig; es ist zu billig und war und ist nie so. Die Anfänge meiner bewußten rezitatorischen Bemühungen begannen in Berlin.

Im ›Schiller-Theater‹ war zu meiner Zeit Dr. Wilhelm Fraenger Dramaturg. George hatte ihn in Heidelberg kennengelernt, wo Fraenger an der Universität Deutsch und Kunstgeschichte las. Fraenger war ein hochgebildeter Mann, der sich in Musik ebenso umfassend auskannte wie in der Dichtung, und zugleich ein herrlicher Zechkumpan. Er hatte Bücher über Mattias Grünewald und über Hieronymus Bosch geschrieben. Letzteres hieß ›Das tausendjährige Reich‹ nach dem Altarbild des Meisters; ein Titel, über den wir zur Zeit des sich so nennenden »Tausenjährigen Reiches« oft unsere Scherze machten.

Neben seiner übrigen Arbeit arrangierte Fraenger Matineen. Diese waren einzigartig. Von ihm habe ich alles gelernt, was man bei einer Programmgestaltung lernen kann und bedenken muß. Er vereinigte in den Programmen klassische Sprache und klassische Musik und überließ es dann den ausgewählten Schauspielern des Hauses, sich die Verse zu erarbeiten und zu sprechen. Ich war, der Dichter und auch des Publikums wegen, mit Freude dabei.

Wir absentierten uns an einem solchen Morgen nicht von der Gegenwart. Das Theater war gerade im Krieg kein Ort, an den man vor den bedrängenden Problemen, die jeder kannte, in die Stille, in die Abgelegenheit floh. Auch dies war Gegenwart. Es war nur die bessere Gegenwart zeitlos gültiger Kunst.

Ich erinnere mich, wie ich Theodor Fontane rezitierte: Diesen Preußen wollten die Leute, die angeblich das preußische Erbe hochhielten, nicht so recht wahrhaben. Seine Herzhaftigkeit verband sich ja mit einem sehr feinen, sehr kritischen Sinn. Er glaubte ans Diesseits und stellte die Wirklichkeit unpathetisch dar. Wer ihn in den Kriegsjahren vortrug, forderte von den Menschen Besinnung, und unser Publikum war zur Besinnung bereit, während die Machthaber jede tiefere Besinnung verhindern wollten. Für meinen Teil entdeckte ich dabei, daß Fontanes scheinbar so »natürliche« Sprache einer sehr kunstvollen Komposition gehorchte, und gewiß übertrug sich auch das. Fraengers Morgenfeiertitel waren unter anderen ›Lob der Rose‹, ›Die christlich-deutsche Tischgesellschaft‹ oder ›Die unsterbliche Geliebte‹. In dieser rezitierte ich zwei Goethe-Dichtungen, zunächst: An Frau von Stein »Warum gabst du uns die tiefen Blicke ...« Wir sprachen über das Geheimnis in diesen Versen. Dann redeten wir lange über die ›Marienbader Elegie‹ des vierundsiebzigjährigen Goethe, dieses Herzstück deutscher Lyrik. Goethe hatte sich in Marienbad noch einmal leidenschaftlich verliebt, in ein neunzehnjähriges Mädchen. Er hatte sogar seinen Herzog gebeten, für ihn zu werben, hatte für Tage in dem Wahn gelebt, daß solche Verbindung möglich sei. Die Tragödie des Alterns ist – nach Oscar Wilde – ja nicht, daß man alt wird, sondern daß man jung ist – jung an Geist und Seele. Auf der Heimfahrt hatte er dann im Reisewagen seinem Sekretär diese ›Elegie‹ in einem Zug in die Feder diktiert und als Motto den Satz Tassos – leicht abgewandelt – davor gesetzt:

»Und wenn der Mensch in seiner Qual verstummt,
gab mir ein Gott zu sagen, was ich leide.«

Die Tragik, die darin liegt, alt an Jahren zu sein, einen Kosmos in seinem Geist zu erfassen, ein weltweit berühmter Mann zu sein – und dabei ein so junges Herz zu haben, das sich wie ein Jüngling verlieben kann, scheint mir unsagbar schmerzlich. Wer diesen alten großen, wunderbaren und klugen Mann Goethe nur ein wenig begreift, kann diese ›Marienbader Elegie‹ nicht ohne innere Bewegung lesen und begreifen. Ich lernte dieses lange Gedicht in zwei Tagen auswendig. Hier möchte ich lieber die französische Form wählen: Ich konnte es par coeur – also inwendig. Die

Menschen in jenen Tagen waren – so will mir heute scheinen – besonders porös für Wahrheit und Schönheit solcher Dichtung.

Dann schickte mich das OKH, das Oberkommando des Heeres, auf die Reise, um vor Soldaten Verse zu sprechen. Daß ich diesen Auftrag als Probe auf das Absolute verstand, vor dem ich mich zu bewähren hatte, habe ich schon gesagt. Es ging wirklich darum: in irgendeinem Quartier zwischen den näherrückenden Fronten, im U-Boot oder unter freiem Himmel, in Lazaretten und dann später in den Gefangenenlagern. Ich versuchte den gequälten Menschen zu beweisen, daß es etwas Anderes, etwas Besseres gab als das, was sie erlebten und erlitten. Ich wollte ihnen nicht einreden, daß es sich dafür zu sterben lohnte. Ich wollte sie im Gegenteil überzeugen, daß es sich lohnte, dafür diese Notzeit zu überstehen. Als Feldgottesdienst mit falschen Mitteln am falschen Platz hat es gewiß niemand mißverstanden. Das Ohr wurde geschärft für die täglichen Lügen und Propagandaparolen.

Und die erste Nachkriegszeit? Sollen wir heute, mit sattem Magen, unseren Eifer und Glauben von damals für verlogen halten? Das wäre zu töricht. Was sich auswirkte und worauf ich bauen konnte, war eine große Bereitschaft, die Dichter zu hören und zu verstehen. Diese Aufgeschlossenheit zeigte sich auch unter schwierigen und störenden Umständen kurz nach Kriegsende.

In einem Saal in Bad Schwartau fiel einmal das Licht aus. Ich hatte vorher auf der Hinterbühne mit all den Menschen geredet, die gerade über die Zonengrenze geflüchtet waren und auf der Bühne und in den Garderoben zunächst als Notquartier eingewiesen worden waren, um ein Dach über dem Kopf zu haben. Wie sollte ich weinenden Kindern, übermüdeten Frauen und alten Männern klarmachen, daß ich Gedichte aufsagen wollte – vor einem überfüllten Saal – und deshalb herzlich bitten müßte, daß sie für eine gute Stunde still sein müßten. Mit all diesen armen Menschen im Rücken begann ich also mein Goethe-Programm:

»Wie an dem Tag, der dich der Welt verliehen, / Die Sonne stand zum Gruße der Planeten . . .« Dann, gerade als ich Goethes ›Der Gott und die Bajadere‹ sprach, wurde es dunkel. So etwas passierte damals ja öfter. Weil die Kohlen fehlten, schaltete das Elektrizitätswerk ab. Man war daran gewöhnt. Trotzdem zögerte ich eine kurze Sekunde, ob ich weitersprechen sollte. Ich tat es, und mein Publikum hörte weiter zu, ohne sich irritieren zu lassen. Ich merkte, daß das Gedächtnis auch im Dunkeln funktionierte. Dann knipste jemand eine Taschenlampe an und richtete sie gegen die Decke. Ein bißchen Schummerlicht hatten wir also, und das genügte uns, um das Programm zu Ende zu führen. Am Schluß bekam ich überwältigenden Beifall. Ich hätte ihn gern zurückgereicht, denn die Gemeinsamkeit von Rezitator und Publikum war nicht nur das Werk des Rezitators. Das Publikum applaudiert in solchen Fällen auch ein wenig sich selbst.

Selbst in den ersten Tagen der Währungsreform fand ich mich nicht von meinem Publikum verlassen. Es wäre ja sehr verständlich gewesen, wenn die Menschen gesagt hätten: »Seele und Geist gut und schön. Jetzt will ich erst mal essen. Wenn da einer unbedingt Goethe aufsagen will, soll er es tun, aber ohne mich.«

Viele dachten anders. Ich lud zu zwei Lyrikwochen ein. Eine Woche lang sprach ich am Montag: ›Stimmen über der Tiefe‹, Dienstag: Goethe, Mittwoch: Schiller, Donnerstag: Romantiker, Freitag: Rilke, Samstag: Wolfgang Borchert und Sonntag: Hölderlin – und in der Woche darauf wiederholte ich das ganze. Meine Sorge, das Publikum werde zu Hause bleiben, bewahrheitete sich nicht. Die ›Junge Bühne‹ war Abend für Abend ausverkauft, und ich hatte nicht nur – was wahrhaftig ein Glücksumstand war – harte Währung in der Tasche; ich wußte auch, daß es weitergehen würde mit meiner Kunst als Rezitator.

Es ging weiter, und es geht noch heute weiter. Wo immer ich rezitiere, beweist das Publikum, daß es unsere Dichter hören will, in Salzburg und Wien so gut wie in Hamburg oder Zürich oder in einer Stadt in der Heide oder in den kleinen Orten meiner Nachbarschaft. Ich registriere eine ständig wachsende Bereitschaft, das reine Wort in Gedichten und Prosa aufzunehmen. Die Leute haben sich ihre besseren Sachen angezogen, oder sie kommen in Jeans herein. Einige mögen erwartungsfroh sein; die meisten sind kritisch in ihrer Aufmerksamkeit. Da sitzt keine Gemeinde, die ergriffen einer Botschaft lauscht. Da sitzen Menschen mit wachen Sinnen. Es interessiert sie, was die Dichter sagen, denn es werden immer wieder dieselben Leiden gelitten. Ist denn diese Welt weniger gefährdet, weniger beängstigend als vor ein paar Jahren? Wer die Menschheit einmal in ihrem Wahnsinn erlebt hat, entdeckt dessen Spuren heute auf Schritt und Tritt – auch dann, wenn nun alles besser und schöner aussieht. Der Hunger nach Einsicht, der Bedarf an Trost sind also keineswegs gedeckt. Wer aber blind an den Gefahren der Zeit vorbeizieht, braucht Warnung, und auch auf sie verstehen sich die Dichter. »In all den schrillen Taten ist nichts, das uns erlöst«, sagt Bergengruen.

Natürlich frage ich mich immer wieder, woher ich den Mut nehme, mich mit den Dichtern im Kopf auf ein Podium zu stellen. Meine Fertigkeit, schöne Verse zu sprechen und mein Gedächtnis würden mich allein schwerlich legitimieren. Trotzdem liegt die Antwort nicht fern: Ich kann die Verse nur sprechen, und man hört mir zu, weil ich als Zeitgenosse mit einer aus der Zeit geborenen Sensibilität an die Dichtung herangehe. Ich habe gestern wie Millionen das Fernsehprogramm angeschaut, habe die Sportschau gesehen oder auf der Tribüne des Fußballstadions gesessen, bin auf der Autobahn – wo ich konnte – 160 Stundenkilometer gefahren, kenne die Wirtschaftsprobleme und das politische Pokerspiel unserer Tage. Ich bin durch Fernsehen, Film und Lichtreklamen optisch reizüberflutet wie meine Zuhörer – und begreife daher empfindlich genau, was das Wort in solcher Umwelt sein kann. Was es heißt und wie gut es der Seele tun kann, aus dem Anruf der Worte innere Bilder zu entwickeln, brachliegende Phantasiekräfte aktivieren zu müssen und der armen Seele an Hand der Dichterworte ein wenig eigenschöpferischen Raum und Weite zu schaffen. Ich weiß also, was die Dichterworte gemeinhin übertönt, und ich erprobe mein Talent bei dem Versuch, den allgegenwärtigen Lärm mit der kontemplativen Stille zu übertönen – mit der Stille der tieferen Wahrheit. ›Lob der Stille‹ heißt eines meiner Programme, die ich heute am liebsten spreche. Die Stille, aus der das Wort anhebt, überbrückt die Entfernung zwischen uns und den Dichtern anderer Jahrhunderte. Wir verstehen sie neu. Das mag fast als Wunder erscheinen, aber es läßt sich erreichen und immer wiederholen. Ich erlebe es stets erneut, wie das Wort sich seinen eigenen Raum schafft, wenn man es wach und geistig vorbereitet rezitiert.

Als ich Ludwig Wüllner zum erstenmal erlebte, war ich Anfänger in Gießen. Da stand ein alter Mann mit einem wunderbaren Kopf und schlohweißem Haar auf dem Podium. Ich dachte an Homer. Es begeisterte mich, wie er die Sprache ansetzte und wie er ihr mit großer Sicherheit die Bilder und den Sinn entlockte. Er war nicht nur Schauspieler und Rezitator, sondern auch bedeutend als Sänger. Er hatte auch große Opernpartien gesungen. Sein Pathos spielte zwischen Sprechen und Singen. Das ist heute schwer vorstellbar, aber in seiner Zeit war es eine ganz und gar angemessene Form, Verse zu sprechen.

Beim ›Verschleierten Bild zu Sais‹ geschah es dann: Schillers Jüngling war nachts zur Rotonde geschlichen und hatte den Sprung ins Innere gewagt, um die Wahrheit zu schauen, die ihn besinnungslos und bleich zu Boden strecken soll. Wüllner sprach die Verse:

»Hier steht er nun, und grauenvoll umfängt
Den Einsamen die lebenlose Stille,
Die nur der Tritte hohler Widerhall
In den geheimen Grüften unterbricht.
Von oben durch der Kuppel Öffnung wirft
Der Mond den bleichen, silberblauen Schein,
Und furchtbar wie ein gegenwärtger Gott . . .«

Stille! Wüllner schwieg. Die nächste Zeile kam nicht. Der Faden war gerissen. Eisige Augenblicke des Schweigens dehnten sich endlos und entsetzlich, während Wüllner mit dem Fuß aufstampfte. Endlich sagte eine Stimme aus dem Parkett:

»Erglänzt durch des Gewölbes Finsternisse
In ihrem langen Schleier die Gestalt.«

Wüllner starrte böse in die Richtung des Nothelfers. Er war zornig. Er war gekränkt, daß da jemand wagte, Schiller besser zu kennen als er selbst. Er schrie wütend: »Danke!« und machte weiter, wo er hängen geblieben war. Damals begriff ich, welches Risiko es bedeutet, Gedichte auswendig zu sprechen, begriff es für immer. Ich spürte, daß der Artist, der in der Zirkuskuppel hängt, nicht viel schlimmer dran sein kann als der Rezitator, dem der Text ausbleibt, dem sich die nächste Zeile versagt: Es rauscht in seinen Ohren, er gerät ins Zeitlose, er wünscht, ein Zauber solle ihn an fernste Gestade verbannen, nur fort von diesen zweihundert, fünfhundert oder tausend Gesichtern, die ihn mitleidig oder entsetzt oder hämisch anstarren. Vielleicht hat Auswendigsprechen viel mit Demut und Gottvertrauen zu tun – und, ganz profan gesprochen, mit meiner angeborenen Kurzsichtigkeit. Ohne meine Brille, die sie ausgleicht, kann ich nicht abgelenkt werden durch Gesichter, in denen sich Interesse oder Langeweile spiegelt, und bleibe so allein mit mir und den Worten meiner Dichter.

Ich lerne Gedichte, wie ich meine Rollen lerne. Ich präge sie mir nicht Wort für Wort, Zeile für Zeile, Strophe für Strophe ein. Ich lese sie immer wieder und versuche, sie als Ganzes zu ergreifen. Es kann lange, oft Jahre dauern, bis ich ihrer habhaft zu werden glaube. Aber irgendwann stellt sich das Verständnis, der Begriff her, und da Inhalt und Form einer Dichtung untrennbar sind, gewinne ich aus dem Inhalt die Form. Ich erspüre das musikalische Maß jeder Dichtung – fühle, ob sie allegro oder andante oder presto zu sprechen ist. Mein Gedächtnis arbeitet wie ein von geheimen Kräften getriebener Paternoster: Er bringt die Worte nach oben, wenn sie gebraucht werden, und mein Mund spricht sie aus. Man sagt: Ich kann's im Schlaf.

Doch das ist eine windige Umschreibung. Gewiß kann man mich mitten in der Nacht wachrütteln, mir die Pistole auf die Brust setzen und mir drei Stunden Goethe und ebensoviel Schiller, Hölderlin, Hofmannsthal oder Rilke abnötigen. Ich rezitiere auch gelegentlich im Traum Klassiker und Romantiker. Wenn ich aber vor dem Publikum stehe und Verse spreche, falle ich nicht in Trance, dann arbeitet in mir keine Gebetsmühle. Dann erfülle ich meine Aufgabe nur, wenn ich höchste Bewußtheit, sogar eine überwache Klarheit erreiche. Ich vereinige mich nicht mystisch mit der Dichtung. Ich diene ihr, indem ich die in mir aufsteigenden Worte neu durchdenke bevor ich sie spreche. Dann erst und nur dann versteht sie auch das Publikum, wird ihm Reichtum und Fülle der Dichtung begreiflich. Dann kann man sogar schwierigste Verszusammenhänge, die man beim Lesen öfter aufnehmen muß, zum Beispiel Hölderlins späte Hymnen, dem Zuhörer sinnvoll und sinndeutend so sprechen, daß er sie sogleich begreifen kann. Das *gesprochene* Wort erschließt besser als das *gelesene* Wort die rhythmisch-spirituellen Zusammenhänge und Wahrheiten.

Gedanke, Bild, Melos, Atem – Dichtung ist dies alles, und selbstredend ist sie mehr als Trost und Warnung, wie ich erwähnt habe. Wie könnte ich Verse auf Sonntagsschul-Botschaften reduzieren? Ich will ihre Themen ausschöpfen, und sichtbar werden soll dahinter der Mensch, der sie geschaffen hat: der Autor, der Urheber. Er soll in seiner Absicht und in seinem Ausdruck lebendig werden. Darum sage ich gern ein paar Worte zur Einleitung eines Programms und füge, wenn möglich, Briefe und andere Prosa hinzu. Darum lassen sich diese gewachsenen Programme auch nicht nach Gelegenheit und Laune variieren, und ein *da capo* verbietet sich. Ich bin kein Virtuose, der sich, von der Begeisterung seines Publikums geschmeichelt, Zugaben abringen läßt. Wenn es bei meinen Veranstaltungen einen Virtuosen geben sollte, ist es der Dichter.

Wie geht solch ein Abend vor sich?

Zunächst stehe ich sehr isoliert und allein da oben auf der Bühne oder auf dem Podium. Meine Brille ist, wie gesagt, in der Garderobe geblieben. Ich sehe den Saal nur undeutlich. Nichts lenkt mich ab. Ich spreche meine einführenden Worte, immer bewußt improvisierend. Denn die kurzen Sätze sind zugleich eine Art Abtasten des Auditoriums, ein inneres Hineinhorchen. Im Laufe der Jahre und Jahrzehnte glaube ich ein Gespür für das Publikum entwickelt zu haben. Ich merke sehr genau, wie es reagieren wird, noch bevor das erste Wort gesprochen ist. Dann muß ich eine immer wiederkehrende Schwelle absoluter Angst überschreiten, ob das alles die Leute überhaupt interessiert und ob mir alles einfallen wird. Je weiter das Programm voranschreitet, um so leichter überwinde ich die innere Skepsis meinem Tun gegenüber und ermesse am Grad der Stille im Raum, wie mein Thema ankommt. Um mit der modernen Kommunikationswissenschaft zu sprechen: Ich bin nicht nur Sender, ich bin auch Empfänger. Ich bekommte Antwort – es beginnt ein Gespräch.

Auch das ist kein Mystizismus. Es handelt sich nur um eine andere als die alltägliche Wahrnehmung. Dank meinem Beruf, dank meiner Erfahrung bin ich auf ein spezielles Signalsystem eingepeilt. Dieses Signalsystem ist so alt wie die Dichtung. Jeder Schauspieler kennt es, obwohl es sehr differenziert ist. Raunen, Husten, Rascheln, Stühleknarren können sehr verschiedene Bedeutung haben. Auch die Stille ist keineswegs immer dieselbe. Sie kann beglücken, und sie kann erschrecken. Jedesmal, in jeder Rezitation, kommt mindestens ein Versprecher oder ein Stocken des Gedächtnisses vor. Ich habe gelernt, dies als eine Libation an die Götter und die Musen einzukalkulieren.

Von der Duse erzählt man, sie habe den Weg von ihrer Garderobe auf die Bühne mit großen Tüchern gegen fremde Blicke verhängen lassen. Sie wollte durch niemanden gestört werden. Ich habe Verständnis dafür. Indessen will ich, ob ich eine Rolle spiele oder rezitiere, des Ortes und der Stunde gewahr sein. Ich will nicht vergessen, daß ich es hinter der Bühne und im Parkett mit lebendigen Menschen zu tun habe, und das Publikum soll wissen, daß ich kein Perfektionist bin, sondern ein Zeitgenosse, der sein Handwerk gelernt hat und ein Vertrauensverhältnis schaffen möchte.

Weil ich die Dinge so sehe, ist es auch kein unverwindliches Unglück und löst keinen Schock bei mir aus, wenn tatsächlich einmal ein Vers stockt oder mir eine Strophe nicht einfällt. Ich kann dann getrost sagen (ich habe das geübt!):
»Entschuldigen Sie bitte. Das fällt mir im Moment nicht ein. Ich gehe zum nächsten Gedicht über.«

Jetzt gilt es durchzuatmen und ruhig zu bleiben. Zum Glück habe ich bisher sehr selten zu diesem letzten Mittel greifen müssen, aber wenn ich es tat, war es so etwas wie eine Probe auf das Vertrauen der Zuhörer. Diese haben mich bisher nie enttäuscht.

Kommt Lyrik außer Kurs? Ich glaube es nicht, denn ich kann mich nicht beklagen. Die Menschen stellen sich ein, wenn ich rezitiere, wie eh und je. Ich beklage es, daß, da Ernst Ginsberg,

Mathias Wieman und Günther Lüders tot sind, so wenige Kollegen heute noch ernsthaft diese schöne und schwere Arbeit am reinen Wort auf sich nehmen. Leider besteht kein Zweifel, daß in unserer Gesellschaft für die Poesie wenig Zeit und Raum bleibt, und daß die Menschen keine Muße mehr finden, selbst zu lesen. Wer liest, wer lernt noch Gedichte? Auch in den Schulen werden sie vernachlässigt. Ich plädiere nicht für die lyrischen Pflichtübungen früherer Tage. Sie waren oft mörderisch. Mancher Lehrer hat seinen Schülern die Freude an der Dichtung gründlich und lebenslang ausgetrieben. Indessen löst man dieses Problem sicher nicht, indem man die Lyrik einfach aus dem Lehrplan streicht. Man geht, denke ich, fahrlässig mit dem geistigen Besitzstand unseres Volkes um. Sicherlich hat er keine unmittelbare Wirkung auf die Moral der Menschen, aber ohne seine Kenntnis werden sie gewiß noch ärmer und roher. Gedichte haben Auschwitz, diesen grauenhaftesten Einbruch absoluter Unmenschlichkeit, der die Welt für immer und engültig verändert hat, ebensowenig verhindern können wie die Musik es konnte. Aber mancher kann durch die Kenntnis der Poesie Not und Qual des Lebens besser durchstehen. So »nützlich« ist die Lyrik immerhin. Wer sie näher kennt, fragt nicht nur nach ihrem Nutzen. Das Grauen von Auschwitz, so glaube ich, hebt das Recht der Poesie nicht auf. Es stellt strengere Ansprüche an den Vers und seinen Interpreten.

Auch dies gehört zum Thema, wenn gefragt wird, »wieviel Uhr Kunst« es sei. Wie spät aber ist es für das Theater?

Ein nicht sonderlich interessierter Zeitgenosse würde vermutlich antworten, daß der Betrieb auf den weltbedeutenden Brettern wohl noch laufe, daß jedoch von aufregenden Ereignissen immer weniger zu hören sei. Andererseits sei das letzte Krisengeschrei auch schon vor einiger Zeit verhallt.

Wir dürfen uns nicht täuschen: die meisten antworten so, wenn sie nicht gleich sagen wollen, daß sie das Thema beim besten Willen nicht interessiere, daß sie, wenn überhaupt, nur aus Gewohnheit ins Theater gehen.

Haben wir Theaterleute darauf eine schlüssige Antwort? Ja, wir haben die Antwort der Qualität. Qualitätvolle Aufführungen mit guten Schauspielern locken auch die Gleichgültigen und Halbinteressierten ins Theater. Wir haben zuwenig wirklich große, schöpferische Regisseure – und zuwenig wirklich große Schauspielerpersönlichkeiten. Ich hatte in jüngster Zeit zweimal das Glück, mit Rudolf Noelte zu arbeiten: in Molières ›Menschenfeind‹ und bei seiner Inszenierung von O'Neills ›Eines langen Tages Reise in die Nacht‹. Beide Male geschah das Außergewöhnliche: Stücke, die man schon oft gesehen hatte und die nicht eben das Aktuellste vom Aktuellen waren, hatten großen, überwältigenden Erfolg. Was war geschehen?

Ich arbeitete nicht zum erstenmal mit Noelte zusammen. Wir hatten vor Jahren für das Fernsehen Wedekinds ›Kammersänger‹ und dann in Griechenland Sartres ›Fliegen‹ gedreht. An den historischen Stätten, im Poseidon-Tempel am Kap Sunion, in Agamemnons Grab in Mykene, auf dem Boden Trojas, versuchten wir, die ehrwürdige Historie mit Sartres Geschichte in Einklang zu bringen. Das konnte nicht ganz gelingen, weil Sartre das Thema in sehr eigenwillig-aktualisierender Weise aufgegriffen hatte und sein Attika für die Bühne und auf der Bühne gedacht war. Unabhängig davon war die Arbeit ungemein reizvoll und die griechische Landschaft am Kap Sunion und um Mykene ein großes Erlebnis. Der Ernst, mit dem Noelte die Widersprüche unseres Vorhabens bewältigen wollte, imponierte mir ungemein.

Dieser Ernst umschloß eine unbestechliche Disziplin und eine von Grund auf ehrliche, immer wieder nach dem Kern der Dinge suchende Phantasie. Das bedeutete schon bei der Fernseharbeit einen unschätzbaren künstlerischen Gewinn. Viel mehr noch mußte er bei einer Theaterinszenierung in Erscheinung treten. Ich wünschte mir seit Jahren sehr, mit ihm auf der Bühne zusammen zu wirken.

Als ich vor einigen Jahren in der ›Komödie‹ in München Simons ›Plaza Suite‹ spielte, war ich mit dem Theater und der Entwicklung, die es nahm, so zerfallen, daß meine Frau und ich überlegten, was man unternehmen könnte, um ohne Theater seine Existenz zu sichern. Da gingen wir ins ›Residenztheater‹, um die Generalprobe von Noeltes ›Kirschgarten‹-Inszenierung zu sehen. Es wurde ein unbeschreiblicher Anstoß und Ansatzpunkt für einen neuen Glauben an Sinn, Existenz und Wesenhaftigkeit des gegenwärtigen Theaters. Mit einem Schlage wußten wir wieder, daß es möglich ist, Schauspieler zu sein in unserer Zeit.

Unsere Intendanten schätzen und fürchten Noelte gleichermaßen. Seine Inszenierungen gereichen jedem Hause zur Ehre. Der Respekt, den ihm auch die Neutöner unter den Kritikern regelmäßig entgegenbringen, und der Erfolg beim Publikum müssen jeden Prinzipal glücklich machen. Vor diesem freudigen Ereignis aber muß man Noeltes Ansprüche erfüllen, und wie die Dinge allgemein liegen, fällt dies nicht leicht, obwohl es um nichts anderes als klare künstlerisch durchdachte Voraussetzungen geht.

Noelte besetzt die Stücke, die er inszenieren soll, grundsätzlich nur mit den bestmöglichen Leuten. Er nimmt wenig Rücksicht darauf, wer an einem Hause engagiert ist und eine Rolle zur Not auch übernehmen könnte. Auch die kleinste Nebenfigur ist ihm so wichtig, daß er ihretwegen lieber auf den ganzen Auftrag verzichtet, als eine Notlösung in Kauf zu nehmen. Entsprechende Forderungen stellt er an Ausstattung, Technik und Beleuchtung. Diese Unbedingtheit, diese Besessenheit mag Noelte von seinem großen Lehrer Jürgen Fehling übernommen haben. Fehlings wilde Despotie dagegen übt er nicht. Er braucht sie auch nicht. Er überzeugt durch Logik und Phantasie, nach äußerst genauer Vorbereitung auf sein Thema. Ich kenne keinen Regisseur, der so gewissenhaft vorbereitet auf die erste Probe kommt. Er setzt seinen Willen leise und bestimmt durch. Er ist bestechend höflich, wahrt stets und ständig die Regeln des Anstands und verfolgt dennoch unbeirrt sein Ziel. Wenn einmal der Rahmen einer Inszenierung festgelegt ist, wenn man sich über das Grundsätzliche verständigt hat und der Grundton gefunden ist, zieht er sich an das Regiepult zurück. Er beobachtet und hört genau, greift aber nur noch selten direkt ein. Er spricht seine Anmerkungen leise auf ein Tonband. Später überträgt er sie in seiner kleinen, gestochen lesbaren Schrift auf Zettel, die er dem Schauspieler gibt oder in die Garderobe schickt. Dieses scheinbar umständliche, etwas bürokratisch anmutende Verfahren hat den großen Vorzug, daß der Schauspieler genau erfährt, was er tun soll, und dabei die Chance hat, es auf seine Weise neu zu entwickeln und auszuführen.

Noelte hat die seltene Fähigkeit, Stücke neu und genau zu lesen.

Ich hatte den Molièreschen ›Menschenfeind‹ oft gespielt und zum Beispiel nie recht gesehen, daß der Mann den ganzen ersten Akt im Haus seiner Angebeteten auf diese wartet. Dieses Warten hat Noelte bestechend inszeniert. Er läßt dann den hochgebildeten Alceste auf dem Boden kriechend nach den Resten seines durch Célimène zerrissenen Briefes suchen – und erreicht durch dieses Wahrbild zwingend die Darstellung der elenden erotischen Hörigkeit des klugen Mannes dem schönen Weib gegenüber. Gegen Célimènes Schönheit und Kälte hilft keine Einsicht und kein Argument. Da beginnt die Tragödie der Geschlechter, die ewige, leidvolle, unendlich quälende und nie endende. Diese Verfallenheit kam allein durch das Noeltesche Arrangement der großen Szene rein heraus. Ich kenne keinen Regisseur, der so treffend und situationserhellend arrangieren kann.

Vielleicht kann ich an diesem Beispiel noch deutlicher machen, was ich meine. Es ist keine Koketterie, wenn ich sage, daß ich erst jetzt ganz begriff, was in diesem Stück eigentlich geschieht. Selbstverständlich waren mir der Gang der Szenen, die Personen und die verteufelten Alexandriner geläufig. Wir hatten flott drauflos gespielt, und das Publikum hatte seine Freude daran gehabt. Doch am Wesen des Stückes mogelten wir uns vorbei, weil wir nichts von dem Leid und der Einsamkeit Molières begriffen hatten. Denn dieses Wesen ist tragisch. Goethe hat es aufs Feinste getroffen, als er zu Eckermann sagte:

»Molière züchtigte die Menschen, indem er sie in ihrer Wahrheit zeichnete.«

Georg Hensel zitiert Sainte-Beuve:

»Dieser Mensch kannte alle Schwächen und wunderte sich nicht darüber; er tat Gutes mehr, als er daran glaubte; er rechnete auf die Laster, und seine glühendste Empörung wurde zum Lachen. Gern betrachtet er diese jämmerliche Menschheit als ein altes, unheilbares Kind, das man aufrichten und besonders dadurch trösten muß, daß man es unterhält.«

Eine Aufführung, die Molière gerecht werden will, muß darum die Schwächen und die Laster der Menschen zeigen, wie sie sind. Ihre quälende Wahrheit und ihr Jammer müssen gegenwärtig werden. Damit und nicht mit Gags und aufgesetzter Komik sollen wir das Publikum unterhalten und zum Lachen bringen.

Die Menschheit, das alte, unheilbare Kind, findet sich selbst und ihr Schicksal keineswegs komisch. Der falsche Eindruck, sie leide bei Molière nicht wirklich, kann nur entstehen, wenn wir das Publikum mit seinen Situationen und mit den Eigenschaften seiner Personen allzu leichtfertig bedienen, wenn wir, wie man am Theater sagt, »dem Affen Zucker geben«. Das mag manchmal ganz lustig sein, ehrlich und richtig ist es nicht.

Der arme Jean Baptiste Poquelin genannt Molière wußte zu genau, was Leiden ist. Der Sonnenkönig wollte ihm wohl, aber die Ränkeschmiede des Hofes setzten ihm trotzdem bitter zu. Seine junge Frau betrog ihn schon in der ersten Nacht nach der Hochzeit. Um seine Gesundheit stand es nicht zum besten. Was Wunder, daß er »schwarze Komödien« schrieb?

Wir müssen diese Schwärze spielen. Doch wie bewerkstelligen wir sie? Rudolf Noelte hat darauf eine frappierende Antwort. Sie lautet:

»Lerne spielen, ohne zu reden . . .«

Er begreift, daß der deutsche Sprachgeist völlig anderen Gesetzen unterliegt als der französische – und daß es albern und unklug ist, deutsch so eloquent und rasant sprechen zu wollen, als sei es französisch.

Nicht im Geschwätz steckt die Wahrheit. Nicht im Alexandriner offenbart sich die Molièresche Wirklichkeit, und im ins Deutsche übersetzten Alexandriner schon gar nicht. Der Alexandriner ist erst ihr allerletzter Vollzug: ihre Vollzugsmeldung gewissermaßen. Vorher leidet, zweifelt, grübelt Alceste. Bevor er auftritt und den Brief der treulosen Célimène vorweist, kommt er die Treppe herauf, und ehe das Publikum seiner ansichtig wird, kann es schon aus dem Klang seiner Schritte entnehmen: hier erscheint ein gequälter Mensch.

Noelte vertraut auf den Herzschlag, auf den Atemzug, erst dann auf das Wort. Er haßt nichts so sehr wie die schnelle Wirkung oder das Schielen nach dem Publikum. Er mißt den Dialog an der Partitur des Unausgesprochenen. Er verbietet, den Partner mit Text zu bedienen. Er erstickt beflissene Stichwortgeberei im Keim. Er verlangt, daß der Schauspieler jeden Satz erfaßt und erlebt, bevor er ihn spricht. Das ist, wenn man will, eine Übersetzung Molières ins Deutsche, die über die Eindeutschung der Alexandriner weit hinausgreift. Die Franzosen können einen Satz denken, während sie reden. Jedenfalls machen sie auf uns diesen Eindruck. Wir müssen einen Satz denken, bevor wir den Mund aufmachen.

Das hatte ich schon zwanzig Jahre früher begriffen, als ich unter Strehler den Molièreschen ›Don Juan‹ in Zürich spielte. Strehler, des Deutschen damals noch wenig kundig, sprach mir die Monologe in Französisch vor – und ich Wahnsinniger versuchte dann, diesen Monologen in Deutsch dieselbe musikalische Rhythmik und dasselbe Tempo und Brio abzuringen. Ich bekam fast Gehirnkrämpfe dabei. Ich machte Strehler auf die unüberbrückbare Sprachdiskrepanz aufmerksam, aber der Romane konnte das damals nicht voll begreifen. Noelte setzt völlig anders an.

Unter seiner Hand bekommt Molières ›Menschenfeind‹ Bekkettsche Züge. Ein Endspiel wird gespielt. Personen umstellen einander mit ihrer Wahrheit, und der Raum zwischen ihnen, ein riesiger Raum bei Noelte, der die Figuren zwangsläufig klein erscheinen läßt, ist der Ort größtmöglicher Wirklichkeit. Da spielt es sich ab, da entscheidet es sich: Gelingt es den Menschen, den Abstand zum Nächsten zu überbrücken? Es ist dauernd zweifelhaft. Selbst zwischen Alceste und Philinte, die – wie bei Goethe Faust und Mephisto – den Dichter selbst in zweierlei, sehr widersprüchlicher Gestalt verkörpern, klafft ein Abgrund.

So entstehen Aufführungen von außergewöhnlicher Wachheit und Sicherheit: Andere Aufführungen schleifen sich ab, werden ungenau, verschlampen leichter, wenn der Vorhang zum zwanzigsten oder fünfzigsten Male hochgeht; Noeltes Produktionen sind, wenn das Ensemble von demselben Geist beseelt ist wie er, bei der letzten Vorstellung so durchgeformt wie bei der Premiere. Daß alle Mitwirkenden in seinem Sinn arbeiten, erreicht Noelte durch seine bestechend sachliche Autorität.

Alfred Kerr hat einmal einer Stanislawski-Inszenierung höchstes Lob ausgesprochen, indem er sagte, nicht Schauspieler, die ein Stück spielten, seien zu bewundern gewesen, sondern Menschen, denen es passiert war. Genau dies ereignet sich bei Noelte: Es geschieht etwas, und Menschen sind dem Geschehnis ausgesetzt.

Existenz wird spürbar. Menschlichkeit wird begreiflich. Wahrheit vollzieht sich. So auch in O'Neills ›Eines langen Tages Reise in die Nacht‹. Ein Geizkragen, eine Morphinistin, ein Alkoholiker und ein labiler Schwindsüchtiger elenden sich gegenseitig. Wahrhaftigkeit und Edelmut sind das letzte, was sie aufbringen. Um Ehrlichkeit vor sich selbst und um Mitgefühl, die den Leuten auf der Bühne fehlen, ersucht der Autor hartnäckig und langwierig das Publikum. Er stellt Fragen, weil er in Frage stellt.

Diese Hartnäckigkeit in der Zustandsschilderung und die Langwierigkeit von vier Schicksalen hat Noelte in seiner Hamburger O'Neill-Inszenierung zum obersten Prinzip erhoben. Da wurde nicht nur geduldig jeder Charakterzug der handelnden Personen herausgearbeitet und jede noch so schattenhafte Regung dingfest gemacht, da spielte auch jedes Detail der Szene mit: Jemand fährt mit einer Gabel kratzend über den Teller. Jemand schließt mit harten Akzenten einen Fensterladen. Eine Uhr tickt, und die lange Reise eines Tages und der Ablauf der Zeit treten in unser Bewußtsein. – Das ist nicht bedeutungsschwanger. Da winken keine Symbole. Die Wirklichkeit des abgebildeten Lebens ist sich selbst genug und ereignet sich zwingend. Ich hätte dem Tyrone gern etwas mehr von dem immer etwas »tönenden« Schauspielersprachklang mitgegeben. Noelte überzeugte mich mühelos, wie abgebraucht und unwesentlich dieses Detail für diese Figur ist. Die Akzente wurden verteilt. Jede Figur hatte Recht. Dadurch entstand tragische Unausweichbarkeit des menschlichen Elends. Das, was das Leben uns antut, wurde spürbar.

Noelte hat das O'Neillsche Drama so dicht, so gegenständlich gefaßt, daß ich darüber berichten kann, als hätte ich die Sache erlebt und nicht gespielt, obwohl es sich natürlich um Spiel, um sehr bewußtes Spiel handelt. Aber in dieser Bewußtheit – so empfinde ich – entsteht Freiheit. In dieser klar durchformten Theaterrealität kann ich schöpferisch eines Menschen Wahrheit darstellen und leben. Ich bin jedesmal in diesen erarbeiteten Bühnenraum gegangen, als wäre es ein Zuhause – als lebte ich in dieser Familie. Ich kann mich nicht erinnern, das jemals so in einer Inszenierung erlebt zu haben. Ich habe auch das Wesen der Pause, das durchdachte und durchlittene, bedrückte Schweigen niemals so empfunden.

Die Grenze zwischen Theater und Wirklichkeit verwischte sich keinen Augenblick. Überzeugen konnten wir mit dieser abgelegenen Welt der amerikanischen Familie Tyrone nur, weil wir uns genau über unsere Theatermittel im klaren waren. Ich kann das abwertende, ablehnende Urteil mancher Mitglieder des Schauspielhauses über diese Produktion nur als Torheit oder versetzten Neid verstehen – und habe aufgehört, mich darüber zu wundern.

Ich verdanke Rudolf Noelte Entscheidendes, und es beglückt mich, daß wir uns vom ersten Moment an verstanden haben. Es ist nicht nur die gemeinsame Sprache zweier professioneller Theaterleute, die wir sprechen; da ist ein gegenseitiges Verständnis, das nicht viele Worte braucht, ein wohl gemeinsamer Begriff von Qualität.

An diesem Qualitätsbegriff, wie schon erwähnt, scheiden sich die Geister, entscheiden sich die Zukunft des Theaters und die Frage, wie und wo wir das Theater im öffentlichen Bewußtsein einstufen.

Ich weiß, daß der landläufige Bühnenbetrieb mit ihm seine liebe Not hat. Ensembles wollen beschäftigt sein. Stadträte müssen zufriedengestellt werden. Damit wird schneller fertig, wer eine gefällige Aufführung nach der anderen herausbringt. Das alles aber sichert kein tieferes Interesse des Publikums und damit volle Häuser. Das alles verschleißt die Talente und zersetzt die Bereitschaft und Spannkraft, den großen Ernst zu investieren, der uns weiterbringen könnte und der – entscheidend – die Frage ausschließt, ob uns Theater noch etwas zu sagen hat.

Sicher haben Noelte und die fünfzig oder sechzig Theaterleute, die man in der Bundesrepublik zum leider verstreuten Noelte-Ensemble rechnen könnte, jene Schauspieler also, die seinen Ansprüchen genügen und bereit sind, sich seinen Forderungen zu stellen, die Theaterqualität nicht allein gepachtet.

Wenn ich an Peter Stein, an seine Inszenierungen von ›Peer Gynt‹ und ›Prinz von Homburg‹ und Gorkis ›Sommergäste‹ denke, sehe ich, daß dieses ganz andere Theater von gleichem Ernst und von gleichem Mut zur Konsequenz beseelt ist. Andere, die sich progressiv nennen, verwirren oder empören mich gelegentlich in ihrer Aversion dagegen, einer Partitur gerecht zu werden. Ich mißtraue ihrer Originalitätssucht. Wirklich große Regisseure der letzten Jahre wie Gründgens, Peter Brook, Ingmar Bergman, Giorgio Strehler, Peter Stein und Rudolf Noelte inszenieren das Werk und sind dabei absolut und erregend gegenwartsnah – ohne Mätzchen, Frechheiten und Obszönitäten. Shakespeare und die großen Dramatiker sind kein Objekt für studentische Turnübungen auf der Bühne – und der Untertitel ›Einen Jux will er sich machen‹, den Viele dauernd inszenieren, ist nirgends bei ihnen zu lesen.

Ich bin dagegen, daß jemand die Form zerbricht und die Scherben als etwas Neues, bisher Ungeahntes, Geniales ausgibt. Dafür habe ich zuviel Sinn für das Wort, zuviel Respekt vor den Dichtern und einen zu klaren Blick für Scharlatanerie. Es imponiert mir nicht, wenn Schindluder mit den großen Werken der Vergangenheit getrieben wird. Sie werden nicht schöner und nicht wahrer, wenn sie irgendein Pseudogenie auf den Kopf stellt. Das Resultat ist am Ende meistens nicht nur falsch, sondern die bewußte Banalisierung des Werkes zersetzt die Substanz ohne Sinn und Ergebnis. Ich mißtraue auch jüngeren Kollegen, die auf die Bühne laufen, als kämen sie nur für fünf Minuten von der Straße herein, und die klassische Texte so sprechen wollen, als sei es irgendein Slang.

Trotzdem weiß ich natürlich, daß dies alles nicht von ungefähr kommt, daß sich darin eine große Irritation ausdrückt und daß es sich um das Bemühen handelt, Antworten auf die Fragen der Zeit zu finden; aber ich weiß auch, daß man so keine Antwort finden *kann.*

Einer der aufregendsten Versuche, Shakespeare zeitgemäß zu fassen, war Strehlers ›Spiel der Mächtigen‹ an zwei Abenden in der Salzburger Felsenreitschule – eine Collage aus ›Heinrich VI.‹, dramaturgisch angereichert und durchsetzt mit Monologen und Szenen aus anderen Dramen des Elisabethaners, mit Totenklagen, Haßgesängen, Räsonnements über die Fragwürdigkeit des Krieges, mit Klagen über die Einsamkeit und Schlaflosigkeit der Könige, über die Eitelkeit des Lebens und dessen Zwänge und Nöte.

Ich kannte Strehler, wie erwähnt, aus Zürich. Ich bewundere ihn als einen der großen Regisseure unserer Zeit. Die Arbeit am Molièreschen ›Don Juan‹ hatte mir damals viel Spaß gemacht, und die Aufführung hatte das Publikum begeistert. Ich selbst muß nicht nur ungemein eloquent gewesen sein, sondern auch meinem Ruf als Will Quinatra alle Ehre gemacht haben. Strehler ließ mich u. a. einen Monolog auf dem Souffleurkasten liegend mit einer roten Rose zwischen den Zähnen sprechen. Zum Schluß mußte ich die Rose dann lässig-lasziv ins Publikum werfen. Wie mir die Platzanweiserinnen später berichteten, gab es im Parkett regelmäßig erbitterte Kämpfe um diese Trophäe.

Strehler wollte danach unbedingt ›Richard III.‹ mit mir machen. Er sagte: »Willi! Du mußt spielen Richard III. Richard ist schön, etwas schief gewachsen – aber schön, schön und böse! Er ist verführerisch und erotisch – eine schöne Teufel.« Ich habe es sehr bedauert, daß aus diesem Plan nichts wurde.

Als er also fragte, ob ich den Schauspieler übernehmen wollte, der in der Felsenreitschule die Shakespeare-Collage einleiten und kommentieren sollte, sagte ich begeistert ja. An der Intelligenz des

Plans hatte ich keinen Zweifel und an Strehlers szenischer Phantasie schon gar nicht.

Die Texte waren gescheit zusammengestellt, und Strehler inszenierte die beiden Abende in der ›Felsenreitschule‹ als ein großes Spektakel mit glänzenden Einfällen. Viel Volk war in Bewegung, und der Inspizient hatte große Mühe, die Heerscharen zum rechten Moment auf die Spielfläche zu treiben und wieder herunterzuholen. Wer gerade nichts zu tun hatte, hockte frierend und klappernd in der feuchten Unterbühne und bangte dem nächsten Auftritt entgegen. Wir waren alle erkältet, aber begeistert erkältet: Rolf Boysen, Michael Heltau, Gert Böckmann, Reichmann, Münch, Frey, Vogler, Paryla, Andrea Jonasson, Maria Emo und viele andere. Aus Mangel an ausreichender Probenzeit kamen beide Abende eines Tages ohne Haupt- und Generalproben heraus. Wir hatten keine Zeit, die Übergänge zu proben. Der Inspizient Harry war ein Meister, aber einmal blieb doch eine Leiche sinnlos in einer Szene, die Michael Heltau und ich zu spielen hatten, mitten auf der Bühne liegen.

Die Sache barg zwei Probleme. Erstens waren fünf Wochen Proben für dieses Doppelunternehmen viel zu kurz, und zweitens stimmte mein Text trotz des Scharfsinns seines Arrangeurs nicht immer absolut logisch. Ich suchte verzweifelt nach dem großen Bogen, ich versuchte, durch genaue Gliederung und Abstufung der Sprache den Zusammenhang der Themen und Motive herauszuarbeiten, aber die Lösung befriedigte mich nicht. Oft wollte man als Zuschauer auch nicht nach einer Szene belehrt werden, über die »Moral der Geschicht«. So wagte ich, was oft treffend war, aber eben nicht immer, den großen Faltenwurf der Sprache und meines riesigen Mantels. Es gelang zu meinem und Giorgios Leidwesen nicht ganz, und ich konnte es dem Publikum ebensowenig übelnehmen wie der Kritik, daß die Rechnung für mich nicht aufging. Regielich war es die Arbeit eines Meisters, wie seine letzte Inszenierung von ›König Lear‹, wo er hinreißend zeigte, wie man heute ein solches Werk zeitgerecht interpretieren kann. Wer Witzeleien über ein großes Thema für angezeigt hält, ist in meinen Augen ein Totengräber des Theaters, er macht im Sinne Peter Brooks genau solch »tödliches Theater«, wie es die alten Stadttheateraufführungen heute sind.

Peter Brook schreibt in seinem Buch ›Der leere Raum‹: »Das Problem des tödlichen Theaters ist wie das Problem des tödlichen Langweilers. Jeder tödliche Langweiler hat Kopf, Herz, Arme, Beine; gewöhnlich hat er Familie und Freunde, er hat sogar Bewunderer. Und doch seufzen wir, wenn wir ihm begegnen – und mit diesem Seufzen bedauern wir, daß er irgendwie am Boden statt auf der Höhe seiner Möglichkeiten ist. Wenn wir tödlich sagen, meinen wir niemals tot: Wir meinen etwas betrüblich Aktives, das aber gerade deswegen zur Änderung fähig ist. Der erste Schritt zu dieser Änderung ist die Erkenntnis der unschönen Tatsache, daß der größte Teil des sogenannten Theaters auf der ganzen Welt die Travestie eines Wortes ist, das einmal sinnvoll war.«

Tödlich ist für Brook also der Theaterbetrieb, der kein größeres Ziel hat, als auf dem einmal erreichten Stand weiter zu vegetieren. Dieser Betrieb ist, wie er ist, weil jene, die ihn führen, zur Bequemlichkeit neigen oder weil ihnen einfach nichts Besseres einfällt. Wer als Zuschauer Geschmack an ihm findet, weiß es nicht besser, weil er nie etwas anderes gesehen hat oder weil ihn das Ungewöhnliche, das Außerordentliche a priori beunruhigt. Den Verantwortlichen, den sogenannten *Trägern*, ist das tödliche Theater ohnehin das liebste Theater, denn es birgt, so wähnen sie, das geringste Risiko.

Peter Brook hat recht: Wir seufzen, und mit dem Seufzen bedauern wir, daß die Institution Theater permanent ihre Möglichkeiten geringachtet. Einige aber – und ganz gewiß gehört Peter

Brook zu ihnen – lassen es mit dem Seufzen nicht genug sein und gehen, wie Rudolf Noelte, neue Wege oder, besser gesagt, sie gehen die alten Wege neu. Noelte will dem Theater die Wahrheit abzwingen, die in der schweigenden Existenz des Menschen liegt. Er läßt zum Beispiel im schon eingehend erwähnten ›Misanthrope‹ die präpotenten Hofchargen neben allen Beteiligten auf Stühlen an der Wand nebeneinander sitzen und minutenlang albern – wohlabgestuft natürlich – gackernd lachen oder einfallslos schweigen und erreicht so einen Grad der oft zitierten Gesellschaftskritik der damaligen Hofschranzengesellschaft, den ich in solcher Anschaulichkeit kaum auf einer deutschen Bühne erlebt habe. Das geschieht bildhaft einfach ohne die gewaltsamen und törichten Mittel des Zeigestocktheaters, die den Zuschauer entmündigen, weil er dauernd belehrt wird: »Seht ihr, der ist ein Trottel, dieser ist fortschrittlich und klug, das ist ein dummes Pusselchen.« Ich will das selbst entdecken im Ablauf des Stückes, das ist meine geistige Mitarbeit an dem Abend. Und niemand soll und darf sie mir – und jedem ernstzunehmenden Zuschauer – abnehmen. Ich will mich irren können über eine Figur, will die Hintergründigkeiten, Verlogenheiten und Tarnungen der menschlichen Natur selbst entschlüsseln. Ich möchte den Wolf im Schafspelz selbst entlarven. Was nützt es, das Theater zum Exzeß zu treiben, Auflösungsprozesse zu inszenieren, die oft im Detail sehr amüsant sein können, wenn sie für das Ganze unergiebig und sinnlos sind. »Laboratoriumsversuche« gehören nicht in den normalen Theaterbetrieb. Sie müssen durch Mäzene finanziert werden, nicht durch den Etat. Wenn der Schah von Persien Peter Brooks Versuche großzügig ermöglicht, so ist das legitim und erfreulich, aber kein Theater kann sich monatelange Proben leisten, soll eine bestimmte Zahl von Aufführungen herausgebracht werden. Der Regisseur einer im Spielplan terminierten Premiere kann seine und seiner Schauspieler Zeit nicht mit endlosen Spielereien und Versuchen vertun, sondern muß sich ein Konzept erarbeitet haben.

Ich brauche nicht noch einmal zu betonen, wo ich stehe und was ich für richtig halte. Ich bin im Bündnis mit Noelte und Strehler. Ivan Nagel, der Intendant des ›Deutschen Schauspielhauses‹ in Hamburg, hat Noelte und Zadek an seinem Haus inszenieren lassen. Das scheidet die Geister, klärt den Standpunkt und fordert zur Stellungnahme heraus. Ich erlebe, daß sich an der Bühne, an der ich engagiert bin und der ich mich nicht nur meines Vertrages wegen verpflichtet fühle, zwei künstlerische Fraktionen gegenüberstehen. Es sind die beiden Welten, die am gegenwärtigen deutschen Theater wirksam sind. Ich bedaure, daß es bei dem Nebeneinanderarbeiten und Gegeneinanderstehen bleibt, daß kein Gespräch zwischen den Verfechtern der verschiedenen Richtungen aufkommt. Auch wenn kein gemeinsamer Nenner zu finden sein dürfte, wären Offenheit und Fairness sehr schätzenswert. Hinzu kommt die Tatsache, daß politisches Denken und Theatersachverstand zwei ebenso verschiedene Schuhe sind wie ideologisches Bewußtsein und künstlerische Begabung. Peter Stein ist ein großer Regisseur, weil der Künstler in ihm größer ist als sein politisches Engagement. Brecht war zunächst einmal ein großer Dichter und erst in zweiter Linie Kommunist. Wo politisches Denken das künstlerische dominiert, ist kein Ensemble zu bilden. Fanatismus ist die undemokratischste Eigenschaft, sie provoziert dauernd Haß und Aversion. Im Theaterbetrieb wirkt sie sich besonders verheerend aus.

Das ›Deutsche Schauspielhaus‹ ist, wenn ich so sagen darf, mein künstlerisches Standquartier. Ich habe dort Heimat- und fast Verantwortungsgefühle. Wenn dies heute nicht mehr zeitgemäß sein sollte, muß ich mich dazu bekennen, altmodisch zu sein.

Welche Bedeutung für mich neben der Arbeit am Schauspielhaus die Rezitationen haben, was ich mit ihnen bewirken möchte und was ich selbst durch sie gewinne, habe ich gesagt. Rechenschaft bin ich dagegen noch über meine Tourneen schuldig, da ich

Tournee-Theater seit zwanzig Jahren und aus Überzeugung spiele.

Der Tourneebetrieb steht noch immer im Ruch der Geschäftemacherei mit billigen Mitteln. Da reisen, heißt es, Stars zu Höchstgagen mit Stücken und Schauspielern dritter Ordnung durch die Lande. Die Aufführungen seien unverantwortlich zusammengeschustert. Das Publikum werde mit übelster Routine abgespeist: tödliches Theater, wie es im Buche steht.

Ich will nicht schönfärben: Es gibt so etwas. Das Tournee-Theater ist ein Geschäftsproblem geworden, in dem künstlerische Aspekte oft zweitrangige Bedeutung haben. Über einhundert Tourneeangebote pro Jahr müssen den jeweiligen Kulturverantwortlichen in arge Auswahlnöte stürzen. Aber es gibt eben auch, wie nicht nur Peter Brook erkannt hat, schlechtes, langweiliges, banales Stadt- und Staatstheater. Da also liegen die entscheidenden Unterschiede nicht. Die liegen in den äußeren Umständen, in den Arbeitsbedingungen, und nicht nur auf seiten der stehenden Bühnen sind Vorzüge zu finden.

Der wichtigste Vorzug einer Tournee besteht darin, daß sich eine Gruppe, ein Ensemble, eine künstlerische Gemeinschaft über Wochen und Monate auf eine Arbeit konzentrieren kann. Keine Funkarbeit, keine Fernsehrolle oder zusätzliche Synchronisation können von der Abendvorstellung ablenken. Man bleibt dauernd im Klima eines Stückes.

Es liegt am Unternehmer oder dem künstlerischen Kopf des Unternehmens, ob er sich die richtigen Leute für die richtige Aufgabe zusammenholt. Unsere Theatererfahrung sagt uns, daß eine gute Besetzung siebzig Prozent des Wertes einer Inszenierung ausmacht. So viele gute Schauspieler, daß jede Bühne an jedem Abend der Spielzeit mit der denkbar besten Besetzung aufwarten könnte, gibt es nicht. Für eine lange vorgeplante, gut vorbereitete und entschlossen in Arbeit genommene Tournee aber kann man, Kenntnis des Marktes vorausgesetzt, weit eher einen stimmigen Besetzungszettel zusammenbringen. Man muß nur anständige Gagen zahlen, die sich – auch das wissen wir längst – nicht nur künstlerisch rentieren, sondern auch das Haus füllen.

Nun geben mit den künstlerischen auch menschliche Faktoren den Ausschlag. Wer ausgezeichnet Theater spielt, kann sehr wohl ein unausstehlicher Kollege sein: hochfahrend und eitel, oder intrigant über jedes begreifliche Maß hinaus. Ein solcher Mensch kann den Bus, mit dem die Truppe über Land fährt, in eine Art Vorhölle verwandeln. Ich habe das zur Genüge erleben müssen, weil man manche Kollegen erst auf einer Tournee richtig kennenlernt. Es fällt mir schwer, hier keine Namen zu nennen. Der Tageslauf kann gründlich vergiftet werden, und der vergiftete Tag verdirbt dann regelmäßig die künstlerische Leistung am Abend. Es kann also klüger sein, in einer Besetzungsfrage künstlerisch ein bißchen zurückzustecken und sich damit einen Gewinn an Kollegialität einzuhandeln, der dem Betriebsklima und damit auch der Aufführung zugute kommt.

Schwierig genug ist das enge Zusammenleben während der Dauer einer Tournee ohnedies. Man hockt täglich im Bus. Man wandert von einem Hotelzimmer zum andern. Man steht jeden Abend auf einer anderen Bühne mit ganz anderen Maßen als am Vortag, sitzt oft in traurigen Garderoben. Auch Freunde fallen sich dabei früher oder später einmal auf die Nerven. Es gibt Enttäuschungen, es gibt Zusammenbrüche, und immer sind die andern dabei und merken alles. Daß die Hölle die andern sind, hätte Sartre sehr gut auch im Milieu einer Tournee beweisen können, wenn das Ensemble nicht harmoniert.

Dies alles und mehr malte ich mir aus, als Kurt Raeck mich 1954–55 überreden wollte, mich dem Tourneetheater zu verschreiben, und ich schreckte vor dem Gedanken zurück. Doch Dr.

Raeck, Direktor des Berliner ›Renaissance-Theaters‹ und später auch Intendant des Hamburger ›Thalia-Theaters‹, ein Theatermann mit gesundem Geschäftssinn, mir aus alten ›Schiller-Theater‹-Zeiten her vertraut, hatte Gegenargumente, die mir einleuchteten.

Ich machte mir klar, daß es vor allem eine andere kulturpolitische Landschaft gab als vor der Spaltung unseres Vaterlandes. Es strebte nicht mehr alles nach Berlin, da Berlin isoliert war und die »Provinz« sich künstlerisch nicht länger am Glanz der Hauptstadt orientieren konnte. Die kulturellen Leistungen mußten, wenn sie Zukunft haben sollten, überall sprießen. Die Menschen, die der Krieg kreuz und quer durch Deutschland verstreut hatte, wollten Kunst am eigenen Ort. Auch in den kleinsten Nestern wohnten jetzt Leute, die gutes Theater zu schätzen wußten und die ihre Nachbarn und Freunde mitbringen würden, wenn man ihnen ernstzunehmende Leistungen anbot.

In kurzen Worten: es ist einfacher, anspruchsvolles Theater zum Publikum aufs Land als das Publikum von dort in die Theater der großen Städte zu bringen. Raecks Vorschlag: eine Tournee mit Goethes ›Tasso‹.

Hier ergab sich ein rein künstlerisches Problem. Eine derart hochgespannte, übersensible Figur wie Tasso war sehr schwer jeden Abend genau zu gestalten. Die innere Ausgewogenheit dieser Künstlerseele – ohne Überzeichnung und exzentrische Gewaltsamkeit – war kaum an jedem Abend zu erreichen. Ich geriet unmerklich in Abwandlungen des Themas, da ich nicht Abende hintereinander die Aura der Figur, das einfache, mir selbst glaubhafte Dasein des Tasso spürbar machen konnte. – Mir ging es wie einem Maler, der täglich dasselbe Bild mit denselben Farben malen muß, die er allmählich auf seiner Palette verbraucht hat. Nun versucht er durch Mischung der nicht gebrauchten Farben, die für sein strapaziertes Sujet nötigen Werte zu erzeugen. Das kann nicht ohne Veränderung des notwendigen Kolorits gelingen. So ging es mir mit meinem Tasso-Porträt. Bald zu düster, bald zu entspannt geriet mir mein schwerer erster Auftritt. Ich hatte keine Zeit, mich zu erholen – und neue Farben und Seelenkräfte zu sammeln. Verzerrungen waren unausbleiblich.

Die Sache ließ sich aber geschäftlich so gut an, daß wir beim nächsten Mal nicht nur mit dem ›Tasso‹, sondern zugleich mit der ›Iphigenie‹ auf die Reise gingen. Damit freilich hatten wir dann schon die Grenze dessen erreicht, was sich auf einer Tournee wirtschaftlich vertreten läßt. Zwei Stücke dieses Zuschnitts waren zuviel. Wer nur in einem mitmachte, ging zu oft spazieren und kostete trotzdem Diäten.

Wir – das waren in den Augen unseres Publikums in erster Linie Maria Becker und ich. Doch das Ansehen unserer ›Schauspieltruppe‹, die wir im Verein mit Robert Freytag bald in eigene Verantwortung nahmen, war in nicht geringem Maße der sorgfältigen übrigen Rollenbesetzung zu danken. Weil Ensemble-Geist herrschte und jeder sein Bestes gab, bestanden wir unsere künstlerischen und menschlichen Prüfungen, und wenn einmal etwas danebenging, wurden wir damit fertig. Als Maria Becker, Robert Freytag und ich uns schließlich trennten, geschah es, weil die Möglichkeiten jeder, auch der besten Partnerschaft in der Arbeit eines Tages erschöpft sein können. Einer der Anlässe war eine Meinungsverschiedenheit darüber, ob Kleists ›Penthesilea‹ für eine Tournee geeignet sei. Maria Becker bestand darauf. Ich bezweifelte es nach meinen ›Tasso‹-Erfahrungen grundsätzlich. Wir waren es gewohnt, unsere Standpunkte hart auszukämpfen. Sehr persönliche Differenzen kamen hinzu, und wir beschlossen fürderhin getrennte Wege zu gehen.

Tourneemachen heißt, jeden Tag Premiere haben; heißt die Strapazen der Reisen und Klimasprünge jeden Abend verleugnen, um eine künstlerisch und technisch einwandfreie Vorstellung spielen zu können. Staatstheateransprüche unter oftmals äußerlichen Schmieren-Voraussetzungen. Das ist keine leichte Aufgabe. Keinerlei Bequemlichkeit und Nachlassen ist erlaubt. Es ist, in meinem Sinne begriffen, Theater an der vordersten Front. Keinerlei Subvention – der allabendliche Blick durch das Loch im Vorhang zeigt, ob Stück und Besetzung das Haus füllen oder nicht. Ein Mißerfolg kann für das kommende Jahr weitaus mehr schaden, als ein Erfolg nützen kann. Es ist eine harte Arbeit ohne Rückendekkung. Ich stehe dazu und kann Kollegen nicht begreifen, die sich einbilden, man könnte es manchmal in einem kleineren Ort etwas leichter angehen. Wenn manche Schauspieler meinen, vor Lücken im Parkett nur auf Sparflamme kochen zu können, sage ich ihnen gern: »Wir dürfen es die Gekommenen keinesfalls entgelten lassen, daß die anderen nicht gekommen sind.«

Ich habe Goethes Tasso und den Orest in seiner ›Iphigenie‹, Shakespeares Othello und den Benedikt in ›Viel Lärm um nichts‹, den Molièreschen Don Juan und Misanthrope, den Rakitin in Turgenjews ›Monat auf dem Lande‹, Tschechows ›Onkel Wanja‹, den Erzähler in Wilders ›Unsere kleine Stadt‹, den Tobias in Albees ›Empfindliches Gleichgewicht‹ und den Schauspieler in Odets' ›Ein Mädchen vom Lande‹ und Sartres ›Kean‹ auf Tourneen gespielt. Nur einmal habe ich mich im Stück vergriffen, weil ich nicht auf die Chance verzichten wollte, mit Elisabeth Flickenschildt zusammen zu spielen. Diese eigenwilligste aller Kolleginnen, die ich schätze und liebe, versicherte sich und mir nach jedem Auftritt: »Will, wir sind fabelhaft!« Ich glaube, Elisabeth befreite sich mit diesem Satz allabendlich von dem leichten Unbehagen, das die Schwäche des Stückes bewirkte. Ich verstand das sehr gut. Leider konnten wir Montherlants Dreiecksgeschichte ›Frauen, die man umarmt‹ durch unser Talent nicht retten. Immerhin war es ein Dichter, der uns im Stich ließ.

Seit langem weiß ich, daß in der sogenannten Provinz dieselben

Kriterien gelten wie auf jeder Großstadtbühne. Qualität zählt und nichts anderes. Die Menschen dort sind so aufgeschlossen und so gebildet wie die Leute in den Metropolen. Hinterwäldler gibt es durch das Fernsehen nicht mehr. Tabus gelten in Kappeln an der Schlei oder Biedenkopf an der Lahn nicht mehr und nicht weniger als in Frankfurt am Main oder Hamburg an der Elbe. Man weiß in Ostfriesland wie in Niederbayern, wer Edward Albee ist, und seinen Goethe hat man dort oft besser im Kopf als in Düsseldorf oder München, denn es gibt weniger, was von ihm ablenkt.

Tödliches Theater? Man findet in den Provinzen – und ich betone den Plural, weil jede Region ihre Eigenart hat – eine ermutigende Bereitschaft, sich allen Fragen der Kunst zu stellen und ihre Herausforderung anzunehmen. Theaterleute, die ihre Arbeit darauf anlegen, können auf Erfolg rechnen, der sich nicht nur auf dem Kassenzettel abzeichnet. Wichtiger ist das Bewußtsein, dem lebendigen, dem belebenden Theater Boden zu gewinnen.

Das heutige Theater stellt den Schauspieler, der auf Qualität setzt, vor eine Fülle von Problemen. Verzagen läßt ihn aber auch der Zustand der Gesellschaft, dem seine Kunst unterworfen ist.

Symptomatisches geschah im Mai 1968 einem der Bedeutendsten von uns. Die Pariser Revolutionäre besetzten das ›Odéon‹, in dem seit Jahren Jean-Louis Barraults Truppe das ›Théâtre de France‹ etabliert hatte. Sie erklärten, das ›Théâtre de France‹, Symbol einer bourgeoisen Kultur, sei abgeschafft. Das ›Odéon‹ werde fortan als politisches Forum dienen.

Barrault hoffte auf den Rat und die Anweisungen seines Kulturministers Malraux. Doch Malraux, ein renommierter Schriftsteller und einst aktiv an der Seite der Sozialisten und Kommunisten in China und Spanien, ließ den seinem Spruch und seinem Schutz unterstellten Theaterdirektor im Stich. Charles de Gaulles Beauftragter für die Künste orakelte lediglich durch den Mund eines subalternen Beamten, Barrault möge versuchen, mit den Revolutionären »einen Dialog einzuleiten«. Barrault notierte: »Hier geht etwas vor, was ich nicht begreife . . .«

Trotzdem ging er auf seine Bühne und ließ sich beschimpfen. Daniel Cohn-Bendit, einer der Rädelsführer der Revolte, erklärte ihm: »Malraux, die bourgeoise Kultur, das Théâtre de France, Barrault, mit all dem ist es aus! Null! Annulliert! Aufgehoben! Gestorben! . . .«

Barrault entschloß sich zur Ironie. Er rief Cohn-Bendit zu: »Und wenn schon! Barrault ist tot, aber vor euch habt ihr immer noch ein lebendiges Wesen. Was machen wir jetzt?«

Mit Ironie war die Revolte nicht zu bremsen, und der Minister bekam die Berichte über Barraults Verhalten, wenn sie nicht ohnehin gröblich entstellt waren, prompt falsch in die Kehle. Er stellte Barrault nicht einmal zur Rede. Er hielt sich in Ungnade fern. Das ›Théâtre de France‹ wurde so durch die Gewalt der Revolutionäre und durch die Nichtachtung des Staates doppelt geschändet.

Ich erinnere an diese Geschehnisse, über die Jean-Louis Barrault in seinen ›Erinnerungen für morgen‹ ergreifend berichtet hat, weil im Mai 1968 auch bei uns davon die Rede war, das Theater werde in die Revolution hineingezogen. Es gab jüngere Kollegen, die große Lust zeigten, an der Spitze der Revolution zu marschieren. Ausgerufen wurde die Überlegenheit des *Straßentheaters* über das *Theatertheater*.

Mir ging es wie Jean-Louis Barrault: Ich begriff nicht, was da vorging. *Straßentheater, Theatertheater* – was hieß das?

Offenbar sollte die Schönheit der Demonstration und der Barrikade die Schönheit des Theaters übertrumpfen. Oder nicht die Schönheit, vielmehr die Wahrheit? Ich hatte nicht nur die Schönheit, ich hatte auch die Wahrheit des Theaters (seine Möglichkeiten, wahr zu sein) im Rahmen meiner Einsicht studiert und nach Kräften erprobt. Ich weiß, daß das Theater aus seiner eigenen, aus einer besonderen Wirklichkeit heraus einer eigenen, einer besonderen Wahrheit fähig ist. Diese Theaterwahrheit kann, so meine ich, eine große Bedeutung für das »wirkliche Leben« gewinnen, wenn man im Sinne Shakespeares das Theater als Spiegel und Abdruck des Jahrhunderts begreift, als Spiegel der Wirklichkeit, einer durch Dichter verdichteten Wirklichkeit, aber nicht die Wirklichkeit selber. Wirkungen der Bühne machen gewiß keine schnellen Effekte. Schiller war zu hoffnungsfroh und idealistisch gewesen, als er über ›Die Schaubühne als eine moralische Anstalt betrachtet‹ geschrieben hatte:

»Die Schaubühne ist der gemeinschaftliche Kanal, in welchen von dem denkenden, bessern Teile des Volkes das Licht der Weisheit herunterströmt und von da aus in mildern Strahlen durch den ganzen Staat sich verbreitet.«

Richtigere Begriffe, geläuterte Grundsätze, reine Gefühle, wie Schiller sie vorausgesagt hatte, waren so geschwind nicht durchzusetzen.

Ich bin als Kind meiner Zeit vorsichtiger als er. Ich erwarte gar nicht, daß der Mensch sich durch das Theater zunächst als Individuum und irgendwann auch als Gattung »veredeln« wird. Ich halte es lediglich für möglich, daß ihm die Begegnung mit der »erfundenen Wirklichkeit« im Theater hilft, seine notgedrungen enge, ich-befangene, durch den Zwang zur Spezialisierung in der modernen Welt verhärtete Beziehung zur »wirklichen Wirklichkeit« zu lockern und zu erweitern. Ich hoffe, daß sich der Horizont des Publikums angesichts der »ästhetischen Freiheit« öffnet. Ich hoffe es, und ich bin sicher, daß es zuweilen geschieht, wenn es annähernd gelingt, »aus dem Bunde des Möglichen mit dem Notwendigen das Ideal zu erzeugen«, wie es in Schillers ›Ästhetischer Erziehung des Menschen‹ heißt.

Damit sollte nun in der 68er Revolte Schluß gemacht werden? Aus, null, nichtig, aufgehoben, gestorben?, wie es Jean-Louis Barrault ins Gesicht geschrieen wurde. So dachten auch bei uns viele. Es war falsch, was sie dachten. Aber daß sie es dachten und schrieen, ist genug – und wird nicht vergessen.

Nun, das Theater kehrte in geregelte Bahnen zurück und besann sich auf seine Aufgabe. Natürlich scheinen die Dinge auch einem Menschen, der wie ich an Formen glaubt, oft zu festgefahren, und er wünscht sich belebte, durchdachte Prüfung der überkommenen Wertbegriffe und Einsicht in die Grenzen unserer Kompetenzen. Es ist gewiß unserem Selbstbewußtsein und unserer Arbeit förderlich zu wissen, daß uns fast jeder glaubt, wenn wir plädieren:

»Ihr sagt, die Wirkungen des Theaters und der Kunst überhaupt seien begrenzt? Vermutlich sind sie es. Gewiß sind sie es. Aber sie gehören immer noch zu den besseren Wirkungen, um die der Mensch sich bemühen kann.«

Für meinen Teil lebe ich mit meinen Erfahrungen, denn nichts in der Vergangenheit ist tot. Ich bringe meine Erfahrungen, so gut ich es vermag, in meine Arbeit ein. Ich bin ein Zeitgenosse, und in dieser Eigenschaft spiele ich Theater. Ich bin Schauspieler, und in dieser Eigenschaft bin ich Zeitgenosse. Mein Traditionsbewußtsein verpflichtet mich. Ich habe mit der Torheit der Leute nichts im Sinn, die meinen, mit ihnen habe das Theater erst angefangen. Ich sage zu dem Satz des Baccalaureus:

»Die Welt, sie war nicht, ehe ich sie erschuf.«

wie Mephisto:

»Original, fahr hin in Deiner Pracht.
Wie würde Dich die Einsicht kränken.«

Nur zu deutlich sehe ich, daß politischer Radikalismus nicht das Geringste mit der Begabung eines Menschen zu tun hat, und betone nochmals: politisches Denkvermögen eines Kollegen schätze ich hoch ein, politischer Fanatismus links- oder rechtsradikaler Prägung ist mir fremd. Mit der Qualifikation zum Schauspieler hat er nichts zu tun. Talent ist eine Gabe der Götter – man kann sie entwickeln oder verkommen lassen –, sie ist kein Produkt weltanschaulicher Anstrengung. Das Theater ist ein Menschenhaus. Menschengestalter sollen wir sein. Politische Indifferenz ist damit nicht gemeint. Ich streiche gern das »R« in dem Wort »Revolution«. Auf »Evolution« kommt es mir an, im künstlerischen wie im politischen Leben. Evolution braucht Vernunft und Geduld, Tugenden, die kostbarer und mühseliger sind als der Trieb zu radikaler Rhetorik und Zerstörung.

Ohne mich den Strömungen der Zeit zu verschließen, suche ich das zu bewahren und zu verteidigen, was ich als gut und zeitlos gültig erkannt habe. Es soll nicht anmaßend klingen, wenn ich mit hochgestimmten Schiller-Versen schließe, die ich sehr liebe, Versen, die sich auf den Dichter beziehen, aber vielleicht auch dem Schauspieler und Rezitator Leitwort sein dürfen:

»Mich hält kein Band,
Mich hindert keine Schranke.
Frei schwing ich mich durch alle Räume fort.
Mein unermeßlich Reich ist der Gedanke,
Und mein geflügelt Werkzeug ist das Wort.«

Diskographie

Zusammengestellt vom Deutschen Musikarchiv
der Deutschen Bibliothek (Berlin)

Akkorde einer Liebe. Die Geschichte einer Liebe aus Briefen, Tagebüchern und Klavierkompositionen Franz Liszts.
[München]: Ariola 1961. 30 cm 33 UpM
Best. Nr. 51 173
Best. Nr. 71 104
[DB/DMA A 21 168]

Berühmte Monologe.
[Hamburg]: Deutsche Grammophon 1957. 30 cm 33 UpM
Best. Nr. 43 002
[DB/DMA A 21 127]

Borchert, Wolfgang
Die Kegelbahn <Ausz.>
s. Die Kegelbahn

Büchner, Georg
Dantons Tod <Ausz.>
[Hamburg]: Deutsche Grammophon 1968. 30 cm 33 UpM
Best. Nr. 140 024
[DB/DMA A 21 593]

Capote, Truman
Miriam. Gelesen von Will Quadflieg
[Wiesbaden]: Limes-Verl. 1962. 25 cm 33 UpM
[DB/DMA Sig. B 1877]

[?] *Dein Freund das Tier*
[München]: Ariola o. J.
Best. Nr. 53 098 G

Folgore <da San Gimignano>
Monatssonette
s. Die vier Jahreszeiten in Musik und Dichtung

Frisch, Max
Die Chinesische Mauer <Ausz.>
s. Will Quadflieg spricht

Goethe, Johann Wolfgang von
Faust. Der Tragödie erster Teil <Ausz.>
s. Will Quadflieg spricht

Goethe, Johann Wolfgang von
Faust. Der Tragödie zweiter Teil
[Hamburg]: Deutsche Grammophon 1959. 30 cm 33 UpM 3 Lp
Best. Nr. 43 040-42
Best. Nr. 168 040-42
[DB/DMA A 21 256-58]
Neuauflage 1974
Best. Nr. 2753 003
[DB/DMA SA 74/5717]

Goethe, Johann Wolfgang von
Faust. Der Tragödie zweiter Teil <Ausz.>
s. In Memoriam. Die Stimmen von ...

Goethe. Johann Wolfgang von
Faust. Der Tragödie zweiter Teil <Ausz.>
[Hamburg]: Deutsche Grammophon 1966. 17 cm 45 UpM
Best. Nr. 34 067
[DB/DMA Sig. C 4243]

Goethe, Johann Wolfgang von
Gedichte
[Hamburg: Deutsche Grammophon o. J.] 17 cm 45 UpM
Enthält u. a.: Alles geben die Götter, Auf dem See, Jägers Abendlied.
Best. Nr. 34 042

Goethe, Johann Wolfgang von
[Gedichte]
Jugendlyrik. [Lyrik 1. Folge]
[Hamburg]: Deutsche Grammophon
1958. 30 cm 33UpM
Best. Nr. 43 008
[DB/DMA A 21 131]

Goethe, Johann Wolfgang von
[Gedichte] Über allen Gipfeln . . . Lyrik 2. Folge.
[Hamburg]: Deutsche Grammophon
1958. 30 cm 33 UpM
Best. Nr. 43 030
[DB/DMA A 21 132]

Goethe, Johann Wolfgang
[Gedichte] Wir heißen euch hoffen.
Lyrik 3. Folge.
[Hamburg]: Deutsche Grammophon
1959. 30 cm 33 UpM
Best. Nr. 43 035
[DB/DMA A 21 133]

Goethe, Johann Wolfgang von
Iphigenie auf Tauris <Gesamtaufn.>
[Hamburg]: Deutsche Grammophon
1957. 30 cm 33 UpM 3 LP
Best. Nr. 43 015/17
[DB/DMA Sig. A 21 253–55]

Goethe, Johann Wolfgang von
Iphigenie auf Tauris <Ausw.>
[Hamburg]: Deutsche Grammophon
1966. 30 cm 33 UpM
Darin: Orest – Will Quadflieg
Best. Nr. 40 002
[DB/DMA Sig. A 21 407]

Goethe, Johann Wolfgang von
Stella. Ein Schauspiel für Liebende
[Hamburg]: Deutsche Grammophon
1966. 30 cm 33 UpM 2 LP
Best. Nr. 168 076–077
[DB/DMA A 21 298–97]
Neuauflage 1975
Best. Nr. 2759 002
[DB/DMA SA 75/3564]

Goethe, Johann Wolfgang von
West-Östlicher Diwan <Ausz.>
[Hamburg]: Deutsche Grammophon
1961. 25 cm 33 UpM
Enthält: Buch Suleika
Best. Nr. 42 008
[DB/DMA B 2029]

Grahame, Kenneth
Der Wind in den Weiden. Hörspiel von Hella von der Osten-Sacken nach dem engl. Kinderbuch-Klassiker von Kenneth Grahame ›The wind in the willows‹
Hamburg: TELDEC Telefunken-Decca-Schallplatten 1975. 30 cm 33 UpM
Best. Nr. 6.22253
[DB/DMA SA 75/3829]

Die große Filmrevue. 3. Folge
[München]: Ariola 1963. 30 cm 33 UpM
Enthält u. a.: Das Herz der Königin
Best. Nr. 70 204
[DB/DMA A 3520]

Große Schauspieler – unvergängliche Dichtung. Will Quadflieg liest Friedrich Hölderlin.
[München]: Ariola o. J. 17 cm 45 UpM
Enthält: Hyperion <Ausz.>
Best. Nr. 56 140 C
Best. Nr. 40 762
[DB/DMA C 3983]

Die große Weihnachts-Märchenplatte
[Quickborn]: Miller International Schallpl. 1976. 30 cm 33 UpM
Enthält u. a.: Der Tannenbaum. Märchenhörspiel nach H. C. Andersen
Best. Nr. E 2013
[DB/DMA SA 76/3357]

Das Herz der Königin
s. Die große Filmrevue. 3. Folge

Hölderlin, Friedrich
Gedichte
s. Will Quadflieg liest Rainer Maria Rilke und Friedrich Hölderlin

Hölderlin, Friedrich
Gedichte
s. Will Quadflieg spricht Gedichte von Friedrich Hölderlin

Hölderlin, Friedrich
Hyperion <Ausz.>
s. Große Schauspieler – unvergängliche Dichtung

Hölderlin, Friedrich
»Ihr wandelt droben im Licht«. <Lyrik 1. Folge>
[Hamburg]: Deutsche Grammophon 1958. 30 cm 33 UpM
Best. Nr. 43 031
[DB/DMA A 21 098]

Hölderlin, Friedrich
Die Linien des Lebens . . . <Lyrik – 2. Folge>
[Hamburg]: Deutsche Grammophon 1960. 30 cm 33 UpM
Best. Nr. 43 039
[DB/DMA A 21 099]

Hofmannstahl, Hugo von
Jedermann. Das Spiel vom Sterben des reichen Mannes
[Hamburg]: Deutsche Grammophon 1958. 30 cm 33 UpM
Best. Nr. 43 032
[DB/DMA A 21 136]

Homerus
Die Irrfahrten des Odysseus
Mit Will Quadflieg als Odysseus. Hörspiel von Peter Folken nach Texten der ›Odyssee‹ des Homer.
[Mannheim]: BASF 1975. 30 cm 33 UpM
Best. Nr. 05 22553-4
[DB/DMA SA 75/4812]

In Memoriam. Die Stimme von Ernst Ginsberg u. a.
[Hamburg]: Deutsche Grammophon 1968. 30 cm 33 UpM
Darin: Johann Wolfgang von Goethe: Faust. Der Tragödie zweiter Teil. Fünftes Bild
Best. Nr. 140 025
[DB/DMA Sig. A 21 588]

Die Kegelbahn. Will Quadflieg liest Wolfgang Borchert
[München]: Ariola o. J. 25 cm 33 UpM
Enthält u. a. Wolfgang Borchert: Die Kegelbahn <Ausz.>
Best. Nr. 53 103 G
Best. Nr. 60 196
[DB/DMA B 1888]

Kleist, Heinrich von
Amphitryon <Ausz.>
[Hamburg]: Deutsche Grammophon 1962. 30 cm 33 UpM
Best. Nr. 43 048
[DB/DMA A 21 181]
Ausgabe 1966
Best. Nr. 40 006
[DB/DMA A 21 405]

Der klingende Adventskalender
[Quickborn]: Miller International Schallpl. 1975. 30 cm 33 UpM
Best. Nr. E 2090
[DB/DMA SA 75/5658]

Will Quadflieg liest Rainer Maria Rilke und Friedrich Hölderlin
[Hamburg]: Deutsche Grammophon 1974. 30 cm 33 UpM
Enthält: Rainer Maria Rilke: Die Weise von Liebe und Tod des Cornets Christoph Rilke; Frühe Gedichte. Friedrich Hölderlin: Gedichte
Best. Nr. 2571 002
[DB/DMA SA 74/5720]

Will Quadflieg spricht
[Hamburg]: Deutsche Grammophon 1968. 30 cm 33 UpM
Enthält: Johann Wolfgang von Goethe: Faust. Der Tragödie erster Teil <Ausz.> Anton Tschechow: Onkel Wanja <Ausz.>. Max Frisch: Die Chinesische

Mauer <Ausz.>. Georg Büchner: Dantons Tod <Ausz.>. William Shakespeare: Richard der Zweite <Ausz.>; Othello <Ausz.>
Best. Nr. 140 021
[DB/DMA Sig. A 21 594]

Will Quadflieg spricht Gedichte von Friedrich Hölderlin
[Hamburg]: Deutsche Grammophon o. J. 17 cm 45 UpM
Enthält: Der Jüngling an die klugen Ratgeber; Trost; An die Parzen; Die Liebe; Geh' unter, schöne Sonne . . .; Die Heimat; Der Abschied; Die Eichbäume; Hyperions Schicksalslied
Best. Nr. 34 041
[DB/DMA C 4241]

Will Quadflieg spricht Rainer Maria Rilke
[Hamburg]: TELDEC Telefunken-Decca-Schallplattenges. o. J. 25 cm 33 UpM
Enthält: Aus dem Stundenbuch; Herbstgedichte; Liebesgedichte; Sonette an Orpheus
Best. Nr. PLB 6117
[DB/DMA B 1704]

Will Quadflieg spricht Romantische Gedichte
[Hamburg]: Deutsche Grammophon o. J. 17 cm 45 UpM
Enthält Gedichte von Brentano, von Eichendorff, Novalis u. a.
Best. Nr. 34 028
[DB/DMA C 4253]

Rilke, Rainer Maria
Aus dem Stundenbuch u. a.
s. Will Quadflieg spricht Rainer Maria Rilke

Rilke, Rainer Maria
Die Weise von Liebe und Tod des Cornets Christoph Rilke
[Hamburg]: Deutsche Grammophon 1966. 30 cm 33 UpM
Enthält auch: Frühe Gedichte
Best. Nr. 43 080
[DB/DMA A 21 399]
Dasselbe:
Hamburg: Deutsche Grammophon o. J. 25 cm 33 UpM
Best. Nr. 42 009
s. auch: Will Quadflieg liest Rainer Maria Rilke und Friedrich Hölderlin

Saint-Exupéry, Antoine de
Der kleine Prinz
[Hamburg]: Deutsche Grammophon 1959. 30 cm 33 UpM
Best. Nr. 43 038
[DB/DMA A 21 088]
Neuausgabe:
Hamburg: Deutsche Grammophon 1974. 30 cm 33 UpM
Best. Nr. 2961 002
[DB/DMA SA 74/0767]

Schiller, Friedrich
Kabale und Liebe. Ein bürgerliches Trauerspiel <Gesamtaufn.>
[Hamburg]: Deutsche Grammophon 1955. 30 cm 33 UpM 2LP
Darin: Ferdinand von Walter – Will Quadflieg
Best. Nr. 43 043/44
Neuauflage
[Hamburg]: Deutsche Grammophon 1975
Best. Nr. 2759 003
[DB/DMA Sig. SA 75/3565]

Kabale und Liebe. Ein bürgerliches Trauerspiel <Ausw.>
[Hamburg]: Deutsche Grammophon 1958. 30 cm 33 UpM
Best. Nr. 43 019
[DB/DMA Sig. A 21 120]
[Hamburg]: Deutsche Grammophon 1966.
Best. Nr. 40 004
[DB/DMA Sig. A 21 409]

Clara und Robert Schumann – ihr Leben – ihre Liebe – ihre Werke
[Hamburg]: Deutsche Grammophon 1957. 30 cm 33 UpM
Best. Nr. 19 102
[DB/DMA Sig. A 153]

Shakespeare, William
Hamlet <Ausz.>
s. Berühmte Monologe

Shakespeare, William
Hamlet <Ausz.>
[Hamburg]: Deutsche Grammophon o. J. 17 cm 45 UpM
Enthält Monologe
Best. Nr. 34 014

Shakespeare, William
Othello <Ausz.>
s. Will Quadflieg spricht

Shakespeare, William
Richard der Zweite <Ausz.>
s. Will Quadflieg spricht

Shakespeare, William
Romeo und Julia <Ausz.>
[Hamburg]: Deutsche Grammophon o. J. 17 cm 45 UpM
Enthält: Die Liebesszenen
Best. Nr. 34 013
[DB/DMA C 4259]
s. auch: Shakespearesche Liebesszenen

Shakespearesche Liebesszenen
[Hamburg]: Deutsche Grammophon 1957. 30 cm 33 UpM
Enthält u. a.: William Shakespeare: Romeo und Julia <Ausz.>
Best. Nr. 43 003
[DB/DMA A 21 126]

Siegfried der Drachentöter: Die Nibelungen. Hörspiel [bearb.] von Peter Folken
[Mannheim]: BASF 1975. 30 cm 33 UpM
Best. Nr. 05 22554–2
[DB/DMA SA 75/4084]

Das Spiel der Mächtigen von Giorgio Strehler nach William Shakespeares ›Heinrich VI.‹
[Hamburg]: Deutsche Grammophon o. J. 30 cm 33 UpM 4LP

Der Tannenbaum. Märchenhörspiel nach Hans Christian Andersen
s. Die große Weihnachts-Märchenplatte

Tschechow, Anton
Onkel Wanja <Ausz.>
s. Will Quadflieg spricht

Die vier Jahreszeiten in Musik und Dichtung.
[Hamburg]: Deutsche Grammophon 1976. 30 cm 33 UpM
Enthält u. a.: Monatssonette/Folgore da San Gimignano. Dt. Übers.: Hannelise Hinterberger. – [Sprecher: Will Quadflieg]
Best. Nr. 2536 169
[DB/DMA Sig. SA 76/0074]

Eine Weihnachtsmusik.
[Hamburg]: Deutsche Grammophon 1967. 30 cm 33 UpM
Enthält: Will Quadflieg liest die Weihnachtsgeschichte aus dem Lukas-Evangelium
Best. Nr. 249 090
[DB/DMA A 8384]

Register

Bildnachweise:
1, 2, 32 Will Quadflieg; 3 Josef Kainz; 4, 8–14, 15 unten, 17–22, 23 oben, 24–28, 31 Rosemarie Clausen; 5–7, 15 oben Photo Ellinger, Salzburg; 16 Reinhard Baumgärtel; 23 unten Hausmann, Wien; 29 du Vinage, Hamburg; 30 Atelier Ingrid v. Paleske, München; 32 unten Peyer, Hamburg